公平无际的大海，我尊敬的师长张体勤教授。

作者简介

舒化鲁，著名管理学家，企业规范化管理理论方法体系创建人，山东财经大学研究员。

1956年生于屈原故里湖北省秭归县。中南财经大学硕士研究生毕业，从事企业规范化管理研究近30年。公开发表论文100余篇，完成省部级以上课题6个，公开出版专著13部。

他把源于西方的管理学、心理学、社会学、人类学、价值工程理论与华夏文化精髓相结合，创建了独树一帜的舒氏管理学理论。他在企业管理咨询实践过程中研究管理学理论，在管理学理论研究过程中探索发展企业管理实施的技术方法，由此独创了一套系统完整且行之显效的企业规范化管理理论和技术方法体系。

他所服务过的代表性客户：广西电网、辽宁电力、安徽电力、甘肃电力、丰城电厂、清江水电、中电财、苍梧电业、兖矿集团、汇森煤业、潍百集团、比优特集团、济南二机、环宇集团、长城集团、日泰集团、长天药业、郑州卷烟、包头钢铁、中远散货、（挪）斯考根、天发集团、中信建设、中铁十四局、中建八局、正元化工、济南化纤、冶金研究总院等。

企业规范化管理系统实施方案

Implementation plan of the normalized management system for company

舒化鲁◎著

运行流程管理

電子工業出版社
Publishing House of Electronics Industry
北京 • BEIJING

内容简介

运行流程是企业组织这个有机体的神经血管。本书要回答的问题,就是如何才能保证每一个岗位员工都做正确的事、正确地做事、负责地做事。其内容主要包括运行流程管理规范化实施的思路、运行流程管理规范化的标准、流程优化分析约束条件提要、运行流程管理规范化实施的方法等四个方面。

图书在版编目(CIP)数据

企业规范化管理系统实施方案·运行流程管理/舒化鲁著.—北京:电子工业出版社,2012.3
ISBN 978-7-121-15239-9

Ⅰ.企… Ⅱ.舒… Ⅲ.企业管理 Ⅳ.F270
中国版本图书馆 CIP 数据核字(2011)第 241441 号

责任编辑:雷洪勤
特约编辑:寇国华
印　　刷:北京彩虹伟业印刷有限公司
装　　订:北京彩虹伟业印刷有限公司
出版发行:电子工业出版社
　　　　北京市海淀区万寿路 173 信箱　邮编 100036
开　　本:787×1092　1/16　印张:23.75　字数:456 千字
印　　次:2012 年 3 月第 1 次印刷
定　　价:68.00 元

凡所购买电子工业出版社图书有缺损问题,请向购买书店调换。若书店售缺,请与本社发行部联系,联系及邮购电话:(010)88254888。

质量投诉请发邮件至 zlts@phei.com.cn,盗版侵权举报请发邮件至 dbqq@phei.com.cn。

服务热线:(010)88258888。

总　序

一、写给希望成为杰出 CEO 的人

《企业规范化管理系统实施方案》系列丛书，是写给 CEO 的书，更是写给希望成为杰出 CEO 的人阅习的书。CEO 一定不是夫妻店的老板，也不是因为一个偶然的机会发了大财的暴发户。杰出的 CEO，就一定不是仅仅创造了流星般短暂辉煌的 CEO，更不是由国家权力做后盾，依靠行业垄断把企业做大的 CEO。借用《基业长青》作者的话说，杰出的 CEO 不是报晓的雄鸡，而是制造时钟的匠师。"他们主要致力于建立一个组织，一个会滴答走动的时钟，而不只是找对时机，用一种高瞻远瞩的产品构想打进市场，或利用一次优秀产品生命周期的成长曲线；他们并非致力于取得高瞻远瞩领袖的人格特质，而是采取建筑大师的方法，致力于构建高瞻远瞩公司的组织特质；他们努力的最大成果不是实质性地体现一个伟大的构想，不是表现人格的魅力，不是满足个人的自尊或累积个人的财富，他们最大的创造物是公司本身及其代表的一切。"①这也就是说，杰出 CEO 只能像临危受命并拯救和创造了通用汽车长久辉煌的前通用汽车总裁斯隆一样，只能像早年成功创业并为日本企业管理确立规则的松下幸之助一样，只能像联想的柳传志、海尔的张瑞敏一样，必须是企业基业长青的缔造者，必须是保证企业基业长青的组织运行规则体系的建构者，必须是领导企业把以资源（包括人才）为载体的资源竞争力转换为以组织运行规则体系为载体的组织竞争力的时钟制造匠师。

CEO 面对的是一个由众人组成的社会经济组织，并且他作为这个组织的代表所面对的仍然是人，或者是由人构成的组织，或者就是自然人。所以，杰出的 CEO 最需要的知识就是有关人的本质特性的理论探索，最需要的技能就是协调融合人际关系的方法。汉高祖刘邦明白的最透彻的道理就是人的行为选择仅仅服从于他自身利益的满足，人最大的技能就是协调、融合与他周围人的人际关系。他正是凭借这两

---

① 詹姆斯·柯林斯，杰里·I. 波勒斯. 基业长青. 北京：中信出版社，2002. 第 28 页.

点打败了驰骋沙场无敌手的项羽，成为古今中外少有人超越的杰出 CEO。

由此可以说，高效管理的最大奥秘就在于明白：被管理者是一个主体性存在。

阅，就是了解；习，就是实践。希望成为杰出 CEO 的人阅习的书，就一定不是空洞、晦涩、陈腐的理论说教，就一定不是表格、制度的堆砌，更不是 MBA 教程专业方法的连缀，而是企业组织运行管理的理论方法体系，是构建企业长青基业的组织运行规则体系的理论方法体系。没有理论的方法是肤浅的，没有方法的理论是迂腐的。希望成为杰出 CEO 的人想阅而能阅的必须是基于对人的本质特征把握基础上的系统理论，想习而能习的必须是以系统理论为指导的具有可操作性的方法体系。

《企业规范化管理系统实施方案》系列正是立足于这一目标进行的探索，并且作者自信也能达成这一目标。

CEO 是企业的 CEO，所以杰出 CEO 就绝对不是单打独斗的西部牛仔式的英雄，必须有一批与 CEO 紧密配合且能起互补作用的助手——企业高层管理人员，以及一批相互认同且意志统一的操盘手——中层管理人员。这两类人员也是本系列书的目标读者。对应这三类目标读者，本系列书在内容上比较明确地分为三个大的方面：一是理论思路，二是标准要求，三是实施方法。尽管这三类目标读者都需要通读整个系列，但可有所侧重：希望成为杰出 CEO 的人必须重点阅读理论思路部分的内容，只有确立了明确的理论思路，才能把握方向；杰出 CEO 的助手必须重点阅读标准要求部分的内容，只有掌握了具体的标准要求，才能传递 CEO 的智慧，使企业组织具有执行力；杰出 CEO 的操盘手必须重点阅读实施方法部分的内容，只有掌握了系统的实施方法，才能保证操盘不失误、不走弯路。

二、看不见的手与看得见的手

人是一个主体性存在，具有自我意识和自我意志。他所拥有的能保证自身福利的资源，包括内在的体能、知识、才干和外在的物质与关系，都不会轻易假于人。但在漫长的人类社会发展史中，人的这种主体性被压抑在社会奴役关系中。拥有超经济权力的人可以随意将自己的意志强加于人，无偿占有他人的资源。也正是这种奴役关系延缓了人类社会的发展，奴役关系的存在降低了社会成员个人所拥有资源的使用效率。人类从旧石器时代至公元 2000 年，在公元 1750—2000 年的 250 年间，用 0.01% 的时间创造了人类历史总财富的 97%。之所以如此，是因为工业革命带来了以承认个人权利的合法性为基础的市场经济制度的普及，也只有市场经济制度的普及，社会奴役关系才开始有实质意义上的缓解。

承认每一个人所拥有资源不被侵犯的权利，直到市场经济发展成为社会经济中占主导地位的经济联系形式时才得以实现，即个人所拥有的能保证自身福利的资源的权利在市场交换中得到保障。但保障个人权利的市场交换是有成本的，这个成本就是科斯所言的交易成本。这种交易成本的存在把个人的时间和精力浪费在不创造财富的交易过程之中。如何避免这种浪费？在2000多年前的古罗马时期，人类就找到了答案，即通过组建公司，用管理协调代替市场交易。只是在那个时候，社会奴役关系占主导，绝大多数人的主体性地位被社会奴役关系的枷锁扼杀，所以直到工业革命之后，这一问题的答案才发挥作用。并且随着信息技术的发展和普及，信息化社会的到来，社会奴役关系更加缓解之后，公司制度才成为个人社会生活中最重要的内容。据统计，2009年，全球81%的人口的工作机会是由公司提供的，全球90%的经济力量都集中在公司。这一现实揭示了这样一个事实，管理协调已经成为与市场交易同等重要的资源配置方式。所以，美国企业史研究学者钱德勒说过："公司组织这只看得见的手已经取代看不见的手，接管了原先由市场执行的资源配置功能。"（参见中央电视台第二频道大型纪录片《公司的力量》第六集）市场交换和公司组织二者作为一个整体就构成了企业丛林。市场交换就是丛林本身，它起着看不见的手的作用。管理协调就是公司组织本身，没有管理协调就没有公司组织，它起着看得见的手的作用。公司组织也就是构成丛林的大大小小、高高矮矮的树，没有公司组织，就只能有市场交换的草原，不可能有市场交换的丛林。

丛林中的企业通过管理协调实现企业的存在和发展，即达成企业组织内、外部关系协调的有效性。企业组织达成的内、外部关系协调的有效性有多大，企业就能发展到多大，这种关系协调的有效性一旦消失，也就意味着企业死亡。联想成功地收购了IBM计算机业务，这就是联想投资人与IBM投资人、计算机消费者以及联想内部等相互之间多重关系协调的有效性的达成。美国雷曼兄弟公司破产倒闭也仅仅是因为它的投资人、经营者、管理者以及与商务伙伴、服务客户之间关系协调的有效性的丧失。

三、企业丛林的生存之道

所谓管理协调，就是通过公司价值目标的设定、发展战略的构建、措施计划的拟订、个人行为的约束，在公司组织成员（包括投资人、经营者、管理者和劳动者）相互之间达成意志、意识和行为活动的统一协调，以保证每一个成员都把自己所拥有的资源，交由公司统一支配。在这里除了投资人投入的资源，作为公司经营的物质条件或价值化的资金，是独立于主体之外的，其他成员投入的资源都是与主体同在，无法独立于其主体之外的，无论是作为劳动投入的聪明才智或体能技术，还是其所拥有的社会关系，都是如此。公司作为一个整体参与市场交易行为，其风险是以投资人的投资为担保的，因而使管理协调的内容主要集中到了投资人与经营者、管理者和劳动者之间，即如何让经营者、管理者和劳动者都最大限度地根据公司发展的需要把其所拥有的以主体人为载体的资源都贡献出来。管理协调所花费的管理费用也主要是花在对这一问题上的投入。寻找投资、达成合作则仅仅是公司成立的过程以及公司增容投资的过程。但投资人与经营者、管理者和劳动者之间的关系，并不是一个简单的两两之间的交换关系，而是相互交错、纠结在一起的社会、政治、经济、文化关系的综合。要达成这些所有关系协调的有效性，其管理费用必然会随着公司规模的增大而增加，因为这种关系的复杂程度会以公司规模增加的几何级倍数增加，这就使公司的规模被限定在管理费用低于交易成本这一范围之内。而随着社会化生产的发展，规模经济的限制越来越大。如果公司规模不能满足社会化生产发展的需要，公司的生产经营本身就只能是无效或低效的。

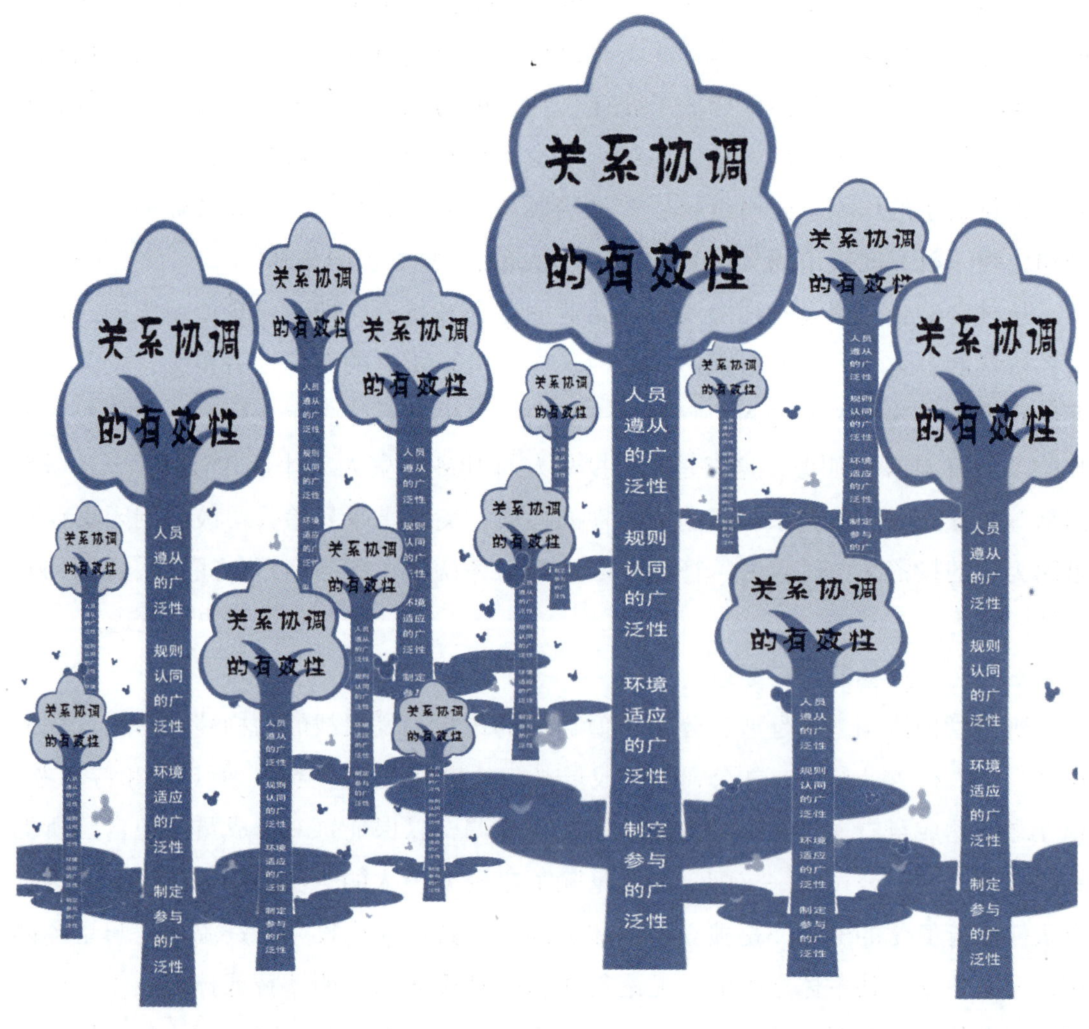

企业丛林

并不是在所有的情况下，管理协调所花费的管理费用一定小于市场交易投入的交易成本。这就是科斯交易成本理论所讨论的公司产生的原因，当管理费用低于交易成本时，公司才能产生和存在。

关系协调的有效性包括两个方面的内容：一是从协调的范围分析，所协调的关系对象必须充分广泛，即所协调的投资人、经营者、管理者和劳动者在量上足够大，能适应社会化大生产的需要。二是从协调的质量分析，达成的遵从程度必须充分高，至少能保证公司成员的绝大多数都服从公司所确定的价值目标、发展战略、措施计划、组织约束。公司的价值目标、发展战略、措施计划、组织约束等也都是对人的意志行为的一种约定。由此不难理解，关系协调的有效性越高，公司的意志行为约定就贯彻执行得越全面彻底，公司的发展也就越快越稳定。在此，关系协调的有效性也就直接表现为对公司的价值目标、发展战略、措施计划、组织约束的人员遵从的广泛性，即让广泛的人员（投资人、经营者、管理者和劳动者）全面地遵从公司价值目标、发展战略、措施计划、组织约束的约定。

如何才能实现人员遵从的广泛性呢？其途径有三条：一是等级权力管控，二是规则约束协调，三是前两条途径的组合。第三条途径从性质内容上分析又可归入前两条途径，所不同的仅仅是它们各自所占比重的大小不同。

所谓等级权力管控，就是以权威为基础，在公司内部有一个拥有至高无上权力的人，他的意志也就是公司的意志，他提出的行为要求也就是公司的行为要求，没有人敢违抗，也没有人能违抗。当这个公司规模大得他两眼不能普照时，就只能由他一级一级地委任意志代言人，进行等级控制。这就像4000多年前埃及法老胡佛修建他的陵墓——胡佛金字塔一样，把4000人的庞大施工队伍按照工程四边分成四个二级负责人，每一个二级负责人再以此下分，直到每个施工作业班组达十人为止。这就像所建金字塔一样，形成了多级的等级权力结构。在此，管理协调就通过这种等级权力结构达成了目的。在这个等级权力管控结构中，任何一个下级对于上级都只能无条件地服从。

但这一形式的管控协调存在三个无法突破的限制。

一是权威人士的健康和生命限制。再权威的人都不可能因为权威而永远健康，长命百岁。建立在权威基础上的等级权力管控如果发生了权威人士死亡或健康问题，这一结构的秩序也就不存在了，关系协调的有效性也就没有了。

二是权威形成的限制。权威不是自封的，他必须有超人的见识或建树，而这种超人的见识或建树，往往还得由时间检验。一个权威人士的退位，无法保证有另一个权威及时替补上来，否则关系协调的有效性也就中断了。

三是权威人士不可能全知全能。斯隆曾经说过："在独裁者的公司，一个机构是不能发展成为成功的组织的。如果独裁者知道所有问题的所有答案，那么独裁制度是最有效的管理方式。但没有一个独裁者能做到这一点，将来也没有人能做到。"（参见中央电视台第二频道大型纪录片《公司的力量》第六集）

规则约束协调的规则包括两大要求：一是公司的价值目标、发展战略、措施计划、组织约束内容的必要性、合理性和不容违背性；二是公司的价值目标、发展战略、措施计划、组织约束形成程序的合情、合理、合法性。达成人员遵从广泛性的规则约束必须以规则认同的广泛性为条件：不仅公司组织内部成员大多数，甚至全部都认定规则约束的必要性、合理性和不容违背性，而且与公司发展相关的资源拥有人也都认定规则约束的必要性、合理性和不容违背性。只有公司发展利益关联主体的大多数，包括内部的和外部的，都对规则约束的内容和形成程序的认同，规则才具有权威性，也才能被自觉遵从，并形成相互监督的机制，以保证每一个利益关联主体都遵从，不发生违背的事件。在此，规则约束协调，也就通过规则权威性的获得而达成了人员遵从的广泛性。

很显然，规则认同的广泛性又直接是以环境适应的广泛性为前提的。如果其规则不具有环境适应的广泛性，也就是规则内容的必要性、合理性和不容违背性没有被广泛的认同，或者是规则形成程序的合情、合理、合法性没有得到广泛的认同。这也就是说，环境适应的广泛性必须以规则制定参与的广泛性为前提。所谓规则制定参与的广泛性，也就是让与公司发展相关的所有利益关联主体都参与到规则的制定过程中来，一方面集思广益，以保证环境适应的广泛性；另一方面又通过相互妥协达成意志意识的统一协调。

在企业的丛林里，有的企业百年长青，之所以能长成参天大树而仍然枝繁叶茂，是因为它有以规则制定参与的广泛性支持的环境适应的广泛性，进而获得了规则认同的广泛性，又由规则认同的广泛性支撑人员遵从的广泛性，进而获得了关系协调的有效性，即使得公司发展壮大和强盛。相反，有的企业仅仅因为偶尔的不确定的外部原因给它带来了在企业丛林中冒尖出头的机会，得到了阳光雨露，获得了短暂的枝叶茂盛后就叶落根败，落红成了无情物，化作春泥护他花，是因为它们或者是建立在个人权威基础之上，因为权威的限制而无法延续繁荣，或者是其支撑企业发展大树的树干中规则制定参与的广泛性、环境适应的广泛性、规则认同的广泛性、人员遵从的广泛性四段中的一段或几段没有达成而脆折所致。

四、企业丛林繁荣之路的探索

如何达成规则制定参与的广泛性、环境适应的广泛性、规则认同的广泛性、人员遵从的广泛性呢？这也就是探索企业在丛林中的繁荣之路的问题。这一问题的解，就是本系列丛书所讨论阐述的全部内容。

企业规范化管理，是通过一套公开透明、上下认同、系统完整、行之有效的游戏规则实现的，目标严格指向企业价值增值和积累的管理。“目标严格指向企业价值增值和积累”，强调管理实施目的是达成关系协调的有效性，能在充分整合内部资源的基础上整合充分多的外部资源以实现企业的发展；“通过游戏规则实现”，强调管理实施不是通过建立在能人权威基础上的等级权力管控达成公司内部管理协调的目的，而是通过规则约束达成公司内部管理协调；“行之有效”，强调所确定的规则具有充分的合情、合理、合法性，以及建立在这种合情、合理、合法性基础上的不可违背性；“系统完整”，强调规则是成体系的，不是支离破碎的要求，是环境适应的广泛性要求的达成；“上下认同”，强调这套规则体系是在规则制定参与的广泛性基础上实现的，具有形成程序上的合情、合理、合法性；“公开透明”，强调这套规则体系是相对稳定的，不是任何一个凌驾于公司发展要求之上的特权人物可“暗箱操作”、随意删改的。

所以，企业规范化管理实施的过程，也就是规则制定参与的广泛性、环境适应的广泛性、规则认同的广泛性、人员遵从的广泛性，以及关系协调的有效性实现的过程。

《企业规范化管理系统实施方案》的体系结构直接建立在把企业组织作为一个有机系统分析的基础之上。从系统的角度分析，企业组织是由目标体系、组织结构、岗位员工、运行流程和企业文化等五部分构成的有机体。目标体系是这个有机体的血液养分，组织结构是这个有机体的骨骼骨架，岗位员工是这个有机体的细胞组织，运行流程是这个有机体的神经血管，企业文化是这个有机体的基因密码。《企业规范化管理系统实施方案》整个系列分为六个相对独立的部分，每一部分独立成书，并且都有其理论思路、标准要求、实施方法的探索讨论。在这五个有机构成部分之前有一个基本理论思路的清理探索，即《企业规范化管理系统实施方案·理论思路清理》，回答的是为什么需要规范化管理及如何整体实施规范化管理的问题。目标体系是决策制定的结果，其所管理协调的是决策制定问题，所以有《企业规范化管理系统实施方案·决策制定管理》，其所回答的问题是如何避免企业决策制定失误，如何提升决策质量，以最大限度地保障企业持续、快速发展。另外四个部分依次为：《企业规范化管理系统实施方案·组织架构管理》，回答的是企业组织架构怎样才能铁骨铮铮，保障企业组织执行力，提升组织竞争力的问题；《企业规范化管理系统实施方案·岗位员工管理》，回答的是如何才能让每一个岗位员工有能力素质、有意志意愿、有热情耐心，以保证完满地履行所赋予职责的问题；《企业规范化管理系统实施方案·运行流程管理》，回答的是如何才能保证每一个岗位员工都做正确的事、正确地做事、负责地做事的问题；《企业规范化管理系统实施方案·文化建设管理》，回答的是如何进行企业文化建设管理，以实现企业组织基因的改造，全面构建出能保证企业发展持续快速，基业长青的强势企业文化的问题。

《企业规范化管理系统实施方案》系列书的研究探索，吸纳并整合了源于西方的MBA课程的专业化研究成果，但超越了MBA课程专业相互独立的局限，填平了专业分割所划分的鸿沟。其研究探索的是紧紧盯住企业整体和企业发展过程中进行的，不仅看清了企业组织有机体的手、臂、脚、腿、身躯，而且是在完整的企业组织有机体基础上对企业组织运行的规律和过程进行的研究。所以，它可直接为公司CEO提供经营管控的完整框架和思路、方法。各类MBA，如果想快速满足合格乃至杰出CEO的知识技能要求，必须补上《企业规范化管理系统实施方案》这一课，即使只想做CEO的助手或操盘手，也必须补上这一课。盲人摸象式的企业管理知识和技能，即使不葬送企业的发展，也难以保障企业的发展。不能起到保障企业发展作用的CEO助手或操盘手，也是不合格的CEO助手或操盘手。

当然，《企业规范化管理系统实施方案》系列丛书还仅仅是一个开创性的探索。为丰富完善这一探索，笔者主持创建了内容丰富、体系完整的信息交流平台——“中国企业规范化管理网”（网址为：www.hwaaaaa.com，或者 www.hwaaaaa.net），旨在为专家、学者以及各类MBA交流批评、补充意见提供方便。并且笔者也殷切希望有更多的专家、学者及各类MBA加入这一研究探索中来，提出批评，进行补充，以丰富完善本系列丛书所确立的理论方法体系。

舒化鲁

2011年11月

本书内容概要

企业组织是由目标体系、组织结构、岗位员工、运行流程和企业文化等紧密联系、相互渗透且相生相克的五个部分构成的有机整体。企业管理规范化的实施，必须对应这五个部分。运行流程是企业组织的神经血管，相对于人，神经哪里不通，哪里就麻痹失控，神经紊乱则难免癫狂。企业组织的运行流程不通或紊乱，就难免低效倒闭。

运行流程管理包括流程结构管理、流程活动管理和流程组织管理三个方面的内容。对企业组织运行的全过程运用系统分析方法进行流程梳理优化，通过流程标准的确立和贯彻协调企业组织运行过程，消除内外部各种相互关系的摩擦，以及与这种摩擦相伴的无效活动投入，这就是流程化管理。要保证运行流程管理实施的效果，首先必须遵循价值增值导向、资源集中使用、信息现场处理、员工关系平等、责任无极化、定期分析改进、重点突出和工具规范等八个原则，并且满足活动承担者和管理者全面参与流程标准制定、企业领导人负责主持流程优化工作、有资深流程分析专家提供理论技术指导、企业组织运行系统模块分析准确无误、流程活动的内外部关系全面闭合、流程衔接接口分析确定完整全面，以及流程标准贯彻落实偏失问责严格等七个条件，确立权力意识淡化、等级歧视杜绝、价值目标明确、组织边界淡化、员工技能多样化、整体利益优先和资源共享全面等七个观念的关键是落实流程或流程活动衔接接口责任。

本书在对企业组织运行过程进行系统分析的基础上，分析讨论成规模企业一般都有的 102 个系统模块的流程优化分析约束条件，并且分析确定了运行流程管理实施的技术标准，包括流程图描绘、流程标准撰写优化、跟踪表单设计优化和问责制度撰写优化等四个方面的标准，以及流程管理技术运用的理念要求；另外还详细以探索介绍了流程结构管理、流程活动管理和流程组织管理的方法，包括价值目标分解分析法、价值贡献估价分析法、价值关联点数计算分析法、流程分析的多级展开方法、与信息系统对接的流程标准拟订方法和流程组织管理实施的方法。为弥补哈默博士等流程管理理论和方法创建人所忽略的流程组织管理问题，分析介绍了基于系统模块的流程管理职责的单位部门分配、岗位流程工作标准拟订、系统模块流程工作责任的班会展板跟踪和定期考核跟踪，以及与之配套的薪点工资计算等一系列具体操作实施方法。

就理论分析，本书的探索并解决了流程结构管理上缺少系统思考、流程活动管理不封闭，以及忽略流程组织管理对流程标准贯彻落实的影响和流程管理操作的具体化限制等一系列问题，确立了企业组织运行的系统分析和模块分割方法，使流程管理的实施严格建立在对企业组织运行的系统思考基础之上，保证了流程活动路线的全封闭连接。就技术方法分析，修正了 VISIO 软件中流程图标的定义，为保证流程图的描绘梳理优化分析的细化操作提供了方便。

目　录

第一篇　运行流程管理规范化实施的思路

第二篇 运行流程管理规范化的标准

第三篇　流程优化分析约束条件提要

第四篇 运行流程管理规范化实施的方法

第一篇

运行流程管理规范化实施的思路

运行流程是企业组织的神经血管，相对于人，哪里的神经不通，哪里就麻痹失控，神经紊乱则难免癫狂。企业组织的运行流程不通或紊乱，就难免低效倒闭。

运行流程管理包括流程结构管理、流程活动管理和流程组织管理三个方面的内容。对企业组织运行的全过程运用系统分析方法进行流程梳理优化，通过流程标准的确立和贯彻协调企业组织运行过程消除内外部各种相互关系的摩擦，及其与这种摩擦相伴的无效活动投入，这就是流程化管理。

本篇主要介绍企业管理的四种形式、不同企业管理形式的整合、运行流程管理的作用和企业组织运行的流程化管理成功的条件等。

第一章

企业管理的四种形式

企业管理是随着市场经济的出现而出现的，又是随着市场经济的发展而发展的。除了已完全被淘汰的以体罚暴力为推动力的传统监工管理之外，到目前为止，企业管理的形式先后已发展出四种，即以等级权力为推动力的科层等级管理、以知识技能为推动力的职能分工管理、以自我价值为拉动力的自主参与管理和以组织目标为拉动力的运行流程管理。

一、市场经济的发展推动了企业管理的发展

没有市场经济，就没有企业，也就不会有企业管理发展的问题。在市场经济条件下，商品的供给者和需求者都是利益独立且责任完全的经济活动主体。企业作为商品——包括产品和服务——的供给者，必然要通过企业管理寻求并实现自身的最大利益，因此它必然会随着市场经济的发展而发展。

市场经济又是随着社会生产力的发展而发展的，而社会生产力的发展给市场经济的性质带来如下四大变化：

（1）改变了市场活动主体——供给者和需求者相互关系的性质，市场由卖方转向了买方主导。

（2）市场交换的范围——产品和服务的内容广泛化，交换物不再仅仅局限于有形产品，与人的价值需求满足相关的服务活动都成了可交换的目标物。

（3）市场交换的形式——交换物的易手方式和交换媒介二者都发生了革命性的变化，信息技术的发展使市场交换甚至不再有面对面的有形物的易手，相距万里之遥且彼此从未谋面的人或机构可通过从空中传播的信号在几分几秒钟内完成交换活动。

（4）直接与前三者变化相联系，但又具有相对独立性的企业发展的主导力量，或者叫“主导资源”发生了变化，由简单地靠钱赚钱转化为主要靠人和靠人的智慧来赚钱。

这四大变化的直接结果是企业领导人相对下属员工也失去了盛气凌人的绝对优势地位，二者之间的关系由依存与被依存的关系向相互依存的方向发展。因此以体罚暴力为推动力的传统监工管理退出了历史舞台，这种管理直接是从奴隶主对奴隶的强制性劳动转化来的。在这种形式的管理中，劳动者和老板之间存在一个庞大的监工阶层。老板通过监工的鞭子对劳动者进行约束，让劳动者按照老板希望的方式和方法工作。监工直接是老板意志的化身，劳动者的任何有违老板意志的行为监工都可按老板允许的暴力形式对其施行体罚惩处，这种形式的管理是以劳动者对于老板的完全和不完全的人身依附关系的存在为前提的。随着社会的进步，人与人之间的依附关系不再存在了。这种形式的管理尽管还存在有一些遗迹，但已经不再具有管理学上的探索意义，新发展起来的四种企业管理形式是对这些社会发展变化现实的一种直接反应。

二、以等级权力为推动力的科层等级管理的六个特征

第一次产业革命使市场经济成为社会经济运行的主要形式，等价交换成了人与人之间经济联系的主要方式。这时的市场供给严重不足，饥寒和疾病充斥着整个社会。人类社会纯粹是一种没完没了的弱肉强食的战争，彼此之间为消除饥寒和疾病而进行的争夺残酷至极，为了生存而采取任何手段和行为可以说都不为过。整个社会，由强到弱构成一个等级控制链。强者对弱者是盛气夺人，气使颐指，利爪加身，依存和顺应就是弱者唯一能进行的选择。强者拥有对弱者的主宰权，也是社会规则的制定人；弱者的权力和义务都只能是服从。

这时市场经济的供给主体——企业就是这样一种强者，为了攫取最大

的利润，对依附于它的劳动者实行的是一种直接敲骨吸髓的压迫和剥削，强制性地延长劳动时间和加大劳动强度成了这时企业管理的全部内容。人类改造和利用自然的能力低下，生产的技术含量与脑力劳动所占比重相对较低，主要是无需知识技能的简单重复的体力劳动。管理也就只能通过让工人尽可能多地加班加点和增加劳动投入，以扩大生产规模和产量，从而保证企业获利。

这就是马克思时代的企业管理——血汗工厂管理，这种形式的企业管理。直接是以等级控制的形式存在的，强调对权力的依赖是通过权力来协调并约束他人行为的一种管理。尽管它不再主要依靠对被管理者的体罚和侵夺，但仍然残存有明显的以体罚监督为推动力的传统监工管理的特征。

马克斯·韦伯的科层管理可以说是这一阶段管理发展的最高形式，它剔除了以体罚暴力为推动力的传统监工管理中的体罚暴力行为，但仍维持有剥夺被管理者的人格和尊严的软暴力，是以没有体罚暴力为特征的暴力强制。泰罗的科学管理仍属于这一形式的管理，尽管其管理思想中已经加进了一些人性化的观念，但核心仍是如何在工人体力所能承受的范围内，迫使其加大劳动强度以提高劳动生产率。

这种管理的特点有以下六个方面：

（1）权力是诱导改变被管理者行为选择的唯一力量，权力让被管理者不得不服从。

（2）影响改变被管理者行为选择的方式主要是惩戒，这种惩戒既有经济利益上的剥夺，也包括软暴力的体罚——人格侮辱和心理摧残，体罚由一种外在的强加转化为内在的自我实施。

（3）权力的来源主要是对企业资产所有权的拥有，谁是投资者，谁就拥有对企业人、财和物的绝对支配处置权。是非和对错的裁判依据就是谁拥有企业资产的所有权，这一特征是当时各国公司法的核心理念。

（4）没有明确的职责界定，下属员工的职责由老板上司随意决定并随意改变。企业是老板的，被雇来的工人，在工资所买断的工作时间内他的一切都归老板所有。工人真正是一块砖，没有绝对专司的职位和责任，用于砌墙就是一块砖块，用于垫脚就是一块石头，用于砸人就是一件武器……

（5）被管理者处于绝对依从附属的地位。一般工人不仅仅是企业老板的附庸，甚至直接与马克思在《资本论》中所描述的一样，是机器的附庸。在生产过程中是机器使用工人，而不是工人使用机器创造价值。

（6）中间管理人员主要作为监工存在，是一个没有任何独立性的社会阶层，被工人视为老板的走狗爪牙。而在老板那里，他们也没有完全独立的人格。尽管老板也离不开他们，但老板根本看不起他们，认为他们是一些不学无术和贪得无厌的无赖。现实也是如此，早期在工厂担任监工的本身就是从地痞流氓中招聘来的。

企业管理发展到今天，科层等级制管理并没有完全消除，因为简单体力劳动的投入在企业发展中仍然有其一定的需求空间。除了高新技术行业，传统行业的企业运营中体力劳动投入仍占相当比例。因此这一形式的企业管理必然广泛存在，甚至还会在这类企业管理中占据主导地位，只不过都在不同程度上加进了其他形式的管理。就目前所能见到的企业组织架构图看，没有哪一家企业完全能超越这种形式的管理。

图1－1 企业管理的四种形式

三、以知识技能为推动力的职能分工管理的六个特征

随着电力、内燃机、汽车、飞机、电报、电话、电灯、收音机和流水线等技术的广泛运用，第二次产业革命到来了。福特发明的流水线运用于汽车制造业中，并为其他制造业所仿效。这个时代的市场经济，仍是以供不应求的短缺经济为特征的。企业为了最大限度地利用第二次产业革命带

来的科学技术发展成果，依赖于专业知识技能的自然力运用需求上升了，企业内部的分工也随之进一步深化。为了保证从分工协作中最大限度地获取利润，艾尔福雷德·P. 斯隆提出的把整个企业像一部机器一样进行管理的职能分工管理模式面世了，并直接由其付诸实践。以专业管理人员为主体的职业经理层出现了，企业管理从单纯的生产管理中分离出来，成为一个庞大的体系。

这一形式的企业管理也有如下六个特征：

（1）强调专业知识和专门技能的作用，企业管理者在企业这台大机器中具有明确的职责和权力，这种权力建立在专业知识和专门技能上。正是因为他们具有特定的专业知识和专门技能，所以才被赋予了与之相适应的职责，从而拥有了与职责相对应的权力。

（2）职责界定清楚而僵化，企业组织按职能分工。每个岗位按照分工的要求承担职责，各自仅仅承担所分工负责的那一块工作，不允许跨越所赋予的职责半步。谁的职责就是谁的工作，就由谁承担责任，这种管理可以说是一种职责边界僵硬的管理。

（3）彼此的协作和配合，主要由分管的责任人由上而下地通过指令实现。根据分工承担特定职责的人无权过问这种协作配合的好坏和质量，也不能怀疑指令的正确性和权威性，仅仅以自己的专门技能承担所分配的职责。

（4）影响改变被管理者行为选择的方式是胡萝卜和大棒并用，但用于惩戒的大棒主要是经济利益上的剥夺，不再允许有身体上的暴力责罚。

（5）被管理者仍处于依从附属的地位，上司主管是权威。让做什么只能做什么，不能过问，也没有必要过问。只要是按照上司主管的要求做的工作，对与错、得与失与具体做事的下属员工没有关系，也不用下属员工承担责任。

（6）中间管理人员的地位大大上升，他们不再仅仅是监工，而且是师傅或“专家”，都有自己的特长和技能，是企业老板决策贯彻执行的中坚力量；同时又是一般工人活动的领头羊，他们在老板和工人之间起着一种桥梁的作用。

到目前为止，在现实的企业管理中这种形式的管理仍占据主导地位。

四、以自我价值为拉动力的自主参与管理的八个特征

人类社会进入到20世纪60年代之后，市场经济的性质开始发生根本性的变化。世界范围内的饥寒和疾病随着科学技术的发展，已不再普遍威胁人类社会的发展。一批发达国家的市场供需关系首先发生了质的改变，市场的供给开始广泛出现过剩现象，商品供过于求，消费者主权得到充分体现的买方市场出现了。企业作为社会的强者的地位实际上开始下降，它不得不高度重视产品的质量和自身的生产效率，不再能把消费者当做可以随意欺骗的弱者。

这时的企业管理不得不寻求突破严格的等级划分和分工僵化的等级控制和职能分工的局限，让员工为了寻求自我价值的实现而广泛参与到企业的生产经营中来。员工不仅开始有机会通过职责分工之外的活动，包括各种各样的自主活动小组的形成、各种各样的合理化建议渠道的开通和企业决策问题的公开讨论，而且通过项目设立的自主建议，员工有了对于企业发展有推动促进作用的好设想。可自主提出来交由企业决策机构讨论通过后立项，并交由提出建议者主持实施。项目职责的自主选择使得员工可自主选择加入一定的项目团队，并根据自己的特长和爱好选择承担活动，使自己的兴趣和爱好与工作本身达成统一。使员工获得了相当大的劳动自主权力，因而开始融入企业组织。

这种形式的管理最先是由二战中战败的日本和西德探索并付诸实践的。这两个国家通过这种探索和实践，使它们的经济发展创造了奇迹。在战后的废墟上很快强大起来，成为当今世界上的第三和第四经济强国。

这种形式的管理有如下八个特征。

（1）权力意识开始淡化：强调人与人之间的平等，认定每个人都应该有自己的特有价值，企业有义务为每个员工提供实现这种价值的机会和舞台。

（2）强调企业组织与岗位员工的依存关系：每个员工既有权力，也有义务自下而上地参与到企业决策制定过程中来。

（3）强调对员工个人价值的尊重：鼓励员工自主地多方位努力，在为企业做贡献的同时实现自我价值。

（4）在岗位确定上给予劳动者个人一定的选择权：岗位员工不再完全被动地接受企业的分工，不仅可以挑选岗位，而且可以挑选企业。

（5）承认职责分工管理的局限性：强调为员工自我价值的实现开辟广泛的机会，搭造广阔的舞台，实施竞岗制度则是代表性的形式。

（6）影响改变被管理者行为选择的方式主要是奖励：这种奖励既有经济利益的满足，也有社会价值和意志价值实现上的满足。

（7）员工彼此之间与权力相联系的职责界限开始被打破：每个人都可以根据自己的特长、兴趣和爱好选择自己的精力投入方向，强制性的内部分工开始让位于这种自主选择。

（8）中间管理人员的身份不再明确并固定：企业组织运行活动的组织普遍实行项目制，谁充当项目领导人——项目组长——不再由上司任命，而是根据建立在兴趣和爱好基础上的个人知识结构和技能特长自我推荐，即内部投标。今天的项目参与人明天也可能自己投标成功，担任项目领导人，但仍可能在他人负责的项目中作为一个普通参与人继续工作。

五、以组织目标为拉动力的运行流程管理的九个特征

人类社会发展进入20世纪70年代，微处理器、工业机器人、个人电脑、通信卫星和互联网等信息技术快速发展和普及。第三次产业革命的到来，使市场经济的格局进一步朝着消费者主权方向发展，生产供给出现了普遍的过剩。作为市场经济供给主体的企业，不得不更加高度关注需求主体的兴趣偏好的变化，也不得不为了自身的利益和发展而屈从于客户的个性化需求。福特那种“我的汽车就是黑的”的盛气不再有了，也完全无法再维持这种盛气了。客户的价值在企业的经营中上升为一个主导力量，使企业不得不以客户为中心，用客户价值的满足标准来组织企业的经营活动；同时，甚至更关键的是客户价值的满足必须也只能建立在企业组织内部关系和谐，以及岗位员工聪明才智和创造性得以发挥的基础上。企业不再是投资人压榨工人剩余价值的机器和私人用品，而是由投资人、经营者、管理者、作业者、产品客户、商务伙伴、国家政府和社会公众八大利益关联主体构成的准社会公共组织，企业发展价值目标必须也只有汇集投资人、经营者、管理者、作业者、产品客户、商务伙伴、国家政府和社会

公众的意志才能保证达成。

为了适应这种变化，企业管理开始转向以组织目标为拉动力的运行流程管理。这里的组织目标也就是汇集了投资人、经营者、管理者、作业者、产品客户、商务伙伴、国家政府和社会公众等八个方面的意志的企业发展价值目标。流程管理强调以流程为基本单元，根据企业发展价值目标的要求，对企业组织运行的过程运用系统科学的方法进行梳理优化分析并改造和再造。通过流程标准的确立和贯彻协调企业组织运行各个单位、部门及其岗位员工之间的关系，保证他们相互配合并相互支持，消除单位部门内部及相互之间的摩擦，以及与这种摩擦相伴的无效活动投入。进而提升企业经济效益，这也就是流程化管理。

这种形式的管理特征有如下九个。

（1）强调企业组织运行的核心目标只是服务于客户价值满足，并通过客户价值满足增值积累企业发展的四大价值。企业要生存和发展，必须最大限度地为客户提供充分多的价值满足，让客户在获得价值满足的同时获得交易收益，促成企业发展。

（2）强调管理者与被管理者的平等，不再允许有凌驾于他人之上的强权存在。岗位员工作为一个整体从不同的角度为客户价值提供满足，员工不分等级层次高低，都是服务于客户价值满足的伙伴并听令于客户价值满足的需要。

（3）内部职责分工不再僵化，在企业内部尽管分工还存在，但这种分工不再是僵硬不变的职责的界限。或者说组织的边界开始变得模糊，弹性开始增加。为了服务于客户价值的满足，进而达成企业发展四大价值增值和积累这一目标。每个员工，不管是管理者还是被管理者，只要需要和可能都必须义不容辞地承担并不确定的责任，进而为客户价值的满足和企业发展四大价值增值和积累做出贡献。强调只要是有助于客户价值的满足和企业发展四大价值增值和积累，并且自身又有能力和精力承担的工作就是必须承担的职责。

（4）强调企业是一个有机系统，是一个无边界组织。在这里主导员工行为的不再是其岗位工作标准，而是其工作所指向的目标。对其工作绩效的评价不再包含他的能力、态度，而直接是他和及其团队为客户价值提供的满足和给企业发展四大价值带来的增值和积累，以及这种努力方式的过程标准。

（5）强调打破条块分割，按照流程组织企业组织运行。企业组织运行不再是按照具有自身独立利益的块块单位和条条部门组织，而是按系统和流程组织。单位和部门都转化为一种为实现特定价值目标而构成的流程团队，它们独立完成的流程也仅仅是企业组织运行这个大流程中的一个子流程或流程活动。

（6）企业组织所有活动的目标都明确指向客户价值的满足及企业发展四大价值增值和积累。每个流程都由专门的流程主持人负责控制，由各类专业人员组成的流程团队负责实施，流程成为一种可以现实观察、控制和调整的标准化的过程。活动之间变得紧凑，任务之间变得协调统一。不再有职能分工管理下的那种冲突和拖延，任务和任务之间也不再存在脱节和冲突的问题。

（7）没有人拥有绝对不变的权力，每个人所服从的仅仅是由客户价值创造及企业发展四大价值增值和积累目标主导的流程。并且流程的调整改造也不是简单的个人行为选择，而是在客户价值创造及企业发展四大价值增值和积累目标达成最大化原则之下的集思广益。

（8）在影响改变人们行为选择的方式中，团队成员认同的奖励作用大幅度上升，经济福利奖励主要落在团队集体中。对个人的奖励最具诱导力的是团队成员的认同，不过其惩戒也具有强大的约束力，但这种惩戒主要是团队成员的否定，即通过漠视、中断交往、不合作和不沟通把要惩戒的特定个人驱逐出这一特定团队。

（9）不再有庞大的中间管理阶层，对人的控制和指挥由流程与流程之间，以及流程活动与流程、流程活动与流程活动之间事先确立的标准要求的满足来替代。每个人都是具有控制和指挥权力的上司，每个人又都是被控制和被指挥的下属。究竟是什么身份，完全取决于所承担的活动在流程中的先后次序和其流程在企业组织运行整体大流程中的地位。所承担的活动在流程中的先后次序不同，其流程在企业组织运行整体大流程中的地位，以及所享有的权力和义务也不同。

第二章

不同企业管理形式的整合

企业管理尽管可以分为第一章中所讲的四种形式，但在现实中没有哪个企业能绝对地只选择一种纯粹形式就保证达成其管理目标——企业发展四大价值的最大限度的增值和积累。这也就发生了企业管理形式的整合问题，即根据企业发展的实际对企业管理的形式进行整合，以保证达成最佳的管理效果。

一、管理学界的“革命论”

在管理学界有一种管理发展的“革命说理论”，认为管理中存在形式前后取代的革命，并把这种革命概括为三次。

第一次产业革命时期，由于人类刚刚开始掌握机械力量，生产的技术含量与劳动含量相对较低，所以企业主要依赖扩大规模和产量获取更大利润，管理者只能通过尽可能让工人加班加点来增加劳动投入。

第一次管理革命是随着第二次产业革命展开的，这一管理思想很快就通过福特发明的流水线运用于汽车制造业中，并为其他制造行业所仿效。但是真正使分工原则得到最大发挥的是艾尔福雷德·P. 斯隆提出的将整个企业像一部机器一样进行管理的机器——管理论，从此以专业管理人员为主体的职业经理层出现了。企业管理从单纯的生产管理中分离出来，成为包括后者的庞大体系。第一次管理革命中倡导的专业分工和管理机器等思想影响深远，直到今天。

第二次管理革命的策源地是（20 世纪）70 年代的日本，日本企业发展了一整套行之有效的管理方法，典型的有全面质量管理、及时制造、精益生产、零仓储和零缺陷等。凭借这些管理措施，日本企业把技术优势转变成管理优势，使原来的老师——欧美等国相形见绌。到 1990 年，日本成为世界第一大汽车生产国、第一大电器生产国和第一大影视器材生产国。

图 1－2　企业管理跟不上时代发展的忧愁

在企业流程再造出现之前，尽管发生了三次产业革命和两次管理革命，但企业的基本管理思想却始终如一——从企业内部寻找提高效率的突破口，以提高现有经营过程的质量，降低其运营成本，实现企业在竞争中的优势。而企业再造，却提出了完全不同的解决思路——站在企业外面，先看看企业运作的过程是否合理。如果不合理，就重新设计企业流程；再看看企业是否以流程作为企业运作的核心，如果不是，将企业再造成围绕流程的新型企业。”①

如表 1－1 所示。

① 甘华鸣．管理创新．北京：中国国际广播出版社 1999 年 11 月第一版，第 14 页～15 页．

表 1-1 “管理革命”说

管理革命	第一次	第二次	第三次
发生年代	19 世纪末 ~20 世纪 20 年代	20 世纪 70 年代 ~80 年代	20 世纪 90 年代
发源地	美国	日本	美国
主要内容	劳动分工和专业管理	全面质量管理和及时生产	企业流程再造

这种理论在现实中很难让人信服，企业管理随着人类社会的发展而不断发展和丰富是必然的事。但这种发展和丰富并不可能沿着革命的路线进行，即发展起来的管理新形式并不一定会取代原有的管理旧形式，而是共同存在并相互补充。

按照“革命论”的理论分析，新的管理形式出现后，旧的管理形式就会被取代和被驱逐。但到目前为止，又有哪一家企业的管理完全超越了以等级权力为推动力的科层等级管理，或者以知识技能为推动力的职能分工管理？没有，绝对没有。即使管理创新走在最前列的通用电气公司，其管理中也仍然保留有以等级权力为推动力的科层等级管理和以知识技能为推动力的职能分工管理的成分。更不用说其他 99.99% 的企业更多的主要是依赖于以等级权力为推动力的科层等级管理和以知识技能为推动力的职能分工管理服务于其企业组织运行目标的，这两种形式的管理到目前为止仍是构成企业管理的基础和框架。

二、管理的发展只有丰富和多样化，没有革命

管理没有所谓最好的形式，只有最适应的形式。管理形式的发展是随着人类社会的发展而发展的，人类社会的发展并不能改变人的本质特性，而仅仅是改变人所赖以存在的社会文化环境和物质自然环境。从而使作为被管理者的人在对自己的意志行为进行选择时，所思考问题的方式和角度发生变化。原来对他没有什么强度和吸引力的需求，因为其自身生活于其中的环境的变化，使这种需求的强度提升了。也就是说，满足对其有吸引力了，甚至上升为直接主导其行为选择的动机了。

比如一个衣不遮体和食不果腹的人，体面和尊严对他而言可能是一种奢侈品。但对于一个脑满肠肥的富翁，对体面和尊严的追求可能是对其最

具吸引力的事。

人类社会的发展给管理带来的发展和改变主要是通过改变人存在的环境，使人的最强烈的需求发生转移所致，进而使诱导改变他人行为选择的标的性内容也随之发生调整和变化。这样也就必然要求改变对人产生管理诱导作用的主导力量和方式，但是被管理者存在环境的变化并不能完全消除其已满足的需求。人吃饱了，对食物的需求强度会下降，但远不是消除了他对食物的需求，这种需求仍是左右他行为选择的一个重要因素。

以等级权力为推动力的科层等级管理是建立在人们对生存的渴望基础之上的。人的生存不再有危机，不须特别关注生存问题，但并不是说人们不再有生存的需求。以知识技能为推动力的职能分工管理，是建立在企业发展对知识技能的要求基础之上的。随着科学技术的普及，知识技能的稀缺度可能下降了，但企业发展对其依赖度不是下降了，而是上升了。以自我价值为拉动力的自主参与管理建立在人们对自我价值的追求基础之上，以组织目标为拉动力的运行流程管理建立在人们对意志价值的追求基础之上，二者仍不能脱离前两者的基础。

所以管理只能有发展和丰富，不可能有革命。

三、企业管理形式的整合

管理有发展，没有革命，这就决定了企业管理必须根据企业内外部环境在管理形式上进行整合。即把不同的管理形式融入进来，构成对企业最具适应力的管理形式组合。在这里要强调的一点是 4 种管理形式都必须兼收并蓄，针对企业内部不同的管理环节和管理对象，选择不同的管理形式。也就是说，选择以组织目标为拉动力的运行流程管理，并不是要完全放弃以等级权力为推动力的科层等级管理、以知识技能为推动力的职能分工管理和以自我价值为拉动力的自主参与管理，而是并用它们以适应企业的实际，以使这种管理效益达到最优。

这种整合方式主要有两种，一是结构式整合；二是有机式整合。

1. 结构式整合

结构式整合就是对企业的内部工作，根据功能作用加以系统分析，针对不同的系统选用不同形式的管理。比如针对企业组织运行的四大系统，选择以下四种对应结构：

（1）对信息决策系统，实施以自我价值为拉动力的自主参与管理。

（2）对人流组织系统，实施以知识技能为推动力的职能分工管理。

（3）对物流营销系统，实施以组织目标为拉动力的运行流程管理。

（4）对资金财务系统，实施以等级权力为推动力的科层等级管理。

这种结构式整合还可更细致，比如在二级子系统，甚至三级和四级子系统中均根据实际来选择不同形式的管理，如表1－2所示，表中用“●”表示该系统功能作用的实现可选择所在列中的管理形式。

表1－2　管理形式的结构型整合分析

各类功能系统＼对应管理形式		以等级权力为推动力的科层等级管理	以知识技能为推动力的职能分工管理	以自我价值为拉动力的自主参与管理	以组织目标为拉动力的运行流程管理
大系统	二级子系统				
信息决策系统	信息收集			●	
	信息运用			●	
	信息生成			●	
	信息传递	●			
	信息反馈	●			
	信息固化			●	
人流组织系统	能力素质管理		●		
	意志意愿管理		●		
	情感情绪管理		●		
	行为协调管理		●		
	关系融合管理		●		
	保障服务管理	●			
物流营销系统	市场开发管理				●
	品牌打造管理				●
	客户关系管理				●
	物料购配管理				●
	现场作业管理				●
	产品销售管理				●

续表

各类功能系统 \ 对应管理形式		以等级权力为推动力的科层等级管理	以知识技能为推动力的职能分工管理	以自我价值为拉动力的自主参与管理	以组织目标为拉动力的运行流程管理
大系统	二级子系统				
资金财务系统	财产防损管理	●			
	资产监控管理	●			
	成本控制管理		●		
	财务控制管理	●			
	审计控制管理	●			
	权益维护管理	●			

2. 有机整合

有机整合就是让企业像有机体一样，由大脑根据所感知的化学成分的变化及这种变化的意义做出相应的调整。如选择一种管理形式作为企业管理实施的主要形式，并根据需要选用其他三种形式的管理予以补充。这种选择完全根据作为大脑中枢的企业领导人对企业机体的感知随机进行，甚至对选择何种管理形式作为其基础管理形式，也完全是根据他所感知到的企业内外部实际随机进行。这种整合在现实企业管理中运用得也很普遍，通用电气公司和海尔公司都是典型。

但这种整合在操作上带有过多的随机性，它要求企业领导人有高度出众的变化感知能力、问题判断能力和应对决策能力，任何一点迟钝和失误都会给企业造成灾难性的后果。并且它往往还会受制于企业领导人的个人偏好，个人偏好不同做出截然不同的选择，因此企业领导人每变更一次也就不免带来一次波动。由价值观念和个人偏好的不同，甚至情感情绪的波动而造成选择的不一致，至少会在人员变更交替阶段直接造成矛盾和混乱。如我国国有企业领导人实行任期制，很多企业的领导人换届更替后的初期都发生了企业发展上的强烈波动，原因就在此。

每个人都有自己独特的价值判断，尤其是作为企业领导人的高素质人群更是如此。萧规曹随在企业领导人变更中简直变成了不可能，即使可能也带有太多的偶然性，因而使企业持续快速发展也随之带有了很多的偶然性。

四、企业组织运行的系统整合

1. 企业组织运行的流程分析与系统分析的同一性

我们已经分析过，一个企业组织就其系统关系而言，是一个包含有众多子系统的大系统。每一个系统都不仅有明确的目标指向，而且有对应的达成企业发展四大价值增值和积累目标的特定功能作用。但是如果把企业组织目标定义为企业发展四大价值的增值和积累，就达成这一目的的活动关系进行分析，它又是一个包含有众多子流程的流程集合。并且彼此之间的关系是相对确定的，因而又可以说它直接是一个综合性大流程。相对于一个企业来说，作为一个系统或一个流程分析，我们就会发现二者在结构上的同一性，即二者在功能作用和目标指向之间存在着一一对应关系。功能作用是相对于系统而言的，是特定系统或子系统所具有的功能和这种功能所起的作用；目标指向是相对于流程而言的，是流程分析所设定的流程活动努力的方向，以及在这种方向上努力必须达成的质和量的可度量要求。前者是由系统分析得出的，是对系统本身必须有的内在结构关系的揭示；后者是人为设定的，是根据所期望的发展对企业组织运行各个环节的工作提出的要求。但只有当二者一致时，这种分析和设定才有意义，这种一致的基础是企业组织运行的内在结构关系及其赖以形成和存在的外部环境实际。企业组织运行的内在结构关系及其赖以形成和存在的外部环境实际是客观存在的，不由任何一个人的意志为转移。对企业组织运行各个环节的工作提出的要求，如果不反映企业组织运行的内在系统结构关系及其赖以形成和存在的外部环境实际，这种人为地设定的要求也就失去了全部意义，与白日梦不会有任何差别。在现实中企业组织运行效率之所以低下，其深层原因都在此，即忽视和违背了这二者的同一性。

2. 突破企业组织运行低效益的途径

美国麻省理工学院哈默教授通过调研，发现一个让人难以置信的估算。即在一般企业的正常工作中，有 85% 的人没有为企业发展创造价值，其中 5% 的人看不出来是在工作；25% 的人似乎正在等待要做什么；30% 的人只是在为库存而工作，即为增加库存而工作；25% 的人是以低效率的方法和标准在工作。

企业发展价值只能来自于为客户提供的价值满足，企业中85%的人没有为客户增添价值，企业的发展也就成了空话。为什么会有如此多的人没有为企业的客户创造价值呢？

原因就在于企业管理忽视了企业组织运行的内在系统结构关系，或者说忽视了企业发展四大价值增值和积累目标的达成与企业组织运行过程中的系统结构对应关系。没有对应这种系统结构进行流程管理，岗位员工都只是为履行职责做事，其努力的方向和目标不明确。所以各个单位、各个部门，以及各个岗位员工都只是在做自己想做的事，甚至也希望其他单位、其他部门和岗位员工也都只是做这些事或他希望他们做的事，没有人把他们所做的事紧密地与客户价值的满足、企业发展四大价值的增值和积累联系起来。结果众多的人就都成了哈默教授所分析的85%中的一部分。

如何才能让企业组织运行每个细小的投入或活动都在为客户价值提供满足的同时增添企业发展四大价值，实现发展呢？

答案是实行流程化管理，把企业组织运行过程作为一个综合性大流程进行。对应其系统结构关系全面进行流程梳理和优化，并在此基础上确立流程标准。用流程标准统一协调企业组织运行过程中的不同活动之间的关系，让企业组织运行的所有活动都直接与客户价值的满足和企业发展四大价值增值和积累联系起来。

流程化管理不同于单位部门内部实施的流程管理，它不仅仅局限于某个单位部门。单位部门内部实施的流程管理是在单位部门的边界内进行，而流程化管理要想撕开单位部门的边界，不仅用流程标准衔接单位部门的关系，而且以流程结构关系为基础架构设计单位部门。

3. 企业发展四大价值的增值积累离不开客户价值，但不等于客户价值

在《企业规范化管理系统实施方案·决策制定管理》一书中，作者在分析企业价值关联关系时，已经把企业组织运行作为一个完整的系统做了分析，但着重点是放在企业如何与客户进行价值交换上，而对于客户价值交换之外的企业发展四大价值增值和积累问题，并没有涉及。

在《企业规范化管理系统实施方案·组织架构管理》一书中，作者通过对企业组织的目标功能树系统的分析，已经把企业组织作为一个有机系统进行了勾画，但没有分析界定企业发展四大价值增值和积累与客户价值交换的对应关系。

企业的交易收益、基业稳固、投资回报和社会美誉四个方面的价值并不都能够自然而然地来自与客户价值的交换。

交易收益只能来自与客户价值的交换，而基业稳固却与客户价值的交换没有关系，完全是由企业组织运行过程中决策制定所主导的。有无基业稳固价值都是决策制定选择的结果，也就是说它只是与企业组织运行过程中信息系统各个子系统功能作用发挥得好坏有关。

投资回报这一价值的基础是与客户进行价值交换所获得的交易收益，但这种交易收益能否转换为企业的投资回报却是企业组织运行过程中的资金流系统中各个子系统功能作用发挥得好坏的结果。

社会美誉这一价值与企业为客户所提供的价值服务这一活动相关，但并不是完全来自这一活动。它是企业组织运行过程中物流系统各个子系统功能作用发挥得好坏的结果，是构成与客户价值进行交换的一个前提条件，是它促成了与客户的交换。但与客户的交换完成之后，当为客户所提供的满足大于至少是等于客户的期望时，客户的口碑才会构成企业的社会美誉价值。但从因果关系分析，社会美誉这一企业发展价值与客户价值形成一种互为因果的关系，是企业有了社会美誉这一价值才促成客户与企业之间的价值交换，而企业与客户之间的价值交换又会影响企业社会美誉这一价值的增减。当客户从企业所获得的满足低于其期望时，企业的社会美誉这一价值就会贬损和减少；当客户从企业得到的满足高于他的期望时，客户的口碑作用则会增添企业的社会美誉这一价值。

由上述分析可知，客户价值是构成企业发展四大价值的基础，企业发展是以企业能否为客户价值带来足够多的满足为前提的，但二者并不是同一关系。通过为客户价值提供满足，实现与客户的交易并获得交易收益，并不能保证企业一定能实现其发展。也就是说，企业除了从与客户进行交换获取价值外，至少还有一个对交换所得价值保全的问题。

弄清二者之间的关系之后，下面我们将把企业这个大系统的各级子系统分别纳入企业组织价值关联关系中进行分析界定，以明确企业组织运行流程的结构框架。

4. 企业作为系统与作为流程的对应关系

企业作为一个有机系统与一个综合流程，其内部关系尽管存在一定差异，但从结构关系分析，二者存在完整的对应关系。

就其内部结构关系分析，企业组织运行的系统和子系统直接把企业作为一个流程分析的多级流程和子流程。每一个系统都有特定的功能作用，每一个功能作用又是服务于其特定目标的达成的。每个流程都有其目标指向，即都是服务于特定目标达成的，由其输入转化成的输出是直接为了满足特定目标要求而在设计规划后实施的。可以说，细分的企业组织系统模块实际上也就是构成企业综合性流程的子流程。每一个系统模块都可以作为一个相对独立的流程分析，也可分解为几个相对独立的流程分析，或者可以在对应系统模块的流程分析基础上展开为多级流程。

5. 不同的企业管理形式达成整合的基础

以知识技能为推动力的职能分工管理要取得效果的前提是职能分工恰当，而分工恰当的前提却是把企业组织运行作为一个有机系统进行分析，使企业组织的单位、部门设置与企业组织运行的系统结构关系对应。也正是这一原因，我们在讨论组织架构管理时就讨论了企业组织运行的系统结构关系，把企业组织运行分解为 4 个一级子系统、24 个二级子系统和 102 个三级子系统（即系统模块）。

以等级权力为推动力的科层等级管理不一定必须以企业组织运行系统分析为基础，但不能背离企业组织运行的系统结构关系。居于权力等级顶端的企业老板必须在大脑里有企业组织运行系统分析的意识和观念，并自觉独立地在大脑中地完成这一工作；否则等级权力的结构关系与之相左，就不可能有企业组织运行的效率和效益。现实中很多企业组织运行混乱，效率和效益低下，其中一个重要原因就是这种企业的管理形式是以等级权力为推动力的科层等级管理为基础的。而企业组织的最高权力人却又缺少企业组织运行系统分析的意识和观念，没有在其大脑中完成企业组织运行系统分析的工作。

以自我价值为拉动力的自主参与管理必须在企业组织运行系统结构架构内实施，任何一个企业组织成员必须对应企业组织运行系统寻求自我价值的满足。通过自主选择和创造性努力完满地保障企业组织运行过程中某个和某些系统功能作用的发挥，以通过这种贡献获得经济福利回报达成“有”价值需求的满足，获得其他企业组织成员的认同达成“能”价值需求的满足，获得其他企业组织成员的遵从达成“善”价值需求的满足。并且他的任何自主选择和创造性努力都不能超越企业组织运行系统结构关系，因为对企业组织运行系统结构关系的任何形式的超越都不是提升企业组织运行的效率和效益，而是增加其混乱。这就不是努力贡献，而是故意破坏。

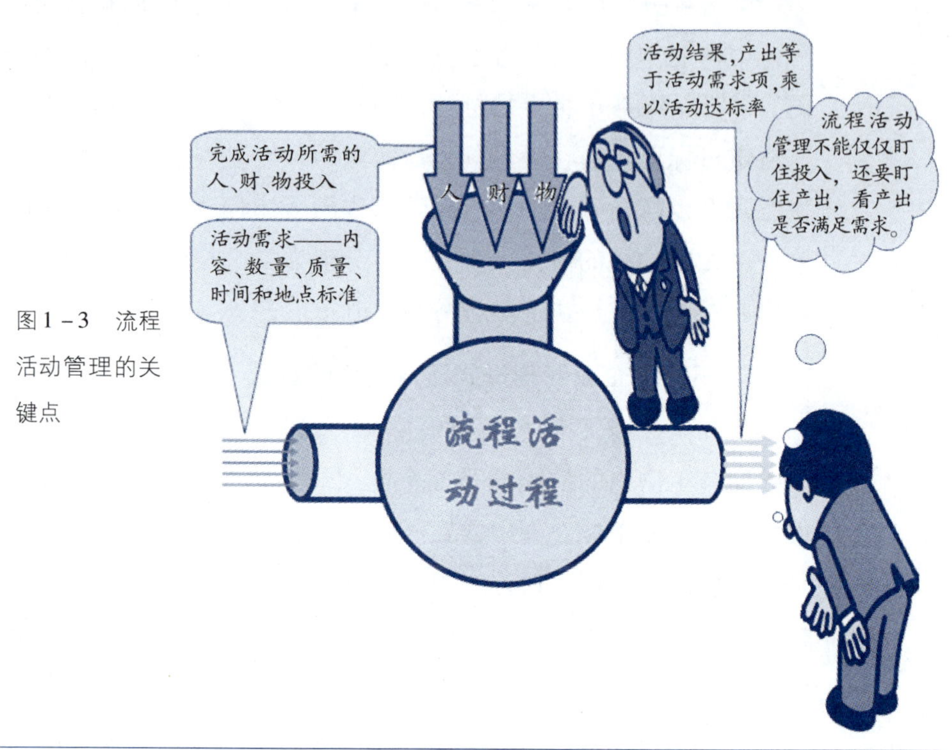

图1－3 流程活动管理的关键点

以组织目标为拉动力的运行流程管理是直接建立在对企业组织运行系统结构关系分析基础上的，无法超越企业组织运行系统结构关系进行流程梳理优化分析，这在前面已经分析过。

因此企业组织运行系统结构关系的客观性也就构成不同企业管理形式整合的基础，也正是这一基础的存在，不同企业管理形式之间发展就不是革命性的更替，而是在相互掺和中渐进式地演变。

第三章

市场竞争往往是在过程细节上决战

在企业组织运行过程中，保证效益的一个基本要求是保证这个过程中的每一个环节上的每一个活动时时处处都处在受控中。要达到这一目的，流程管理是最有效的途径和方法，没有流程控制也就不可能有高效的过程控制。因此企业要重视过程控制，应不惜投入大量的人力、物力和财力，对企业组织内部活动的各个环节都制定出全面的管理标准。

一、把简单的事做对一万次就是不简单

海尔人讲："什么是不简单？把简单的事做好就是不简单。"

对不对？

对，一个人没有把事做好的态度和意愿，哪怕是一件很简单的事也做不好。

在海尔有一则流传得很久的故事，叫"一块香蕉皮带来一笔生意"。

1997年9月17日，黑龙江双城百货公司的张经理召集同行三个厂家的业务员谈增加订单的意向。谈完之后他们一块儿出门，有两个业务员走在前面，海尔洗衣机公司的阿维走在后面。他一出门就发现门口地上有一块香蕉皮，很扎眼。如果谁踩上了它，都可能造成一个不大不小的事故。他顺手捡了起来，丢进了垃圾箱。

一切都是自然而然地进行的。当天晚上张经理给阿维打来电话告诉他，现已决定增加海尔洗衣机的进货，并且也仅仅增加海尔洗衣机的

进货。

好久之后，张经理谈起选择增加海尔洗衣机订单的原因，他说就是那一块香蕉皮给他留下了深刻的印象。

捡起一块香蕉皮丢进垃圾箱，多简单的事，但要有做的意愿，这就不简单了。

但是如果从做事的方式方法上分析，“把简单的事做好就不简单”的判断就不对了。简单的事就是简单，但把简单的事做对一万次，这就真正不简单了。

在笔者刚刚大学毕业不久一次出差，在一个船码头上看见一些人在玩一个游戏。这是一个很简单的写数游戏，实际上也是一种诈骗。

这个游戏要求在10分钟的时间内在一张白纸上写出阿拉伯数字1～500，并且要求没有任何错误和改动的痕迹。参加者必须事先交10元钱，如果没有错，也没有改动的痕迹，除退还10元钱之外，还奖给20元钱。

这是再简单不过的一件事，上完小学一年级的人都会写阿拉伯数字，而且时间也不是很紧。笔者感到很好奇，对这么简单的事，还有人下赌吗？

外面正下着雨，淅淅沥沥。离上船的时间还有一会儿，笔者好奇地在那里观察了一个多小时。

很多人都觉得太简单了，认为很容易赢得这20元钱，因而不假思索就交上了10元钱。设局的人一会儿就收到了一大摞钱，捏都捏不下了，足有1000多元钱。可没有见到有人拿回这10元钱，更没有人得到20元钱的奖励。有一人第一次输了不服气，自己骂骂咧咧地说没认真，搞错了。他觉得这么简单的事，稍微认真一下就完全有把握赢回20元钱来。他再交了10元，可第二次仍然输了。他仍然是不服气，但没有钱了，只好不情愿地离开了。

当时这10元钱可不算个小数目，大学本科毕业生转正之后一个月才拿54元钱；普通工人刚开始上班时一个月才挣18元钱。

把简单的事做对一万次就是不简单，这还没有一万次啊！

这其中有一个心理疲劳的问题，即简单的事重复次数多了往往不免会发生心理疲劳，不知不觉地就发生错误。

让一台机器把简单的事做对一万次，很简单。但要让人把简单的事做对一万次，就真正是不简单。机器不会发生心理疲劳，但人却一定会。只是这个心理疲劳是来得快，还是来得慢可能存在一定的个体差别。

所以把简单的事做对一万次，这就不是一个态度和意愿的问题，而是一个方式方法问题。没有恰当的方式方法控制，把简单的事做对一万次简直是不可能的。

二、企业组织运行活动的细节都很简单

在企业组织运行过程中任何一个具体的工作细节其实都很简单，即使难度非常大的技术性工作和管理性工作，只要分解成一个一个的细节之后也都会变得很简单。企业组织的运行大都是这些活动细节的不断重复，但这些不断重复的简单事却往往总是难免出错。

就装配线上的工作而言，在流水线上每一个工人也只是完成一些简单的工作。如上一个部件，把部件对上去。然后把螺丝串上，螺帽拧紧，有的连螺帽都不用套。这些工作一点儿也不复杂，更谈不上艰难。但控制一放松，少上一个螺丝或螺丝上得不到位等就时有发生。这样一些简单的工作没有做好，产品质量问题也就发生了。

企业组织运行的每一个环节上的工作都是由细节组成的，都很简单。车间作业有操作规程和安全规程，任何一个规程所要求的活动都不涉及艰难复杂的事，而出现安全和质量问题等，也都是因为违背了这些简单的要求。例如，该戴安全帽的没有戴安全帽，该戴手套的没有戴手套。

就是因为这些简单的事在重复做的过程中发生了失误，从而导致了企业组织运行过程中的安全和质量事故。

其实，企业的经营管理活动也是如此。如果把它分解成一个一个的细节，也都可以归结为信息的收集、记录简单的加减乘除运算。但在现实中这些简单的事应该做的却往往总是没有按照要求做，或者是因忘记或者是疏忽了而没有做。

1999 年，笔者到山东华众集团参加企业内部培训，住在集团的内部宾馆。这个宾馆的硬件超过三星级，当天晚上就发生了一件不该发生的事。

夜深了，笔者准备休息。上卫生间时随手把卫生间的门关上了，可一关上就打不开了。

卫生间的门把手和门锁脱扣了，门把手控制不了门锁。卫生间有电

话，但打到前台没有人接。笔者又打到其他房间，结果拨打了多次，也没有人接电话。

这是一个内部宾馆，不对外营业，刚好当天只有我一个人住在这里。

我想把门撞开，可门装修得特别结实。实木的，无法撞开。想用马桶盖砸门，可马桶盖也早就不在了。天很冷，我不可能在卫生间里过夜。我在里面大声呼叫，可没有人听见。一直折腾到凌晨4点，我从抽水马桶里边卸下一根钢丝，才把门锁拨开回到床上休息。

卫生间门锁坏了不是三五天的事了，服务员不可能没有发现，但并没有人提出这个问题，更没有人修，这可是服务员的职责啊！

这都是细节，并且都是很简单的细节。在此前不到半年的时间中，该企业就出了两次重大安全事故，其原因都是因为忽视了细节问题。

因为对细节没有关注，所以工作没有做到位。这家4000多人的企业只有“大事”意识，对小事没有足够重视，更没有投入精力解决。也正是这些反复重复的细节让这家企业最终于在2004年关门大吉，走向了坟墓。倒闭时，它的一件大事，即第六期工程还没有最后完工。

三、市场竞争归根到底是在做事方式上的竞争

要把简单的事千百万次地做对，这是市场竞争的要求。任何一个客户都不会接受有瑕疵的产品和服务，而产品和服务之所以会有瑕疵，却直接是细节上很简单的事没有做到位所致。

有人说“细节决定成败”，尽管这话说得有些绝对，但在企业组织运行过程中细节的重要性却是不容置疑的。要保证每个细节在重复的过程中不出错，关键是在做事的方式方法上进行限定，用做事的方式方法把需要重复的细节变得容易自我控制和自主把握。谁能够做到这一点，谁也就能保证产品和服务的质量，保证企业的效益和辉煌。

相对于写数学游戏，笔者也进行过探讨，并作为培训游戏反复做过试验。

要在10分钟内在一张白纸上连续写下1～500的数字，中间不出任何一点错难度是很大的，在笔者进行的现场培训游戏试验中还没有获得成功的例子。

如果不是一张白纸，而是按照特定的规格设定的方格纸，每行 10 个数，每一个数都能够对应起来。有了这样一个以 10 为标准的方格进行控制（如表 1 -3 所示），从 1 写到 500 也就变得很简单了。通过这样一个简单的控制，就使成功率一下提升到 55% 以上。如果在每一个格子里已经写下隐约可见的数，像小学生学描红一样，则发生错误的概率就更小了，成功率可高达到 95% 以上，这是笔者通过现场培训游戏试验检测获得的统计。

表 1 -3 方格控制

个位数 百位 十位数	1	2	3	4	5	6	7	8	9	0	十位为整数的数
00											10
01											20
02											30
03											40
04											50
05											60
06											70
07											80
08											90
09											100
10											110
11											120
⋮											……
46											470
47											480
48											490
49											500

这也是一个做事方式的问题，把要反复做的事用一定的流程标准固定下来，并在每一个细节上都加上相应的提示，把简单的事做对一万次也就变得简单了。

这里的问题是对于这种反复重复的细节工作进行控制的方式方法是否到位并有效。控制的方式方法到位并有效，把每一个细节都做好了，并且是在盯住企业发展四大价值增值和积累目标的基础上做好的，企业竞争力也就有了。

流程就是做事的方式，流程管理就是管理做事的方式。从这个意义上讲，市场竞争也就成了企业流程管理水平的比拼。

四、济南二机靠啥把产品卖给美国的公司

济南二机是我国机床行业的一个明星企业，尽管其规模在我国机床行业中属中型。我国机床行业岗位员工人数最多的达到数万人，而该企业仅有员工 4900 多人，但其所创造的业绩却是这些大型机床企业都望尘莫及的。该企业是目前中国规模最大的重型数控锻压设备和大型数控金切机床研发制造基地，中国机械工业百强和锻压行业领军企业，被誉为“世界三大冲压设备制造商之一”。该企业所研制的“数控冲压机床”和“重型数控镗铣床”双双荣获中国名牌称号，是国内机床工具行业唯一获得金属成型和金属切削两个领域“中国名牌”的企业。并且有 7 个项目入选国家重大科技专项，4 个项目列入国家“863 计划”和国家科技支撑计划，50 个项目列入省科技创新计划。其大重型机械压力机的国内市场占有率达 70% 以上，为国内汽车工业及其他行业提供了数百条大型冲压生产线和上千台重型机械压力机。有 400 多台（套）产品填补国家空白，被誉为“中国汽车工业的装备部”。1997 年以来，为世界著名汽车公司提供十余条冲压生产线，并于 2001 年开始向美国高端市场出口具有完全知识产权的以多工位压力机为代表的重型机械压力机，产品远销 50 多个国家和地区。2009 年 1 月 24 日美国德纳公司与济南二机床集团有限公司在济南签订购货合同，济南二机的多工位压力机打入美市场。

该企业成功的奥秘何在？

就在于该企业重视管理和过程控制，早在 20 世纪 90 年代初该企业就投入大量的人力、物力和财力，对企业组织内部活动的各个环节都全面制定了管理标准。当时尽管流程管理的概念还不是很流行，但实际上做的就是流程管理规范化的工作。

正是标准化管理的实现，使企业基础管理水平上升到一个同行难望其项背的高度。与其同处一地的另外一家同行企业在 20 世纪 90 年代之前，

技术更先进，规模也略大。而这家企业重视管理的程度没有济南二机高，重视管理的思路也没有其明确。所以尽管有好的技术和相对更大的规模，也没有创造出好的业绩来；相反，它不仅被济南二机远远地扔在后面，而且曾经长期巨额亏损，甚至连员工的工资也发不出，导致工人大量下岗。后来市政府出面协调，要求并入济南二机集团。

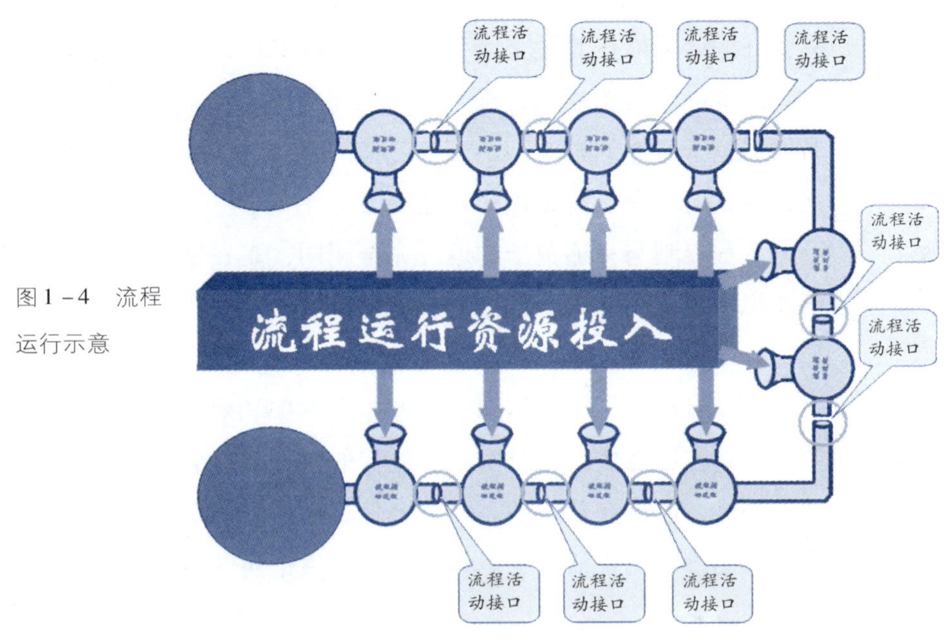

图1－4 流程运行示意

这就是一个鲜明的对照，要保证企业的竞争力，在企业组织整体运行的流程管理上下工夫，实现规范化是必不可或缺的一个重要环节，并且提升企业流程竞争力也就提升了企业市场竞争力。

五、没有流程控制不可能有高效的过程控制

在企业组织运行过程中保证效益的一个基本要求是保证这个过程中每一个环节上的每一个活动都处在受控中，并且是时时处处都处在受控中。要达到这一目的，流程管理是最有效的途径和方法。

前面我们讲过，即使是最简单的写数字游戏，如果设定一行 10 格，每格一个数，并且要求按照格子填写，这也就是对写数字游戏过程的一个控制。有了这一控制，游戏过程中的错误也就大大减少了。

如果在纸的上、下、左、右都对应标明提示，则会进一步降低错误率；如果每一格中又都有提示数，写数字游戏的错误率就会趋于零了，这也就是细致的过程控制所产生的效果。

流程管理是把企业组织运行的活动梳理成一个连续的流，有前有后，对每一个活动细节都做出设定并确定标准。

在企业组织的现实运行过程中，有些主管强调：“我要的就是结果，只要好的结果能按时提交给我，至于过程如何，不是我所关心的问题。”

这实际上是忽视了过程与结果之间的关系，就像狗追兔子。狗必须随时根据兔子逃跑的方向不断调整追捕的路线，并且使所要追捕的路程相比兔子逃跑的路程更短，这样才能保证逮住兔子。

流程控制与狗追兔子的道理完全相同，是在紧紧盯住企业发展价值增值和积累目标的基础上找出达成这种价值增值和积累目标达成的最便捷途径，冲上去并逮住它。

也只有这样，企业组织的运行才有效率和效益。流程控制既是过程控制，也是方法控制。它是对活动过程的轨迹进行事先的设定，就像写数字游戏一样，应该在什么地方写一个什么样的数确定一个标准。有了这样的标准控制，在流程活动的承担过程中发生错误的概率也就降到了最低。

第四章

运行流程管理是管理信息化的前提

作为企业内部信息管理系统，ERP 和 BPR 都可以提升企业的运行效率和管理水平，只是 ERP 技术相对来说更成熟些。不过企业 ERP 和 BPR 的失败率一直居高不下，这是什么原因造成的，又该如何补救呢？其实，这两种技术都需要人的活动与其对接。而要有效协调人的活动，就要严格控制流程，以免该输入的信息没有输入、输入的信息有误或输入的时间不当。

一、ERP 的失败该不该把账算到 BPR 上

ERP 技术是一个很时髦的技术，借助它可以显著地提升企业组织运行的效率和管理水平。但这种技术在现实中的失败率高得让人触目惊心，有人统计这个失败率高达 80% 以上。

这样一种有效的技术，为什么在运用中会有这么高的失败率呢?

很多人都把这笔账算了到 BPR 技术上，也就是说没有把企业组织运行的流程梳理顺就连接到 ERP 技术上。ERP 作为一种信息技术，运用到企业组织运行管理活动中需要人的活动与它对接。而要对人的活动进行有效的协调，其途径就是流程管理。如果流程线索不清，流程控制不严，该输入的信息没有输入或者输入的信息不真实，有错误或者输入的时间不当等等，那么 ERP 作为企业内部的信息管理系统也就不可能正常地运行了。

曾经有一家世界500强的中国公司，投入数百万上马了ERP系统。之后，企业组织运行的细节都应该按照这种技术的要求进行控制，保证每一个活动细节都满足ERP技术的需要。可是这一要求没有得到满足，结果是连岗位员工工资的核算都无法完成，直接导致员工的工资无法按时发出，公司不得不中断ERP系统的运行。

这家公司自己也做了判断，之所以会如此就是因为企业管理规范化做得不到位。因而找到笔者为其诊断。

笔者用了三天的时间进行交流沟通，该企业的中层以上管理人员大都由外方人员担任，说的是小语种。请了两个翻译，但是这两个翻译一不懂这家公司的行业技术；二不懂管理。在沟通比较困难的情况下，笔者仍然很快诊断出问题的原因，概括起来就是如下三个。

（1）企业流程活动是与僵化的ERP技术对接的，没有相应的流程活动标准约定。

（2）有相应的流程标准约定，但没有流程控制措施，以保证流程活动都满足ERP技术的要求。流程是流程，做事的人根本不按流程标准做事。

（3）有流程标准，也有贯彻流程标准的流程责任约定，但没有流程运行保障措施。在一些关键环节上没有保障措施，有流程责任控制也不能解决问题。有的员工炒老板鱿鱼离开了，没有人顶上来保证相应流程活动按时按质按量完成，流程也就必然中断。

从这个诊断中笔者也感受到把ERP的失败一棍子打到流程管理上是合情合理的。

二、BPR的失败该把账算到谁头上

BPR技术或者称“流程重构”或“流程再造技术”也曾经是一种时髦的技术。它强调通过对流程的重构优化，以提升企业组织运行的效率，应该说这也是一种非常有用的技术。市场竞争就是做事方式的竞争，因而必须通过流程的梳理、重构和调整来优化做事的方式，进而达到提升做事方式的效率和效益的目的。实践也证明这种技术是行之有效的，成功地运用这一技术的企业，在管理水平和运行效益上都大大地上了一个台阶。

但是现实情况却是运用这种技术的失败率非常高，有的统计说失败率是50%，有的统计说是70%。

这门技术本身并不复杂，为什么会如此？

一个非常重要的原因就是这种技术本身存在一定缺陷。

哈默教授总结归纳的这种技术只集中在两个方面，一是流程活动管理；二是流程结构管理。

流程活动管理是解决正确地做事的问题，做事的方式对路才能效率高，这个思路在近百年前早有人进行过系统探索。泰罗的科学管理更多的是集中在这种流程活动的管理上，尽管当时还没有流程管理的概念，他研究过装煤上车中工人劳动活动的姿势、铁锹的大小和把子的长短等细节问题。

流程结构管理是解决做事的方向问题，保证做正确的事才能有效益。它把要做的事与企业发展四大价值增值和积累直接对应起来，最终达到使每一件事都能起到高效地服务于企业发展四大价值增值和积累的目的。

哈默教授在这里忽视了一个非常重要的问题，这就是流程组织管理问题。即如何保证每一个流程活动的承担者都严格按照流程和流程活动的要求行事，保证全面达到流程标准要求。说得明确一些，就是解决如何从责任上落实流程标准的问题。

这一点在哈模教授的探索中没有涉及，或许欧美国家的人有了要求和标准，做事的人就一定会按照这种要求和标准做好。但相对于中国人，却显得很困难了。

中国人的脑袋太灵活，太容易变换主意。你提出的流程活动标准要求，他认为“我不按照这种标准要求去做，也照样能做好，甚至做得更好，干吗要守住这个标准要求不动”，因而会根据自己的判断随意改变流程活动的方式和标准。

这种事一旦发生，问题也就来了，按照流程活动方式和标准实现的协调也就打破了。员工只是站在个人的立场上看问题，必然忽视相互协调的问题。往往做主管的又高高在上，不与下属沟通。员工工作也就不免是黑夜钻进太平间，错把停尸房当卧房。怎么舒服怎么躺，抱着死人睡一块儿，还说这个朋友身上凉。夏天一个床上睡，空调、风扇都用不上。

这是BPR技术普遍忽视的一个问题，正因为这一问题的存在，该技术的运用失败也就在所难免了。加上一些企业在引进 BPR 技术的时候，往往又忽视了流程结构管理。在保证员工只做正确的事上强调得不到位，没有具体的措施进行控制。其结果就只剩下如何正确地做事了，实际上相当于把 BPR 技术退回到了一个世纪以前的泰罗管理上了。

加之 BPR 技术的引进，BPR 技术“专家”又没有真正入行。只是根据自己的理解取舍选择，把它弄得支离破碎，其失败也就不足为怪了。

但把 BPR 技术失败的棍子打到哈默教授身上他可有些冤，哈默教授是美国人，不了解中国人的人性和中国人善变。没有探索流程组织管理，也就不应该是哈默教授的错。

有些企业运用 BPR 技术失败，也不应该怪罪 BPR。这些企业引进 BPR 技术土法上马，对 BPR 技术本身就没有全面地了解和把握就照着书本操作，并且仅仅是按照自己的理解取舍。或者外请一个咨询专家，说是流程管理专家，其实流程管理为何物也没有弄明白。在这种情况下，BPR 技术引进失败了，于是就把棍子打到这种技术身上。这是不妥当的，也欠理由。

这个棍子该打的是这些企业的高层主管，他们自作聪明，不按科学办事，不懂装懂。即使是请了并不内行的专家进行咨询，也是这些企业高层主管的判断失误。因为自己的无知不能辨别咨询专家的真伪和水平，所以 BPR 技术的失败该受罚的也是他们。

三、BPR 技术实施失败的五个原因

1. 有流程结构管理，没有流程衔接接口标准界定

在流程结构管理中，上下层流程和上下游流程之间必须有一个衔接的接口连接。如果没有严格的标准对衔接接口进行限制，圆螺丝进不了方孔的事也就在所难免，这也必然会导致衔接协调失败。流程之间衔接不上，即流程有流无程，发生混乱或中断也就在情理之中了。流程接口包括五个方面的内容——内容、数量、质量、时间和地点，其中任何一个方面的内容都不能忽视；否则企业组织整体运行总流程的运行也就不免受挫受阻。

2. 有流程标准界定，没有流程活动责任的落实

这也就是缺乏流程组织管理，只有流程结构管理和流程活动管理，没有具体的措施保证做事的人按照流程标准要求做事。流程活动要由具体的人来承担，如果承担人没有责任心，没有严格按照流程活动标准完成流程活动的意愿，流程标准也就成了空话。

3. 有流程过程分解，没有流程整体运行的系统思考

这就是在流程的梳理设计过程中没有把企业组织的运行作为一个完整统一的流程进行分析，而是支离破碎地拎出一些活动过程进行重构和设计。因而直接导致企业组织整体运行总流程在运行过程中的衔接脱节，发生梗阻，不协调。所做的优化设计无法贯彻，最后不得不不了了之。流程管理首先要做的就是把企业组织的运行作为一个完整统一的流程进行系统思考分析，这是思想方法上的最基本要求。没有系统思考作保障，流程管理也就不可能取得效益。

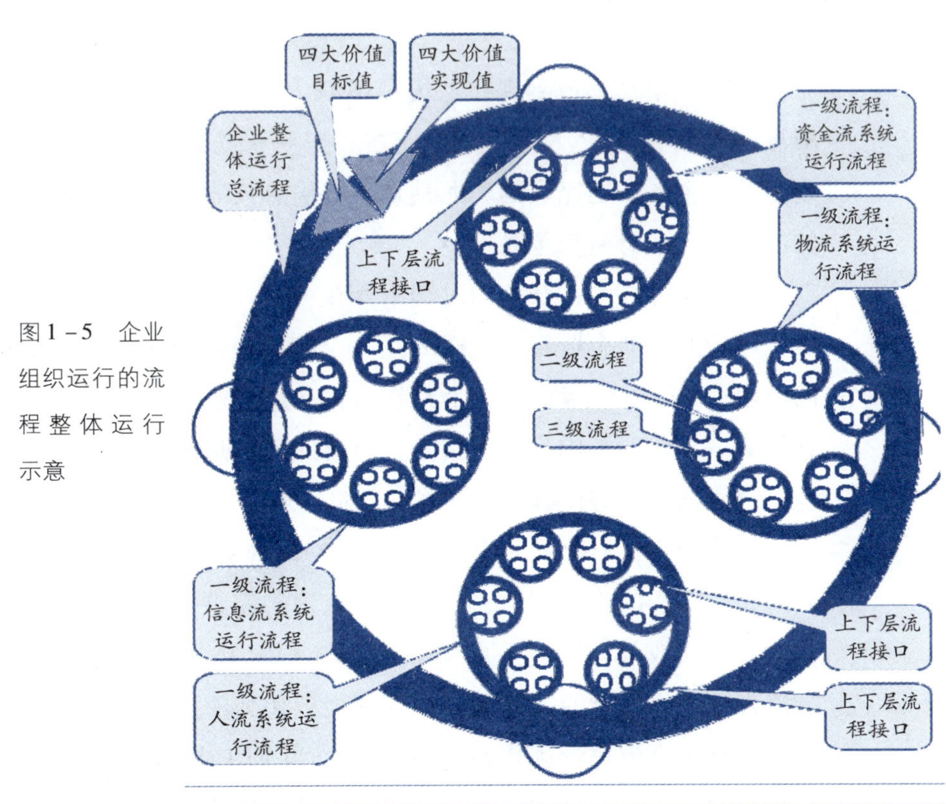

图1－5 企业组织运行的流程整体运行示意

4. 有流程活动细节要求界定，没有流程服务目标指向说明

这就是有流程活动管理，而没有流程结构管理。即仅仅注重流程活动细节上的投入产出分析，忽视了流程本身所服务的企业发展目标，往往直接导致断头流程的发生。使这种流程活动与企业发展四大价值增值和积累目标断裂来开，找不到明确的关联关系，或者关联关系不严密。因而员工只知道工作履行职责，也不关心工作所服务的价值目标何在，员工的努力不能给企业带来效益上的增加也就在情理之中了。

5. 有流程技术的引进，没有流程管理意识的普及。

这是实施 BPR 技术普遍存在的一个问题，流程管理的思路与等级控制管理思路完全不同。如果没有流程管理应有意识的普及，管理人员仍然习惯于按照过去的等级控制方式发号施令，通过指令控制，那么这种流程管理也就最终落不到实处，不仅不可能产生效益。而且还会令人反感，产生逆反心理，抵制流程管理的实施。

四、ERP 是成熟的技术，BPR 不是

ERP 技术从形成到现在经历了 MRP（物料需求计划）、MRPⅡ（制造资源计划）和 ERP（企业资源计划）三种形态，其形成和发展是从简单到复杂一步一步地完成的。尤其是随着信息技术的普及和发展，企业管理的信息化已变得越来越简单。

尽管这种技术在开发的过程中存在一个技术与管理脱节的问题，即开发程序的人不懂企业管理。ERP 是一个跨越企业管理与信息技术两大专业的技术，尽管在二者的结合上存在这样和那样的问题，但并不存在不可逾越的障碍。它的基础是信息技术，但要保证信息技术与企业管理二者有效地结合，则必须有流程管理技术与之匹配。

严格地说，ERP 技术并不是建立在 BPR 技术基础上的。BPR 技术强调的是对流程的优化重组，并不能对流程的完整性负责，只要能使流程运行的效率和效益有所提升也就够了。与 ERP 技术对接的应该是全面的运行流程管理，或者说以运行流程管理规范化为前提。

只有运行流程管理规范化的实现，为 ERP 技术的实现提供了人与技术对接的接口，ERP 技术才能够正常地发挥作用；BPR 技术应该以企业组织运行的流程化管理为前提，只有当企业组织运行全面实现了流程化管理，每一个工作都按照流程要求组织并优化时才可能实现 BPR 技术。因

为只有在这个时候才会有流程优化问题，没有这个基础，重构和优化也就是无的放矢。

在中国流程管理的概念也还没有普及，大大小小的管理人员也都只是习惯于发号施令，通过等级控制实施管理。在没有流程管理的基础上发展出流程再造优化技术也必然是顾东不顾西，强行地把它套进企业管理中来也必然受挫失败。加之所能见到的 BPR 技术介绍专著和教材又都忽略了流程组织管理这一重要内容，说这种技术还不成熟，道理也就在此。

BPR 技术不仅在中国的实施有大面积的失败，在欧美发达国家的运用失败的也比比皆是，这就更有必要反思这种技术所固有的缺陷和不成熟性了。

五、受挫 ERP 项目的补救措施

在我国成规模的企业中相当一部分都引入了 ERP 技术，并且投入少则几十万，多则数百万，甚至上千万。相对于企业而言，投入巨大的人力、财力和物力引入一种不能为企业创造效益的技术，这是莫大的浪费。

如何解决这一问题？

解决的办法也就是补上企业管理规范化这一课，并且走组织运行这条路线，全面实现运行流程管理规范化。即按照企业的实际，在系统地思考企业组织运行整体统一流程的基础上，对流程活动、流程结构和流程组织三个方面的内容全面进行分析，并完成如下六项工作。

（1）对流程结构进行规划、设计和重构。

（2）对流程活动进行优化。

（3）在此基础上全面制定出流程标准。

（4）对应流程标准确定问责制度。

（5）对应流程标准和问责制度绘制跟踪表单。

（6）针对已上马的 ERP 系统与企业实际不相吻合的内容进行一些调整和修改。

完成了这六项工作，无法运行的 ERP 系统也就可以起死回生了。

在这里最重要的一点是必须由管理专家和 ERP 信息技术专家共同讨

论，由前者负责流程的优化；后者按照流程的要求重新调整设计程序。

ERP技术并不是一种通用的技术，不可能像电视机一样即插即用，它必须根据企业独特的组织运行实际进行调整。即使是这种技术中的通用部分，如销售控制管理也不能即插即用。只有在做一些管理调整，实现与其要求对接后才能有效地运行起来。

第五章

运行流程管理的作用

运行流程管理的作用归纳起来有五个大的方面，即实现企业竞争能力的载体转换、整合企业资源的支配和使用权、保证工作事事都真正做到位、稳定企业组织运行过程，以及打造企业流程竞争力。

一、实现企业竞争能力的载体转换

企业时刻面临生死竞争的威胁，其竞争的惨烈程度一点也不比优胜劣汰和弱肉强食的动物世界低。它在市场竞争中的生死拼搏每时每刻发生着，任何一点疏漏都是生死攸关的。蒙牛由盛而衰也不过是一念之差的行为失当，没有高度关注产品中对人体有害的三聚氰胺，也没有在第一时间表达它足够的诚意和悔恨，因而使其在如日中天的辉煌中一下子失去了颜色。如果没有中粮伸手拯救，也许真的如牛根生所言，蒙牛就成了“帝国主义”的盘中餐。

所以要保证企业不遭受被市场抛弃的厄运，稳定企业必须有的竞争能力是第一条件。竞争力也就是在市场竞争中略胜对手的某种能力，这种能力是什么不重要。重要的是这种能力能稳定地为企业所有，不会稍有风吹草动就逃离企业。姚明加入哪个球队，哪个球队的竞争力就提升；离开哪个球队，哪个球队的竞争力就下降。除非这个球队是姚明个人的，他才会没有逃离的可能。即便如此，姚明也有衰老病死的时候。

在一个企业中用不完、花不少和不逃离的只有企业组织运行的规则体系，它永远为企业所有。他人模仿和复制也都不会使之减少和消失，尽管这种模仿和复制会降低其竞争力。所以企业要想达成持续快速发展而不衰微的目的，也就必须实现企业竞争能力载体的转换，把存在于资金、技术、人才和关系之上的竞争力转换到通过运行流程管理构建的企业组织运行规则体系上来。尽管运行流程管理仅仅是一种管理形式，并不等于企业组织运行规则体系，但其运用却可直接建立、健全和完善企业组织运行规则体系并保证这套体系的活力。

一般而言，如果一家企业不是靠自然的或政治的资源优势，也能维持三五年的辉煌，那么也就是构建和确立了其有效的组织运行规则体系。之所以辉煌一段时间之后又衰落下去，又正是因为其组织运行的规则体系存在漏洞。并且没有与时俱进适应企业组织内外环境的实际及其变化而不断优化、完善以保证其组织运行的规则体系的有效性所致。海尔公司在 20 世纪 90 年代构建确立的以 OEC 管理模式为主体的规则体系，给海尔带来了十多年的辉煌。但随着以 OEC 为主体的组织运行规则体系与已经发展变化的社会发生缝隙时，它也就开始衰微了，至少是辉煌的光芒暗淡了。之所以如此，是因为其组织运行规则体系并没有建立在运行流程管理基础上，不是通过运行流程管理确立的组织运行规则体系，更没有通过运行流程管理不断优化完善组织运行的规则体系以保持其活力和效用。如果把运行流程管理作为一种常规的管理技术方法定期不定期地梳理优化企业组织运行的规则体系，这个规则体系也就可永葆青春活力。

保证运行流程管理有效地达成这一目的的前提是企业领导人看重通过运行流程管理所确立和优化的组织规则体系，并不断地致力于组织规则体系的优化和完善，而不是津津乐道于一时一刻的特定资源带来的竞争力或者因为抓住某一个机遇而放的一颗卫星。

凤凰网 2011 年 07 月 29 日转载的《经济观察报》文章《中铁告急：负债率高达 81%　动车事故将大大影响业绩》透露：“作为中国高铁的工程承包商之一，中国中铁下属子公司承担了甬台温铁路铺轨工程和电气化系统，但这些都已经是分享过的盛宴。后高铁时代到来，铁路投资减速引发的多米诺效应，让中国中铁从资金、成本到生产经营陷入到从未有过的困局。”“（2011 年）二季度全公司资金异常紧张、融资预算不足、偿债风险加大等风险在一季度基础上进一步加深……在年初的工作会议上，中国中铁制定的战略目标是全面拓展国内、国际两个市场，但中国中铁今年以来的海外投资却屡屡出现问题。”“波兰 A2 高速公路项目将会出现重大亏损。”“总金额高达 75 亿美元的委内瑞拉铁路项目，之前也被相关咨询公司指出工程进展缓慢、高风险等问题。”“中铁内部人士称，中国中铁海外投资更大问题在于成本过高。本报获得的一份数据显示，如在安哥拉进行的房建项目，在工程合同额基本相同的状况下，中铁四局的项目要比同为中资的另一家企业施工面积大且工期长半年多。不仅如此，另一家企业的人工费用仅仅 9 亿元，中铁四局的预算则达到 18 亿 ~ 20 亿元。上述安哥拉项目中，中铁四局包括一线工人和管理人员在内比另一家企业整整多出两倍。”“今年年初，中国中铁在企业内部进行了一次风险评测，指出中国中铁现阶段面临 6 个重大风险源，即施工安全风险、海外投资风险、工程分包风险、劳务分包风险、海外施工业务风险和工程造价风险。不仅如此，建筑市场波动带来的风险、金融信贷紧缩带来的风险、企业存贷双高带来的风险和盲目投资带来的风险也对中国中铁的经营造成很大影响。”靠国内高铁发展的机遇创造的辉煌，当然会随着这种机遇的终结而终结。

要走出这种发展波动，就必须在辉煌的余晖还没有散尽之前，全面运用流程管理技术把持续快速发展所需的组织运行规则体系构建确立起来。可惜很多企业领导人往往在辉煌的余晖还没有散尽之前总会自我感觉良好，陶醉于辉煌之中，难以意识到这一努力的意义，所以往往只能陷困等死，但上例中的中国中铁可能陷困，但不会死，因为它是国有的。如果是民营企业，估计可能就没有这么幸运了。所以国有企业可以不看重运行流程管理，也并不通过运行流程管理构建企业持续快速发展的竞争力载体——组织运行规则体系。因为它们都可像中国东方航空公司一样，经营管理不善造成的亏空有纳税人为其填补。但民营企业却不能，因为民营企业没有人为其填补亏空漏洞。所以对于这一点，民营企业老板们必须有清醒的认识。

图1－6 流程管理的最大特点是紧盯住企业发展价值目标

二、打造企业的核心竞争力

笔者曾经做过分析，企业核心竞争力不是资金、技术、人才和关系，所有的资源都不能构成企业核心竞争力。企业核心竞争力只能是整合企业内外资源的能力，有资源整合能力，资源也就不缺了。而运行流程管理却直接是整合企业内部资源，以使同等资源创造出多倍效益。而也只有内部资源整合达成了同等资源创造多倍效益的目的，外部资源才能整合进来。

运行流程管理整合资源的作用主要有如下五个方面。

（1）流程管理是以目标导向为基础的管理，可让企业组织运行过程中的每个活动和每个环节都紧紧盯住企业发展四大价值增值和积累目标的达成，把无助于企业发展四大价值增值和积累目标达成的活动去掉，以减少和消除浪费。

（2）流程管理强调明确并落实流程衔接接口的责任，使任何一个在流程中承担有一定活动的岗位员工都无法推卸和逃避责任。并且流程团队还可通过强化流程活动的替代顶补而避免因活动失误和延误造成的损失，提升组织执行力。

（3）流程管理强调通过流程优化分析后确定每一个岗位员工的岗位职责履行过程管控标准，对每一个岗位员工的岗位职责履行过程方式方法进行界定。让管理岗位员工只有指定的活动，没有自选的活动；让作业岗位员工只有指定的动作，没有自选的动作，为每一个岗位员工把工作做到位提供了保障。

（4）流程管理不仅仅有流程结构的优化和流程活动的优化，而且还有流程组织方式的优化，强调通过流程组织方式的优化保证流程活动承担人有充分的责任心以保障流程活动从过程到结果都不偏离优化所确定的标准要求。

（5）流程管理强调流程运行需要高于一切，并通过流程优化确立岗位员工行为标准，使流程优化所确定的标准要求成为组织运行的最高指令。由此可有效地突破能人强权指令管理的局限，稳定企业组织运行过程及其效率和效益。

正是流程管理的资源整合作用，使之成为打造企业核心竞争力必须依赖和选择的管理形式和管理技术。

三、企业规范化管理实施的技术途径

尽管运行流程管理规范化不等于企业整体管理规范化的实施，企业整体管理规范化实施的内涵和外延都要远远大于运行流程管理规范化，但运行流程管理规范化却是企业整体规范化的基础。规范化管理强调通过建立、健全并完善企业组织的游戏规则来达成管理目的，并且这种游戏规则还必须系统完整，成为体系。从而使这个规则体系中任何有关企业组织运行的游戏规则也都必须通过流程优化分析来确立，并通过定期和不定期的流程优化分析不断改进、提升和完善。

所以运行流程管理既是企业规范化管理实施的技术途径，也是其中的一个重要构成部分。就后者而言，它强调的是如下五个方面的内涵。

（1）把企业组织的运行作为一个完整统一的大流程进行分析，把企业组织运行分为信息流、人流、物流和资金流四流运动，包括24个活动和102个系统模块。

（2）根据企业的行业实际和规模实际把企业组织运行的所有事务工作都梳理成详略得当的流程。

（3）按照内容、数量、质量、时间和地点五个方面对流程和流程、流程活动和流程活动，以及流程活动和流程之间的衔接接口进行分析，确定跟踪管控标准。

（4）对应流程活动过程分析确定跟踪表单，把流程活动的行迹留下留足，并以此为基础明确责任，让跟踪表单起到推动流程运行的作用。

（5）对应流程活动关系绘制与流程活动相配套的跟踪表单，从流程结构、流程活动和流程组织三个方面，对每一个流程进行梳理和优化。按照系统分析所分解确定的系统模块，建立流程标准、跟踪表单和问责制度三位一体的管控规则体系，以保证每一个员工都负责地做事、做正确的事并正确地做事。

实施工具的作用有以下五个方面。

（1）完善企业组织运行的过程控制，使企业组织的每一个岗位、每一个活动、每一份资产和每一个时刻都处于受控之中，保证企业组织运行高效。

（2）完善细化员工岗位工作的程序、投入、产出，以及具体的工作质量、数量，完成时间和地点标准，使任何一个具有同等素质的人花2～3小时读明白自己所承担流程活动的要求后，即可上岗完满地履行职责，进而达到消除人员流动给企业组织运行带来的损失。

（3）通过强化流程活动的目标指向，以保证企业组织运行的每一个活动的每一分钱的投入都能服务于企业发展四大价值增值和积累目标的达成——销售收入的增长、投资回报的提升、经营风险的降低和社会美誉的积累。

（4）通过流程标准的细化保证实现对企业组织运行过程中的每一个员工，包括中高层主管的每一个活动的效率和效果的量化考核公正、公平、客观、准确及全面，消除干与不干一个样和干多干少一个样的积弊。

（5）通过以流程为主线来组织企业运行可直接消除企业组织内部单位、部门和岗位员工以自我为中心各自为政的组织分化行为，强化相互之间的活动配合和步伐协调，进而提升企业组织运行的整体效率和效益。

第六章

运行流程管理的内容分析

运行流程管理，对企业组织运行过程运用流程技术进行梳理优化，以求达成企业发展目标是企业管理的一种有效形式。它既可以作为企业组织运行的一个辅助性的组织方式，也可以作为主导组织方式。运行流程管理包含流程结构管理、流程活动管理和流程组织管理等内容，并受到科学技术、企业人际关系、外部环境和员工素质等的变化的影响。

一、运行流程管理的基本概念

讨论运行流程管理首先必须明确有关流程的基本概念，包括流程、运行流程、业务流程、管理流程、生产流程、工艺流程、岗位工作流程、流程活动、流程管理、企业流程管理和流程化管理。

流程是彼此紧密联系、有严格的先后顺序、服务于特定价值目标达成并串连成流线关系的一系列活动。它强调的是由一系列活动构成，而这些活动必须有严格的先后顺序，并服务于特定价值目标的达成。在流程内部，活动与活动相互之间环环相扣成为一个不间断的流。在这个流中流的就是活动本身，连接活动的不一定是什么特定的中介物，而是活动所服务的价值目标。也就是说，是特定的价值目标把相关的活动串联起来构成了一个连续的过程。而流程活动也就是构成流程的活动，是流程构成的基本要素，流程活动与流程是构成要素与构成主体的关系。

运行流程是对企业组织运行过程中的所有流程的统称，包括业务流程、管理流程、生产流程、工艺流程和岗位工作流程，它们都是企业组织运行过程中的一个方面的活动内容。

业务流程是更为常见的一个概念，但有广义和狭义之分。广义的业务流程是指与企业的经营活动相关的所有活动过程；狭义的业务流程则是指与生产销售相关，与客户价值的满足相联系的活动过程。但有一点很明确，即它是企业组织运行过程直接创造客户价值的流程，其目标是最大限度地让客户满意。

管理流程则是跨单位、跨部门和跨岗位的流程，其目标是最大限度地达成单位、部门和岗位之间的协调，保证企业组织运行的效率。

生产流程则是对于生产管理的工艺过程和组织过程的统一，其目标是最大限度地达成生产效率的提升；工艺流程是企业组织生产的技术方式和过程，是企业组织在运行过程中为客户价值满足直接提供服务的生产技术过程。它生产的技术要求决定，目标是最大限度地达成产品和服务质量的稳定及生产过程的高效。其所分析界定的是作业过程的技术标准，属于工艺操作层面的内容，一般由工艺技术研究来解决。它与作业的设备设施的操作，以及作业对象的物理反应过程相对应。其重点也不在于谁做什么，而是怎么做；生产流程与工艺流程是近似概念，都是企业组织生产的过程。不同仅仅在于工艺流程强调的是生产组织过程中的技术要求，而生产流程强调的是生产组织过程中的生产协作要求。

岗位工作流程则是岗位员工履行职责的活动过程，是由岗位员工独自一个人完成的一系列活动过程的连接。它是一定岗位员工个人完成一定工作的具体活动方式，包括先后顺序上的一种安排和界定，没有活动的交接转手。但在时间上也许有短暂的间断，在空间上也许会有近距离的转换。

相对于岗位工作流程活动主体没有转换这一特点，其他所有流程都可归入管理流程这一大类，管理流程强调的是为达到特定的价值目标而由不同的人协作配合共同完成的一系列活动过程的连接。活动之间不仅有严格的先后顺序限定，而且活动的内容、方式和责任等也都必须有明确的安排和界定，以保证不同活动在不同岗位员工之间转手衔接吻合。活动与活动之间在时间和空间上的转移可以有较大的跨度。它与岗位工作流程的最大不同在于岗位工作流程所包括的活动仅仅是由一个岗位员工承担的，不存在配合的协调和交接的管理问题，其目标是提升和稳定岗位员工工作的效率。

流程管理也就是依据活动与其所服务的价值目标之间的关系，对活动的组合、活动的方式、活动的关系和活动的责任等进行设计和优化，以保证任何一个活动都能最大限度地服务于活动所寻求的价值目标达成的一种管理。

企业流程管理则是指在企业组织实施的流程管理，它是把企业组织运行的所有活动，通过系统分析依据活动与企业发展价值目标之间的关系，对企业组织运行的活动方式进行设计和优化。在保证每一个员工都做正确的事、正确地做事并负责地做事的基础上，保证所完成的任何一个活动都能最大限度地服务于企业交易收益、投资回报、基业稳固和社会美誉四大价值增值和积累目标达成的一种企业管理技术。

流程化管理也就是把组织运行的全部过程都运用流程技术进行梳理优化，以寻求组织目标达成的管理，对企业而言也就是企业流程管理。

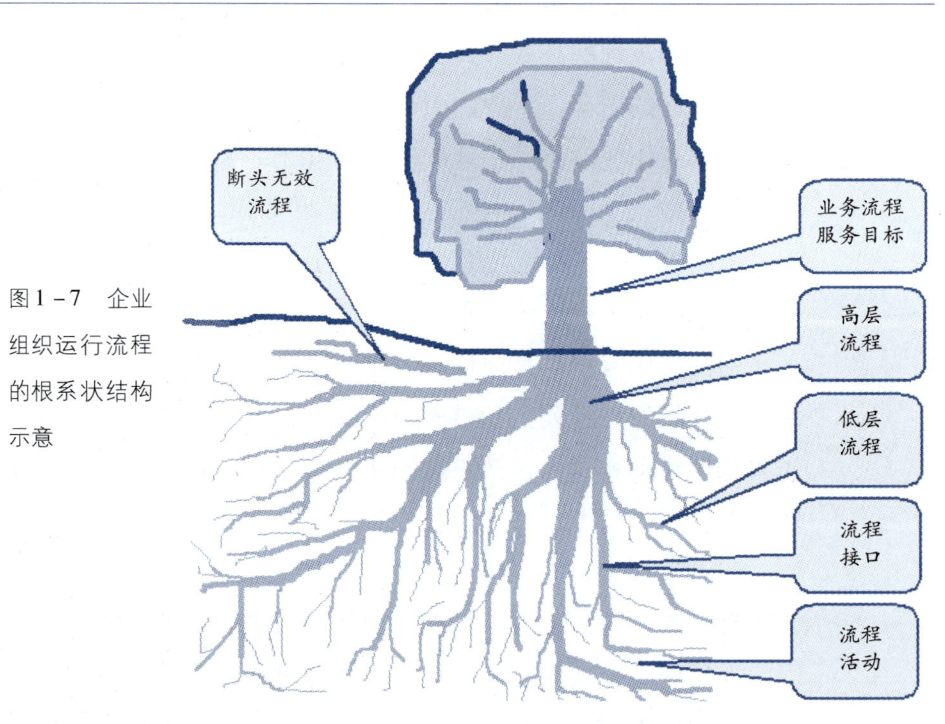

图1－7 企业组织运行流程的根系状结构示意

二、运行流程管理的特征

运行流程管理也是企业管理发展过程中发展出来的一种有效形式和技

术，它在企业管理中既可以选择作为企业组织运行的一个辅助性的组织方式，也可以选择作为企业组织运行的主导组织方式。

如果运行流程管理不仅仅是作为一种企业组织内部单位、部门和岗位员工的相对独立的做事方式，而是直接作为一种完整而系统的企业组织运行的组织方式，则强调的是通过流程的梳理、优化的设计和分析，以确定活动的方向标准、活动的方式标准后贯彻落实，以保证企业组织能及时有效地对企业组织内、外环境的变化做出反应，以抓住机遇、躲避危机，稳定企业发展的四大价值增值和积累。它相比其他类型的企业组织运行的组织方式，具有其明显的特征。这些特征概括起来有以下八个方面。

（1）强调企业组织运行的整个经营活动是一个彼此紧密相连的价值关联连接，最终价值目标是达成企业发展四大价值的增值和积累。尤其是强调通过服务于客户价值——舒适、安全、方便、耐用、经济、快乐、个性和自豪——的满足，提升客户价值满足的程度，以达到最大限度地达成企业发展四大价值增值和积累的目的。

（2）强调管理者与被管理者的关系平等，不允许有凌驾于他人之上的强权存在。员工不分等级高低，都是服务于企业发展四大价值增值和积累的伙伴。他们在服务于企业发展四大价值增值和积累的同时，谋取自身利益和自我价值的满足，并且由此才为企业发展四大价值增值和积累目标的达成付出努力的。

（3）相对于等级控制管理，内部分工不再是僵化不变的，而是具有高弹性的。任何一个人都承担有相应的流程活动责任，同时也要为整个流程团队价值目标的达成承担责任。即每个人既有所专的责任，也有必须承担的连带责任。当流程团队的任何一个成员在活动承担上发生困难时，任何一个有能力提供帮助的人都有义务伸出援助之手，进而通过保证同事岗位职责的完满履行来保证他们活动的共同目标的达成。

（4）实现员工意志行为协调统一的，不再是管理阶层从上面实施的监督和控制，而是由流程活动和流程之间，以及流程与流程之间所固有的联系形成衔接制衡关系。每一个人都是具有制衡权的上司，也都是被控制监督的下属。这种制衡关系直接构成一个链条，在企业组织运行综合流程中个人所处的节点位置不同，所拥有的制衡权也就不同。越是靠近企业组织运行综合流程链条的最后环节——直接对应于客户价值的满足或者企业发展四大价值的增值和积累就拥有越多的制衡权。

（5）当企业组织运行选择通过流程管理方式组织时，在企业组织内部主导员工行为方向和方式的不再是事先明确的具体工作标准所规定的职责，而是其工作活动本身所指向的目标，以及由这种目标的达成所要求的行为过程标准。他们每一个人都要对活动的结果——目标的达成承担责任，不仅仅完成自己分内的工作。或者说由他所承担的流程活动及其保证流程目标达成的相关活动都是其职责，所存在的差别仅仅在于主次不同。

（6）当企业组织运行选择通过流程管理方式组织时，企业也就突破了单位和部门条条块块的孤岛边界限制，单位和部门也就因此而转化成一种为实现企业发展特定价值目标服务的团队。它们独立承担的流程及其活动，也仅仅是企业组织运行这个大流程中的一个子流程或上游流程及其活动。

（7）当企业组织运行选择通过流程管理方式组织时，在企业组织内部也就不再有拥有绝对权力的人存在，每一个人都服务于企业发展四大价值增值和积累目标的达成；同时在流程组织优化改进决策制定上，每一个人又都有平等参与的权力，并通过平等参与实现集思广益。不再允许一部分人把自己的意志强加于另外一部分人，因为他们每一个人最终都要对企业发展价值目标的达成承担责任。

（8）当企业组织运行选择通过流程管理方式组织时，诱导员工行为选择的也就不再是建立在上司主管认同基础上的薪资和福利奖励，而主要是流程团队中的成员认同。在流程团队中，相对于特定的团队成员的行为和意志，团队成员是认同还是否定；相对于特定的团队成员个人，团队成员是增加交流还是中断交流，这些都会直接对团队中每一个人的意志行为构成强有力的约束和激励。被团队成员疏远的个人只能自动知趣地另谋高就，无需强行除名。他留在这个团队中被人看不起，没有人与其沟通交流，孤独和压抑会使其每时每刻都感受到煎熬。

三、运行流程管理的内容

把运行流程管理选择作为企业组织运行的主导组织方式也就是用流程接口控制取代等级控制和主导职能控制。在当今世界上，越来越多的管理先进的企业开始重视流程管理，并使运行流程管理在整个企业管理中的地位越来越高。这是因为运行流程管理的根本性特点——行为活动目标明确是前提，其管理可以最大限度地保障企业组织运行大大小小的活动都直接将其目标指向企业发展四大价值增值和积累，减少中间环节的投入和内耗。业务流程重构（BPR）就是随着这种企业管理潮流的出现和发展而发展起来的一种管理技术；同时，任何一个企业无论是把运行流程管理当做企业组织运行的一种辅助性的组织方式，还是作为一种主导组织方式都会在企业组织运行的效率和效果上实现大幅度的改进和改善，这也是被实践普遍证实的不争事实。

运行流程管理是被选择作为企业组织运行的一种辅助性的组织方式，还是作为一种主导组织方式本身也会有很大的不同。当运行流程管理只是作为一种辅助性的组织方式时，它也就仅仅是附着在等级控制或职能控制下的起补充作用的一种管理技术。所涉及的内容就会局限在这种等级控制或职能控制下的单位和部门，是对单位和部门内部工作的一种协调和优化，所寻求的目标也仅仅是单位和部门内部职责履行方式的优化；当运行流程管理被选择作为企业组织运行的主导组织方式时，企业组织运行主要通过流程的形式实现协调和整合，企业组织运行也就转化为一个综合性的大流程。通过目标与服务于目标达成的活动之间关系的优化，也可以保证在整个企业组织范围内实现企业组织整体运行效率和效益的最大化。

运行流程管理包含三个方面的内容，这三个方面的内容构成彼此相互关联的一个完整体系。

1. 流程结构管理

把企业组织运行作为一个跨部门、跨单位和跨岗位的活动构成的一个综合性大流程进行管理，按照流程优化的要求来界定各个单位、部门和岗位员工的工作内容及其标准要求。其目的是使任何一个单位、部门或岗位员工都做正确的事，保证所做的每一件事在目标方向上正确无误，都能最大限度地服务于企业发展四大价值增值和积累目标的达成，在活动目标上实现不同单位、部门或岗位员工的协调和整合。

2. 流程活动管理

对企业组织内部各个单位、部门和岗位员工开展工作的具体活动方式本身进行管理，是通过活动方式方法的优化理顺工作程序，减少活动投入并明确配合标准，以提高活动效率。也就是让进入流程团队并承担流程活动的每一个岗位员工个人都正确地做事，在做事的方式上达成高效的目的。

3. 流程组织管理

通过对在特定流程中承担有一定流程活动的岗位员工的组织方式和组织过程的管理，以实现对承担流程活动的每一个岗位员工个人的意志意愿的管理，使每一个岗位员工都认真负责地做事。并强化相互间的协作和配合，保证流程活动完成的质量。一个企业组织，无论它多么像生命的有机组织，构成企业组织细胞的岗位员工却仍是一个一个独立存在的主体，都有自己特有的意识和意志。这也决定了企业组织运行通过流程管理来组织，也必须借助一定的途径和方式来约束流程活动承担主体的行为，保证流程活动承担主体完满地完成流程活动的任务。

四、影响流程效率和效益的四个因素

流程作为一种做事方式，本身并不是一成不变的。要保证其所体现的企业组织运行方式的效率和效益，也必须随着企业组织的内部实际和外部实际的变化而不断调整和优化。因此需要分析界定，究竟有一些什么样的因素会对流程的效率和效益带来影响，以便及时对流程进行调整和改进，充分保证企业组织运行的效率和效益。这种影响因素主要有以下四个方面。

1. 科学技术的发展和运用

不同的技术代表不同的做事方式，新的技术必然直接体现为更高和更有效率的做事方式。当一种新的技术发展完善之后，如果企业组织不根据自己的实际及时运用新技术，调整原有流程所代表的做事方式，以使达成企业发展四大价值增值和积累目标的活动方式更有效率，企业就不免被残酷而剧烈的市场竞争淘汰出局。

2. 岗位员工能力素质的发展变化

无论哪一种技术，人都是其一个主要载体。即使作为一种机器设备而存在的技术，也需要由人来操作才能发挥作用。因此岗位员工素质的高低及其所掌握的技术的多少和熟练程度的高低，都会直接影响到企业组织内部的做事方式。当岗位员工的能力素质有了相应的提高和改善后，也就必须为适应这种变化对做事方式进行相应调整；否则固守原有相对笨拙费力的做事方式必然会遭到岗位员工的抵制，甚至造成人心涣散并降低企业组织运行效率和效益的后果。

3. 企业人际关系的变化

如果企业组织内部人际关系处于一种等级森严的不平等状态，流程管理也就只能局限在小范围的单位和部门内部。企业组织内部人际关系在哪个层次上实现了平等，流程管理才能扩大到哪个层次的范围内。如果企业领导人是一个权欲强烈而又喜欢玩弄权术的人，这个企业组织也就不可能实行流程管理。最多在岗位职责层次上实行流程管理，即通过工作流程管理对下属岗位员工的工作过程实行标准化控制。

4. 外部环境的变化

外部环境的内涵包括市场结构和市场交换方式、国家政策法规和社会治安秩序等，它们的变化都不可避免地会通过特定要求及限制来约束并影响企业组织内部单位、部门和岗位员工的相互协调，以及联系的方式和方法。所以它们的改变也就会迫使企业组织内部改变做事方式，以适应外部环境的实际。

第七章

运行流程管理的关键

要保证运行流程管理实施效果，必须盯住企业活动的终极目标——交易收易的增长、基业稳固的实现、投资回报的提升和社会美誉四大价值的积累，并确立权力意识淡化、等级歧视杜绝、价值目标明确、组织边界淡化、员工技能多样化、整体利益优先和资源共享全面等七个观念；此外，还要明了人性的特点，并全面把握运行流程管理实施的程序。

一、保证运行流程管理实施效果必须确立的七个观念

1. 权力意识淡化观念

建立在等级控制基础上的权力大棒管理，与目标导向的流程控制管理是两条不同的管理思路。要实施流程管理也就必须淡化权力意识，以避免因为权力大棒对流程运行正常秩序的冲击而造成企业组织运行混乱和低效。

2. 等级歧视杜绝观念

强调在企业组织内部真正实现关系平等，把所有人的工作活动，无论其内容为何，都纳入到流程之中进行管理，以使每一个人的每一个活动都变成企业组织运行整体统一流程中的一个活动。这种流程活动的效果，只有在其他相关流程活动严密配合的情况下才能保证。因而员工之间也就事实上成为关系平等的合作伙伴，没有高低上下之分。超越于流程目标指向的等级歧视行为是企业组织的肌体上的毒痈，不予以破除，企业组织的肌

体就不可能健康。

3. 价值目标明确观念

流程管理的一个重要特点就是紧紧盯住企业发展四大价值增值和积累目标的达成，严格依此来设计并优化流程。因而首先就必须明确企业组织运行的价值目标，并且在面对多种价值目标约束的情况下还必须分出不同价值目标的优先顺序。只有这样，才可能真正有流程结构和流程活动的优化。

4. 组织边界淡化观念

流程运行的一个重要特点就是让企业组织内部所有的人员都以企业发展四大价值增值和积累目标为导向组织活动，不允许条块分割。即使为了适应以往的等级控制管理向流程管理的过渡，各个单位和部门也必须淡化边界概念，打破资源为单位和部门所垄断的独立王国局面，以保证企业的所有资源都最大限度地服务于企业发展四大价值增值和积累目标的达成。

5. 员工技能多样化观念

一个企业按照流程管理组织运行就需要突破岗位职责的限制，把特定的人员置于特定的流程之中承担相应的流程活动，并对整个流程的顺畅运行承担责任。这往往就需要根据流程运行的需要，调整员工所承担流程活动的内容。如果员工技能过于单一，使相互之间不能实现必要的替代和补充，往往就不免因为个别员工而导致流程运行的中断。所以要保证流程运行效果，也就必须以员工技能的多样化为前提。

6. 整体利益优先观念

这是强调每一个员工必须融入流程团队之中，全心全意地保障流程运行的顺畅和效果，而不是斤斤计较于个人一时一地的得失。如果没有坚实的整体利益作为基础统一企业发展四大价值增值和积累目标体系，在流程团队成员思想中形成整体利益优先的观念，流程的运行就往往不免因为个人利益之间的矛盾而中断，降低流程运行的效益。流程是在不断地运行过程之中实现效益的，进入这个流程团队的个人也就不能把自己的利益凌驾于流程目标之上。

7. 资源共享全面观念

这也是突破单位和部门的限制，让企业所拥有的资源都服务于企业组织整体统一流程运行的需要，让存在于任何一个节点上的任何形式的资源，只要是企业组织整体统一流程运行的需要都能根据需要方便地调用而不会遇到任何形式的阻碍。这是保证资源利用效益最大化的一条重要途径，允许在一定节点上的资源闲置不动就是一种浪费。而任何资源要发挥其效用，就必须投入到企业组织运行过程中。

二、盯住活动的终极目标

在流程管理过程中流程运行的需要就是指令，加入流程团队中的任何一个成员都必须服从流程运行的需要指令。流程和流程活动不是来自于由企业领导人的主观意志形成的指令，而是因为企业发展四大价值增值和积累目标必须由这个活动及流程来保证达成。如果这个流程及活动不能直接服务于企业发展四大价值增值和积累目标的达成，也就在流程优化过程中被淘汰消除了。

企业发展的价值全部包含于交易收易的增长、基业稳固的实现、投资回报的提升和社会美誉的积累之中，企业组织运行的任何活动及流程都必须从这四大价值增值和积累目标达成的需要中分解并派生出来。任何一个岗位员工在进入特定的流程并承担具体的流程活动之前必须明确这特定的流程活动与企业发展四大价值增值和积累目标达成之间的关联关系，以保证每一个流程活动承担人都能创造性地工作，而不仅仅是履行岗位职责，沦为履行职责而履行职责的雇佣思想的奴隶；否则上司主管让做什么就做什么，让怎么做就怎么做，没有创新和自己对于履职工作的能动思考。自己的工作内容和工作方式都不是自己所愿思考后作出的选择，必然会感到身累心也累。

人们常讲的三个石匠的故事最能说明这个问题。

一个哲人问在一块儿打石头的三个石匠："你们在做什么？"

第一个石匠万般无奈地说："唉！在混口饭吃啊！"

第二个石匠说："我在打石头，我是要做一个最出色的石匠。"他脸上自然地流露出一种希望。

第三个石匠神采奕奕，眼中充满着满足的兴奋，高兴地说："我在建一座大教堂。"

仅仅认为自己在混口饭吃的石匠没有追求和希望，是迫不得已而为之，所以感到沮丧而不快；想做一个出色石匠的石匠有追求和希望，所以就没有不快的感觉了：明白了自己的活动与教堂建设之间的关系的石匠，就更不一样了，他感到骄傲和满足。他亲手打成的石头会随教堂而生出光辉，甚至成为无价的文物和古董而流传万古。他的自我价值会油然而生，能动性和创造性也会潮涌而出。不用考核，肯定是这第三个石匠的业绩最出色；第一个石匠的业绩最差。

正是从这个意义上讲，每一个员工在承担流程活动时使之紧紧盯住企业发展四大价值增值和积累目标的达成，也就会自然而然地形成自我价值满足感。

流程管理的一个重要特点就是让每一个岗位员工在明确活动的终极价值目标之后在此基础上寻找最优的活动方式方法。

如果这里的终极价值目标变成员工个人的意志目标，它的最终实现，也就构成了共同的事业。只有当人们把自己的意志行为指向这统一的价值目标并形成共同的事业目标，在行为活动及其方式上才容易达成共识，才不会斤斤计较于一时一地的得失。

目标就是意志本身，行为则是达成目标的具体方式和途径。在一个企业组织内部，行为的最优是以目标的统一为前提的。有了目标，才有最优。在数学的极限理论中，有目标约束条件，极限才存在。目标不统一，各自东西，所想不一，也就不可能实现行为上的协调。行为是为目标的达成服务的，流程管理的效益也是在这种目标激励中形成的。流程有终极价值目标作为统领，一切都服务于终极价值目标的达成，在流程和流程活动的设定、选择和优化上也就有了明确的约束。

所以实施流程管理，首先必须把员工的意志目标统一到企业发展的终极价值目标——四大价值的增值和积累上来，这是流程组织管理的一个重要内容。

三、明了人性的特点：会逃避自由，更会逃避强权

弗洛姆从人性的角度探讨过人对于自由的态度，自由相对于人而言，是一种权力，更是一种责任。当你享有这种权力的时候，选择你自己的行为也就必然要为这种选择的后果承担责任。所以这种选择相对于不同的人

并不都是一种享受、快乐和幸福，而可能直接是一种恐惧。

沙漠中的游人可自主选择自己行动的方向，这里没有高山挡路，没有大河阻隔，也没有父母的唠叨，更没有上司的吼叫。自己对自己的行为做出选择，也要对所做的选择承担后果。可是任何一个方向可能都是无边无际的陷阱，他只能用自己的生命做赌注。他可能顺利地走出沙漠，也可能埋身沙漠，成为自然风干的木乃伊，这种自由会让任何一个人都徒生恐惧。

在自由条件下的任何选择都带有一定的不确定性，任何不确定性都意味着一定的风险和责任，而最终必须以自己所应该得到的价值满足的丧失为代价。所以这才会有人逃避自由，而希望有人为他做出选择；同时也为这种选择承担责任。

但当一个人把这种选择的权力交给他人的时候，却意味着另一种约束的形成。不能选择本身就是一种约束，自己不能选择就是按照他人和他物的约束行事。所以在一般情况下，人们总是念念不忘自由——自我选择权力，而不愿意被管。管就是约束，就是对自己选择权力的剥夺。但是只要这种剥夺的方式不是建立在强权的基础上，不是外在的力量毫无条件地强加于其上，人们往往并不反对放弃选择的权力。

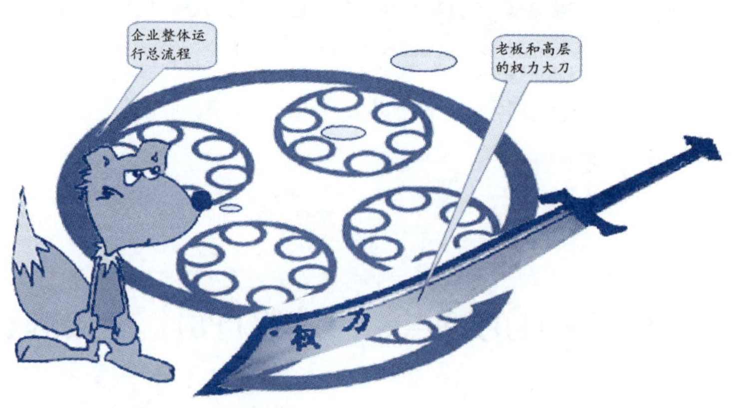

图1-8 等级权力是流程运行效率和效益的大敌

相反，如果因为强权的存在，无条件地剥夺了人们的选择权力，把人们置于一种受奴役和受压迫的地位，这是任何人都无法容忍的。人们寻求自由也就是寻求从强权下把自己解放出来，获得自己的选择权。但获得这种选择权之后，也并不是毫无目的地运用这种权力，而是期望有一个共同认同且统一的价值目标作为基础以形成优化思路约束。这样人们才能既逃脱强权的奴役，又逃避对自由的恐惧。

四、全面把握运行流程管理实施的程序

运行流程管理实施至少包括以下 15 步程序，其中任何一步都不能打折扣或省略；否则就难以保证运行流程管理实施的效果。

（1）组织教育培训，让员工从上到下广泛形成按流程组织企业运行的意识，并全面掌握流程管理的技术和方法。

（2）通过反复灌输和典型事件激发强化员工平等合作的观念，淡化等级控制观念，为用流程管理取代等级控制管理开辟道路。

（3）吸纳具体活动主体，对现有的流程活动方式进行梳理和描绘，并分析确定低效和无效的原因。

（4）吸纳具体活动主体，对现有的流程结构进行梳理、描绘，并分析确定低效和无效的原因。

（5）吸纳具体活动主体，对企业组织运行的现有活动衔接方式，按照流程间的衔接方式进行描绘界定，并分析确定低效和无效的原因。

（6）吸纳具体活动主体，包括有兴趣的员工。根据企业组织运行的四流运动，进行流程结构层次分解和系统模块分割。并共同讨论，分析确定企业组织运行整体统一流程的最优结构，绘制企业组织运行整体统一流程结构总图。

（7）优化分析流程结构，确定标准。以保证每一个人都只做正确的事，每一件事都能为企业发展四大价值增值和积累服务，以保证做事的效益。

（8）吸纳具体活动主体，包括有兴趣的员工共同讨论，分析确定每个流程的每个活动的最优实施方式。

（9）绘制各个子流程的活动详图，并讨论制定流程活动标准，在保证每一个人都正确地做事的前提下保证做事的效率。

（10）吸纳具体活动主体，包括有兴趣的员工共同讨论制定流程和流

程活动衔接标准，以优化确定活动标准不达标的问责办法。在保证每一个人都负责地做事的前提下，确保每一个流程或活动的承担人都严格按照流程接口要求完成流程活动，保证事事都做到位。

（11）吸纳具体活动主体，包括有兴趣的员工共同讨论，分析确定与流程活动价值相适应的问责约定。把流程活动不达标的问责方式和量度事先确定下来，以为员工的行为选择提供依据。

（12）吸纳具体活动主体，包括有兴趣的员工共同讨论。分析确定与流程活动要求相适应的跟踪表单，以在把流程活动的行迹留下的同时，用以推动流程的运行。

（13）分析讨论可能会打乱企业组织正常运行的不确定事件，并拟定应对原则。以保证不确定事件发生之后的流程活动和流程结构，能通过自组合以保证企业组织运行过程的连续和稳定。

（14）编写并颁布《企业流程管理标准手册》，为企业组织运行整体统一流程的管理确定一个完整的控制根据。

（15）定期进行流程的再优化分析，更新修改过时不当的流程标准、问责制度和跟踪表单。以保证企业组织运行过程的不断改进，保证运行效率的稳定及不断提高。

第八章

运行流程系统模块的活动内容和方向

在现实中，实施了流程优化管理（运用 BPR 技术）的企业并没有获得预期的效果。一个重要原因是流程管理没有突破以单位、部门和岗位固定职责方式组织的框框，仅仅把它用于单位、部门和岗位的工作方式的优化，岗位员工仍困于为了工作而工作的无效和低效的陷阱。要跳出这一陷阱，必须通过系统思考把单位、部门和岗位的职责与企业组织运行的价值活动对应起来，并明确各项活动所服务的企业发展价值目标。

为简化叙述运行流程系统模块的活动内容和方向，下面用两张表来梳理思路。

表 1 - 4 为《系统模块工作的价值活动归类》，其中我们简明界定了企业组织运行各个子系统的功能作用与企业两类价值的关联关系，用其可明确相应系统模块的工作属于何种价值活动的内容。

在表中我们用“●”表示该系统模块工作与列表中的价值活动和价值方向存在有直接的关联关系，该系统模块工作是直接服务于列表中的价值活动和价值方向所界定的价值目标的达成。如果工作没有做到位，就必然会直接影响和妨碍列表中的价值活动和价值方向所界定的价值目标的达成。

表 1－4 系统模块工作的价值活动归类

系统模块 \ 价值活动		直接价值活动								间接价值活动	
		市场营销	技术开发	材料采购	生产加工	销售服务	质量控制	成本控制	安全保证	基础管理	人力开发
信息收集管理	1. 内部经营信息收集管理									●	
	2. 外部市场信息收集管理									●	
	3. 宏观政策信息收集管理									●	
	4. 产品技术信息收集管理		●							●	
	5. 工艺技术信息收集管理		●							●	
	6. 技术引进管理		●							●	
信息运用管理	7. 战略规划设计拟订管理									●	
	8. 年度目标计划拟订管理									●	
	9. 项目实施方案拟订管理									●	
	10. 产品技术研究管理	●	●		●		●	●			
	11. 工艺技术研究管理	●	●		●		●	●			
信息生成管理	12. 经营方针选择确定管理									●	
	13. 战略措施选择确定管理									●	
	14. 人事问题决策制定管理									●	●
	15. 技术路线选择确定管理	●	●		●		●	●		●	
信息传递管理	16. 责任分解管理									●	
	17. 沟通鼓动管理									●	
	18. 技术研究成果发布管理	●	●		●		●	●		●	
信息反馈管理	19. 跟踪控制管理									●	
	20. 监察纠偏管理									●	
	21. 技术研究成果运用反馈管理		●		●						

续表

价值活动 / 系统模块		直接价值活动								间接价值活动	
		市场营销	技术开发	材料采购	生产加工	销售服务	质量控制	成本控制	安全保证	基础管理	人力开发
信息固化管理	22. 价值观念归纳整理管理									●	
	23. 理论体系建设完善管理									●	
	24. 企业文化实体层构建管理									●	
	25. 企业文化表象层构建管理									●	
能力素质管理	26. 招聘任用管理										●
	27. 培训开发管理										●
	28. 员工发展管理										●
意志意愿管理	29. 愿景设计管理										●
	30. 授权支持管理										●
	31. 跟踪考核管理										●
	32. 薪酬福利管理										●
	33. 晋级任用管理										●
	34. 决策参与管理										●
情感情绪管理	35. 情感融入管理										●
	36. 情绪梳导管理										●
行为协调管理	37. 计划协调管理									●	
	38. 奖惩控制管理									●	
关系融合管理	39. 劳资关系融洽管理									●	●
	40. 内部法律关系管理									●	●
	41. 工作质量提升管理									●	●
保障服务管理	42. 人身安全保障管理										
	43. 生活保障服务管理									●	
	44. 工作保障服务管理									●	
	45. 行政事务服务管理									●	

续表

价值活动 系统模块		直接价值活动								间接价值活动	
		市场营销	技术开发	材料采购	生产加工	销售服务	质量控制	成本控制	安全保证	基础管理	人力开发
市场开发管理	46. 产品设计开发管理	●	●		●						
	47. 渠道开发规划管理	●				●					
	48. 渠道开发实施管理	●				●					
	49. 渠道开发跟踪管理	●				●					
	50. 价格拉动开发管理	●									
	51. 广告推动开发管理	●									
品牌建设管理	52. 品牌整合管理	●									
	53. 产品质量管理	●									
	54. 公共关系管理	●									
	55. 物质环境管理	●									
	56. 社会环境管理	●									
客户关系管理	57. 目标客户定位管理	●								●	
	58. 目标客户沟通管理	●								●	
	59. 客户投诉管理	●			●					●	
	60. 危机化解管理	●			●					●	
物料购配管理	61. 采购谈判管理			●						●	
	62. 采购履约管理			●						●	
	63. 仓储运输管理			●						●	
	64. 设备配给管理				●					●	
	65. 材料配送管理				●						
	66. 低值易耗品配送管理				●					●	●

续表

价值活动 系统模块		直接价值活动								间接价值活动	
		市场营销	技术开发	材料采购	生产加工	销售服务	质量控制	成本控制	安全保证	基础管理	人力开发
现场作业管理	67. 作业组织管理				●		●	●	●		
	68. 现场设备管理				●		●	●	●		
	69. 备料备件管理				●		●	●	●		
	70. 工艺流程管理				●		●	●	●		
	71. 人机关系管理				●		●	●	●		
	72. 现场环境管理				●		●	●	●		
产品销售管理	73. 促销吸单管理	●									
	74. 订单获取管理	●									
	75. 订单跟踪管理	●									
	76. 产品配送管理	●			●						
	77. 销售服务管理	●			●						
	78. 销售控制管理	●			●						
财产防损管理	79. 盗损防减管理							●		●	
	80. 物损防减管理							●		●	
	81. 灾损防减管理							●		●	
	82. 资产盘存管理							●		●	
资产监控管理	83. 记账监控管理							●		●	
	84. 预算监控管理							●		●	
	85. 核算监控管理							●		●	
	86. 税费缴纳管理									●	
成本费用管理	87. 物料成本控制管理							●		●	
	88. 作业成本控制管理							●		●	
	89. 销售费用控制管理							●		●	
	90. 管理费用控制管理							●		●	
	91. 资金费用控制管理							●		●	

续表

价值活动 / 系统模块		直接价值活动								间接价值活动	
		市场营销	技术开发	材料采购	生产加工	销售服务	质量控制	成本控制	安全保证	基础管理	人力开发
财务控制管理	92. 筹资管理									●	
	93. 投资管理									●	
	94. 收入管理									●	
	95. 资金流动性管理									●	
审计控制管理	96. 财务会计审计管理									●	
	97. 人力资源审计管理										●
	98. 无形资产审计管理									●	
	99. 品牌资产审计管理	●								●	
	100. 管理行为审计管理									●	
	101. 经营决策审计管理									●	
权益维护管理	102. 外部法律关系管理									●	

表 1－5 为《系统模块工作的价值方向定位》，其中我们简明界定了企业组织运行各个子系统的功能作用与企业发展四大价值及其本源——客户价值的关联关系，用其可明确相应系统模块工作的价值目标方向，为系统模块工作承担者指明努力的方向。

表 1－5 系统模块工作的价值方向定位

价值项目 / 系统目标功能作用		企业价值				客户价值							
		交易收益	基业稳固	投资回报	社会美誉	舒适	安全	方便	便宜	耐用	快乐	个性	自豪
信息收集管理	1. 内部经营信息收集管理	●	●	●	●								
	2. 外部市场信息收集管理	●	●	●	●								
	3. 宏观政策信息收集管理	●	●	●	●								
	4. 产品技术信息收集管理	●	●	●	●	●	●	●	●	●	●	●	

续表

系统目标功能作用＼价值项目		企业价值				客户价值							
		交易收益	基业稳固	投资回报	社会美誉	舒适	安全	方便	便宜	耐用	快乐	个性	自豪
	5. 工艺技术信息收集管理	●	●	●	●			●	●				
	6. 技术引进管理	●	●	●	●	●	●	●	●	●	●	●	
信息运用管理	7. 战略规划设计拟订管理	●	●	●	●								
	8. 年度目标计划拟订管理	●	●	●	●								
	9. 项目实施方案拟订管理	●	●	●	●								
	10. 产品技术研究管理	●	●	●	●	●	●	●	●	●	●	●	
	11. 工艺技术研究管理	●	●	●	●			●	●	●			
信息生成管理	12. 经营方针选择确定管理	●	●	●	●								
	13. 战略措施选择确定管理	●	●	●	●								
	14. 人事问题决策制定管理	●	●	●	●								
	15. 技术路线选择确定管理					●	●	●	●	●	●	●	
信息传递管理	16. 责任分解管理	●	●	●	●								
	17. 沟通鼓动管理	●	●	●	●								
	18. 技术研究成果发布管理	●	●	●	●			●	●	●			
信息反馈管理	19. 跟踪控制管理	●	●	●	●								
	20. 监察纠偏管理	●	●	●	●								
	21. 技术研究成果运用反馈管理	●	●	●	●			●	●	●			
信息固化管理	22. 价值观念归纳整理管理	●	●	●	●								
	23. 理论体系建设完善管理	●	●	●	●								

续表

系统目标 功能作用	价值项目	企业价值				客户价值							
		交易收益	基业稳固	投资回报	社会美誉	舒适	安全	方便	便宜	耐用	快乐	个性	自豪
	24. 企业文化实体层构建管理	●	●	●	●								
	25. 企业文化表象层构建管理	●	●	●	●								
能力素质管理	26. 招聘任用管理	●	●	●	●								
	27. 培训开发管理	●	●	●	●								
	28. 员工发展管理	●	●	●	●								
意志意愿管理	29. 愿景设计管理	●	●	●	●								
	30. 授权支持管理	●	●	●	●								
	31. 跟踪考核管理	●	●	●	●								
	32. 薪酬福利管理	●	●	●	●								
	33. 晋级任用管理	●	●	●	●								
	34. 决策参与管理	●	●	●	●								
情感情绪管理	35. 情感融入管理	●	●	●	●								
	36. 情绪梳导管理	●	●	●	●								
行为协调管理	37. 计划协调管理	●	●	●	●								
	38. 奖惩控制管理	●	●	●	●								
关系融合管理	39. 劳资关系融洽管理	●	●	●	●								
	40. 内部法律关系管理	●	●	●	●								
	41. 工作质量提升管理	●	●	●	●								
保障服务管理	42. 人身安全保障管理	●	●	●	●								
	43. 生活保障服务管理	●	●	●	●								
	44. 工作保障服务管理	●	●	●	●								
	45. 行政事务服务管理	●	●	●	●								

续表

系统目标 功能作用 \ 价值项目		企业价值				客户价值							
		交易收益	基业稳固	投资回报	社会美誉	舒适	安全	方便	便宜	耐用	快乐	个性	自豪
市场开发管理	46. 产品设计开发管理					●	●	●	●	●	●	●	●
	47. 渠道开发规划管理						●	●	●				
	48. 渠道开发实施管理						●	●	●				
	49. 渠道开发跟踪管理						●	●	●				
	50. 价格拉动开发管理								●				
	51. 广告推动开发管理							●					●
品牌建设管理	52. 品牌整合管理	●	●	●	●								●
	53. 产品质量管理	●	●	●	●					●			●
	54. 公共关系管理	●	●	●	●								●
	55. 物质环境管理	●	●	●	●								●
	56. 社会环境管理	●	●	●	●								●
客户关系管理	57. 目标客户定位管理	●	●	●	●								
	58. 目标客户沟通管理	●	●	●	●								
	59. 客户投诉管理	●	●	●	●			●			●	●	
	60. 危机化解管理	●	●	●	●			●			●	●	
物料购配管理	61. 采购谈判管理	●	●	●	●								
	62. 采购履约管理	●	●	●	●								
	63. 仓储运输管理	●	●	●	●								
	64. 设备配给管理	●	●	●	●								
	65. 材料配送管理	●	●	●	●								
	66. 低值易耗品配送管理	●	●	●	●								

续表

系统目标 功能作用	价值项目	企业价值				客户价值							
		交易收益	基业稳固	投资回报	社会美誉	舒适	安全	方便	便宜	耐用	快乐	个性	自豪
现场作业管理	67. 作业组织管理	●	●	●	●								
	68. 现场设备管理	●	●	●	●								
	69. 备料备件管理	●	●	●	●								
	70. 工艺流程管理	●	●	●	●	●	●	●	●	●		●	
	71. 人机关系管理	●	●	●	●								
	72. 现场环境管理	●	●	●	●								
产品销售管理	73. 促销吸单管理	●	●	●	●			●					
	74. 订单获取管理	●	●	●	●			●					
	75. 订单跟踪管理	●	●	●	●			●					
	76. 产品配送管理	●	●	●	●	●	●	●	●				
	77. 销售服务管理	●	●	●	●	●	●	●	●				●
	78. 销售控制管理	●	●	●	●								
财产防损管理	79. 盗损防减管理	●	●	●	●				●				
	80. 物损防减管理	●	●	●	●				●				
	81. 灾损防减管理	●	●	●	●				●				
	82. 资产盘存管理	●	●	●	●				●				
资产监控管理	83. 记账监控管理	●	●	●	●				●				
	84. 预算监控管理	●	●	●	●				●				
	85. 核算监控管理	●	●	●	●				●				
	86. 税费缴纳管理	●	●	●	●				●				
成本费用管理	87. 物料成本控制管理	●	●	●	●				●				
	88. 作业成本控制管理	●	●	●	●				●				
	89. 销售费用控制管理	●	●	●	●				●				
	90. 管理费用控制管理	●	●	●	●				●				
	91. 资金费用控制管理	●	●	●	●				●				

续表

系统目标/功能作用 \ 价值项目		企业价值				客户价值							
		交易收益	基业稳固	投资回报	社会美誉	舒适	安全	方便	便宜	耐用	快乐	个性	自豪
财务控制管理	92. 筹资管理	●	●	●	●				●				
	93. 投资管理	●	●	●	●				●				
	94. 收入管理	●	●	●	●								
	95. 资金流动性管理	●	●	●	●								
审计控制管理	96. 财务会计审计管理	●	●	●	●				●				
	97. 人力资源审计管理	●	●	●	●				●				
	98. 无形资产审计管理	●	●	●	●				●				
	99. 品牌资产审计管理	●	●	●	●								●
	100. 管理行为审计管理	●	●	●	●								
	101. 经营决策审计管理	●	●	●	●								
权益维护管理	102. 外部法律关系管理	●	●	●	●								

第九章

企业组织运行的流程化管理成功的条件

有一家世界知名的公司，为了避免不必要的争端，我们称之为“中国海天公司”。因为在国际市场的一个业务管理失控而发生了数十亿元的巨额损失。该公司经过反复讨论决定全面实施以流程化管理为核心内容的管理变革，以变革公司的管理模式，改变管理粗放落后的现状。为了找到最好的咨询公司，获得最有效的咨询服务，中国海天面向全球招标。国内只有顶尖的两家咨询公司投标，世界前十位的顶级咨询公司有六家投标。通过评标选择确定了以流程优化设计分析著称的世界顶级咨询公司，以上千万的咨询费用投入达成了咨询服务协议。这家以流程优化设计分析著称的世界顶级咨询公司派驻了8名咨询师，最多时超过10个人，干了1年多，完成近300个流程的优化设计工作。结果是因为所优化设计的流程不具备落地执行的价值，而成为一堆废纸送进了档案库。细究其失败的原因，该咨询公司和中国海天双方都有责任。即双方都没有分析企业组织运行流程化管理成功的条件，更没有为满足企业组织运行流程化管理成功条件的努力。这些条件包括七个方面的内容，下面略做分析。

一、活动承担者和管理者全面参与流程标准制定

这一条件是企业组织运行流程化管理成功的首要条件，这里的活动就是流程活动，或者叫做“模块系统的事务工作”。只有其活动承担者和管理者都全面参与到流程梳理、优化的设计和分析过程中来，与咨询公司的

流程分析专家共同进行流程活动梳理、优化的设计和分析才能保证所优化设计分析的流程标准与其素质、能力，以及企业组织运行的内外环境实际相吻合。没有这一吻合，再漂亮好看的流程图，再细致具体的流程标准也都没有任何作用。

图1-9　全面实行流程运管理保证成功的条件

中国海天公司是一家国有企业。国有企业的管理人员都有一个特点。即凡是只要有一点可能推出去的工作都会千方百计地推出去，让自己省点事并省点心。因为他们要用80%的精力和心思应付复杂多变的人际关系，以从这种人际关系中求得发展的舞台和空间。所以各级管理人员都没有在流程梳理、设计和优化分析过程承担应该由自己承担，并且也只有由自己承担才能保证流程标准的落地执行。咨询公司花了不少的气力进行调研，但因为公司的管理人员并不认为这种调研与自己有什么关系，所以能少参与的不多参与，能少说话的不多说话，能说假话的就不说真话。因而使流程分析专家无法准确了解应该把握的实际，导致优化设计的流程标准与其实际不吻合，最后形成的标准无法落地贯彻也就在情理之中了。

其中深层的原因是其管理人员不愿，也不敢发表自己的意见。或者他不知道上司和老板是怎么想的，担心上司和老板知道自己的话与其意见不一致后被列入异己另类。如果这样，自己在这里也就混到头了。说出去的话就如泼出去的水，一出口就没有办法挽回了。或者他知道上司和老板怎么想的，但他认为不当，自己的意见与之不同也不敢说出来，所以干脆什么也不说。国有企业的领导和私营企业老板不一样，更是缺少雅量，很难容忍不同意见。因为国有企业不是国有企业领导人的，接受不同意见就是被人看低，而被人看低的收益——企业发展的最终利益并不归他享有。所以在一般情况下，他们对任何不同意见都难以容忍。其他管理人员明白不能自找麻烦，能躲避的矛盾冲突就尽量躲避。而公司效益能否改变提升不是他们的责任，也不由他们负责。他们认定现行的做法是公司领导定的，或者是由历史沿袭下来的，因袭已有于己最安全。

企业管理人员以这样的心态对待流程优化设计分析，从外星引入超级智慧也难以保证流程优化设计所确立标准的贯彻执行。这不能怪罪咨询公司，咨询公司的流程分析专家所能提供的仅仅是流程梳理、设计和优化分析的技术方法，而不是特定企业组织运行的流程标准杜撰。1999 年，笔者作为主持人为山东潍百集团进行整体规范化管理的实施提供咨询服务。进入流程梳理优化分析阶段一段时间后，当时山东潍百集团的总经理告诉笔者："你派驻的流程分析专家好像对零售行业企业运营的内部流程不熟悉呀!"他显然是在质疑我派驻的咨询人员的能力。笔者没有正面回答这一问题，而是问：

"×总，你在潍百工作有 15 年了吗?"

"不止了，快 20 年了。"

"你对公司运营的所有内部流程都熟悉吗?"

"全部熟悉不可能，但 80% 的流程我都知道是怎么一回事。"

"好，你的问题的答案现在就有了。你在这个公司干了近 20 年才知道了 80% 的流程是怎么一回事，如果让咨询师 100% 熟悉后提供流程梳理、设计、优化分析的服务，那世界上就不会有合格的咨询师了。"

山东潍百集团的总经理默然了，他接受了我的回答。

所以希望让流程分析专家越俎代庖承担企业全部的流程梳理、设计和优化分析工作，并据以拟定流程标准，这流程标准能贯彻执行也就真正是怪事了。

二、企业领导人负责主持流程优化工作

运行流程管理，尤其是希望以之为企业管理主导形式的运行流程管理，如果企业第一领导人不直接加入进来主持流程的优化工作，失败也将是不可避免的。流程管理与科层管理是思路方法性质完全不同的两类管理，如果企业领导人不自己调整自己的思想方法，并直接在主持流程优化实施过程表明自己的思路方法，下面的管理人员是不敢有任何改变的。在欧美国家，民主是一种普遍的价值观念，企业领导人可能已经形成民主的习惯，不会拒绝下面管理人员的不同意见，甚至会鼓励不同意见以修正自己的思想方法的偏颇。但在中国不行，中国有的就是集权专制的传统，很少有领导人能容忍不同意见，更不会鼓励不同意见以修正自己的思想方法的偏颇。所以没有企业领导人亲自主持流程的优化工作，流程的梳理、设计和优化也就不免仅仅是对已有的行事方式做一下形式化的流程描绘工作。

中国海天公司运行流程管理实施项目失败，上文所述也是一个重要原因。该公司运行流程管理实施项目由公司的一个副总主持，他在组织实施过程中必须处处努力揣摩公司一把手和二把手的想法。在流程分析专家确定一个思路后，还得先小心翼翼地与他们沟通，看所确定的思路与其想法有没有冲突。只有当确知没有冲突时，他才敢把所确定思路的完整意见告诉他们。并且往往一把手和二把手一句不同意见的话，也会让他紧张好一阵子。不仅流程的梳理、设计和优化工作的效率没有了，更重要的是让流程分析人员不知所从，整个项目实施的精力很多都浪费在这种揣摩和反复过程中。

笔者在黑龙江比优特商贸有限公司主持过流程梳理、设计和优化工作，公司董事长孟纛中仅仅主持优化定稿讨论就投入了一个多月的时间，每天主持优化讨论达十多个小时。他有什么意见拿出来与大家共同讨论分析，下面管理人员的意见提出来后他也认真听取，并作为普通的一员提出自己的分析意见。讨论所有流程优化分析，直到没有人提出疑义为止。这样其贯彻执行也就没有外在的阻力，很顺利并很完全，效果也显然。

也正是公司董事长孟纛中的开明和执著，才实现了黑龙江比优特商贸

有限公司的持续快速发展。

该公司成立于2002年，是一家综合性的民营商贸企业。成立之初，其化妆品店的营业面积只有6平方米，员工只有两名。现在下设场地经营分公司、食品分公司、百货分公司、生鲜分公司、化妆品通信分公司和服装分公司等6家，涉及超市、服装、手机、生鲜和化妆品等5种业态。大小门店43家，在当地成为市场同行业的领航者。2010年，该公司又启动了黑龙江省鹤岗市重点项目工程——比优特时代广场项目。该项目引进了“一站式Shopping - Mall”国际前沿商业模式，将购物消费与休闲进行了完美的融合。其8万平方米的商业空间集品牌专卖店、中心广场、大型主题卖场和娱乐餐饮等多元商业形态于一体，让消费者在休闲中购物，在购物中休闲，是集广场经济、商场经济、文化经济、休闲经济和娱乐经济优势于一身的现代首席商业中心。公司不仅取得了良好的经济效益，而且社会效益卓著。解决了大批下岗人员的就业问题，降低了地方城乡居民消费成本5% ~10%，为繁荣地方经济发展作出了贡献。公司董事长孟繁中也先后被团中央及国家劳动和社会保障部授予“全国十大杰出青年兴业领头人”光荣称号，被黑龙江省评为“十大杰出兴业领头人”，授予“再就业之星”、“光彩企业家”和“十佳民营企业家”等光荣称号。

如果企业领导人认为流程梳理、设计和优化工作不值自己关注，不值得自己投入精力主持和参与讨论，也就不要东施效颦，跟着其他企业赶时髦。只有企业领导人认为这项工作值得自己关注，值得自己投入精力主持和参与讨论，才可能使运行流程管理见效和成功。

三、有资深流程分析专家提供理论技术指导

运行流程管理失败也不都是企业领导人和管理人员的责任，外聘流程分析专家称职并且尽力也是重要条件。当然这最终也是企业领导人的责任，因为外聘流程分析专家不称职和不尽力多是企业领导人选择咨询公司不当造成的。

一般而言，一个企业首次实施流程管理必须借助外部专家的力量。因为运行流程管理是技术性和技巧性都很强的工作，没有理论厚实且经验丰

富的专家提供指导往往不免走弯路，甚至迷失方向而半途而废。除了咨询公司外，企业内部一般不可能拥有能满足其要求的流程分析专家。理论厚实不仅仅是懂一大套书本上的理论，而是要有自己的研究和思考。能理论联系实际，能对在流程梳理、设计和优化分析过程中遇到的问题作出正确无误的判断，并从理论上给人以信服的解答；经验丰富不仅仅是承担过流程梳理、设计和优化分析工作，而且是在多家企业和多个行业主持过此项工作。即从实干中得到了历练，积累了应对疑难问题的方法和技巧。世界上没有两片完全相同的树叶，更不会有两家完全相同的企业，因此在企业运行流程管理中遇到意想不到的问题也是正常的。这就需要流程分析专家的理论和经验提供支持，保证解决问题的思路得当且方法有效。

中国海天公司运行流程管理实施项目失败也与此有关，尽管那家世界顶级咨询公司派驻的专家都是世界名牌大学的硕士、博士或博士后，甚至自称是哈默博士的嫡传学生，但他们对流程管理理论和方法并没有什么研究和思考，更没有实施的实践经验，完全是原汁原味地照搬哈默博士的流程管理理论和方法。而哈默博士的流程管理理论和方法经自己统计分析也承认有一半失败了，因而想使这种照搬式的，甚至是现学现卖式的咨询服务保证效果和获得成功，也就不可能了。并且这些咨询人员认为自己是在世界顶级咨询公司就职的专家，自以为是，不能听取不同意见，没有耐心深入调研。这就不免闭门造车，脱离企业的实际，想当然地绘制流程图，杜撰流程标准。这样的流程化管理要是不失败，那就是上天诚心要戏弄认真的专家了。

四、保证企业组织运行流程化管理成功的另外四个条件

保证运行流程管理见效的条件除上述三个之外还有四个，不过这四个条件都不是组织实施层面的，而是技术层面的。

1. 企业组织运行系统模块分析准确无误

如果运行流程管理不从对企业组织运行的系统分析开始，流程结构优化就不免成为空话。只有从对企业组织运行的系统分析开始，并通过对企业组织运行的系统分析后进行系统模块分割，在把企业组织运行过程分解为相对独立而又相互衔接的一系列系统模块。然后按照系统模块相互之间

关系的性质进行流程结构设计才能保证流程结构与企业组织运行过程中不同系统之间的对应关系，把系统之间的独立、关联和制衡关系体现到流程结构中，让流程和流程活动也对应构成这相应的关系。

中国海天公司的运行流程管理实施项目失败也与此有关，其流程结构分析过于囿于现有的单位部门架构思考。流程结构设计不是建立在系统分析基础之上，梳理设计之后仍存在不系统的问题。

2. 流程活动的内外部关系全面闭合

企业组织本身是一个有机系统，在企业组织内部到处是牵一发而动全身的紧密依存和联系。因此要保证运行流程管理的成效，必须一方面使流程内部关系闭合，让每一个流程从起点到终点形成闭合，预期结果与目标要求对接。如果存在误差，必须通过流程活动的增减优化不断改进来消除；另一方面使流程与流程相互衔接闭合，以使任何一个流程都融入企业组织运行综合大流程中，成为其中具有不可或缺的功能作用的一个构成部分。这就要求流程优化分析超越已往的线型结构分析法，把流程设计成闭合的环状结构。让特定流程的目标要求成为流程的起点，使得流程运行的预期结果成为流程的终点并与起点要求对接；同时把流程活动的开始与对接的流程关系明确界定出来，让每一个流程的目标指向都能清晰地导向企业发展四大价值增值和积累目标的达成。

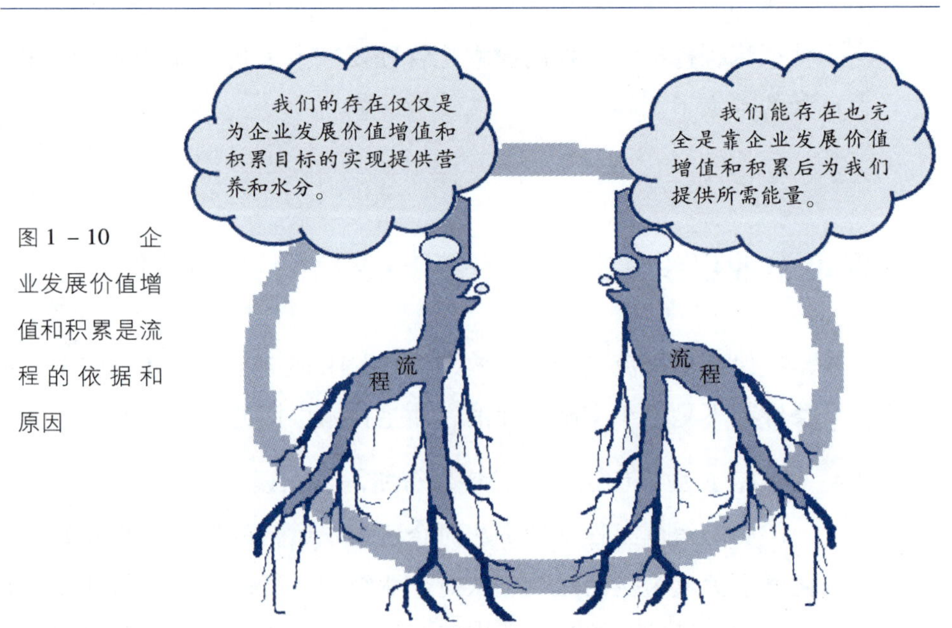

图 1－10 企业发展价值增值和积累是流程的依据和原因

负责实施中国海天公司的流程化管理项目的专家不明白这一点，他们采用原汁原味的哈默博士的流程管理理论和方法，流程活动成了没有约束条件的随意构想。在流程梳理、设计和优化过程中，他们仅仅凭想象对承担某特定工作可能需要经过的步骤进行了描绘。这种流程的梳理、设计和优化工作有和无没有什么区别，更重要的是有的可能与现有习惯不相吻合还会被抵制。为什么会是这样，而不是那样，对其中的理由他们说不清道不明，中国海天公司管理人员拒绝采用也就在情理之中了。

3. 流程衔接接口分析确定完整全面

这就是在运行流程管理实施过程中不仅要把企业组织运行的流程架构成一个由多级子流程构成的综合大流程，而且要把流程与流程，以及流程活动与流程活动之间接口的衔接关系都从内容、数量、质量、时间和地点五个方面明确具体地界定为标准，以保证其相互衔接的责任清晰具体化。没有这种界定，承担相应流程活动的人仅仅根据自己的判断进行交接，发生责任不清就难以避免。流程化管理的作用也就降低成一个没有约束力的做事思路方法的梳理了，这也就失去了流程化管理的绝大部分意义。

负责实施中国海天公司的流程化管理项目的专家没有意识到要做好这一工作，只在流程图之外绘制了一张说明表对流程的管控要点进行说明，却又让人不知所云。事实上，仅仅提供这种形式的运行流程管理说明是无法起到标准的作用的。

4. 流程标准贯彻落实偏失问责严格

笔者曾经分析过哈默博士的流程管理理论和方法之所以在企业组织运行过程中运用后大多没有取得预期的效果，甚至直接失败。一个根本性原因是该理论和方法中没有讨论流程组织管理问题，即流程标准的贯彻落实问题。所以如果不对应流程活动的价值对达不到标准要求的行为进行问责，流程标准也就失去了约束作用。如果没有对应流程标准和问责制度的跟踪表单，推动流程的运行，保证留下和留足流程运行的行迹，为明确责任及问责提供支持，流程标准也就只能是空话。企业管理者要永远记住，人在可以懒时不会不懒。

中国海天公司流程化管理项目承担公司根本没有意识到这一点，是直接按失败率高得的惊人的哈默博士原汁原味的流程管理理论和方法实施。

这样即使其他所有方面的工作都到了位，全面达成了哈默博士的流程管理理论和方法的要求，这种流程标准也难以起到应该有的作用，所以中国海天公司领导把项目成果鉴定当做鸡肋送进档案库也就在情理之中了。

第二篇

运行流程管理规范化的标准

运行流程管理规范化的标准主要包括运行流程管理规范化的原则要求、流程结构管理的原则要求、流程结构管理的标准要求、流程活动管理的标准要求、流程组织管理的标准要求和运行流程管理实施的技术标准等几个方面。

就理论分析而言，本篇探索并解决了流程结构管理上缺少系统思考、流程活动管理不封闭，以及忽略流程组织管理对流程标准贯彻落实的影响和流程管理操作的具体化限制等一系列问题，确立了企业组织运行的系统分析和模块分割方法。从而使流程管理的实施严格建立在对企业组织运行的系统思考基础之上，保证了流程活动路线的全封闭连接。

就技术方法分析而言，本篇对 VISIO 软件中流程图标的定义进行了修正，为保证流程图的描绘梳理优化分析的细化操作提供了方便。

第一章

运行流程管理规范化的原则要求

实施运行流程管理要保证其效率和效果，首先就必须遵循八个方面的原则，即价值增值导向原则、资源集中使用原则、信息现场处理原则、员工关系平等原则、责任无极化原则、定期分析改进原则、重点突出原则和工具规范原则。

一、价值增值导向原则的要求

企业组织运行的任何一个活动都应该服务于企业发展价值增值的目标。但在等级控制管理中总有一些活动只是服务于企业内部单位或部门价值目标的达成，甚至仅仅服务于单位或部门主管个人价值目标的达成，这就使企业内部众多活动不能最终服务于企业发展价值目标的达成而成为一种投入浪费。

价值增值导向原则要求企业组织运行的所有活动都必须指向企业发展价值增值的目标，而不仅仅是客户价值的满足。尽管企业发展价值增值目标的达成直接决定于客户价值满足目标的达成，二者之间存在紧密依存的关系，但企业发展价值的增值绝不简单地等同于客户价值的满足。究其原因分析，主要有如下三个方面。

（1）客户价值的满足并不一定能保证企业发展价值的增值，它只是构成了企业发展价值增值的基础。在企业的现实经营实践中，有一种毛利空间大且销售业绩好的好产品，并不等于企业实现对应的大发展，这种案例俯拾皆是。这往往是因为企业应该赚的钱从中间环节流走了，使企业发展目标化成了泡影。从这个意义上讲，运行流程管理还不能仅仅停留在“客户是上帝，以客户价值为中心”这一要求上，而必须在保证企业组织运行服务于客户价值的基础上最大限度地减少浪费并消除内耗，以保证企业发展价值增值目标的达成。

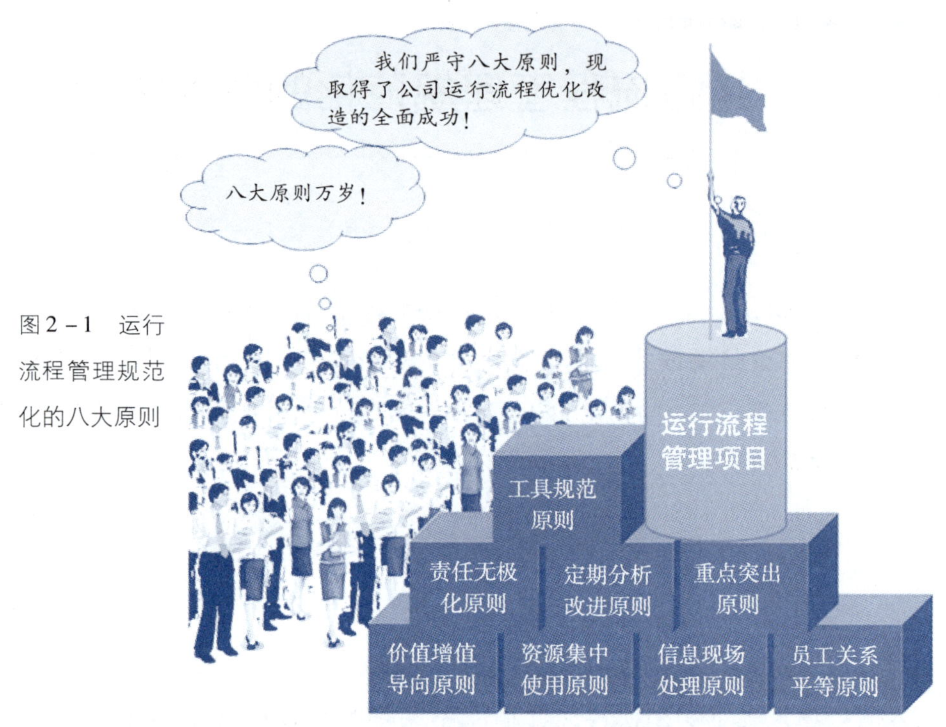

图2－1 运行流程管理规范化的八大原则

（2）以客户价值为中心也必须服务于企业发展价值增值的目标，并对客户进行全面管理，自主地放弃一些客户。把自己的精力主要集中于能够为企业发展价值带来充分大的增值客户，并在为他们提供充分多的价值满足的同时，实现企业发展价值的增值。

（3）企业毕竟是以赚钱为目的的社会经济组织，它与慈善组织不同，不能仅仅为他人的利益服务，必须通过等价交换在服务于他人利益的同时也获得自身应该有的利益。

以客户价值为中心，从长远的角度来看，最终会给企业发展价值的增值带来帮助。也就是说，把客户价值的满足摆在企业组织运行目标的首要地位对企业发展并不是坏事，最终都会得到相应的回报。但是企业存在一天，就有一天的人、财和物投入。企业的长远利益——未来的价值增值很重要，但首先必须保证企业能够存活到他人回馈价值以实现企业发展价值增值的那一天。况且获得无须付出代价的利益，简直就是人所共有的一种天性。天上不会掉馅饼，但并不是人们不希望天上掉馅饼。天上掉下的馅饼无论大小，都会对人产生很大的诱导作用。就算企业组织像慈善机构一样贡献出价值物，也不一定能最终完全获得对等的回报。所以企业寻求客户价值满足也不能违背企业发展价值增值目标导向的原则，这也就要求把二者有机地统一起来。实现这种统一也就是协调企业当前利益与长远利益之间的关系，真正做到当前利益与长远利益相互照应并相互促进。

这一原则的具体要求，可主要概括为以下四个方面。

（1）运行流程的梳理、设计和优化分析必须严格地以企业发展价值增值为选择的依据和标准，凡是不能服务于企业发展价值增值的流程和流程活动都必须无条件地清理并清除。

（2）必须正确处理企业发展价值增值与客户价值满足的关系，明确为客户价值满足提供服务的最终目的仍然是为了实现企业发展价值的增值，而不是学习雷锋和做慈善施舍。但具体情况又必须具体分析，往往为了保证未来更多和更大的企业发展价值增值，而放弃企业当前可能实现的价值增值，以服务于客户价值的满足也是应该的。

（3）对企业发展价值增值目标必须进行具体化分析，即通过设定保证企业发展价值增值目标达成的中介目标，把企业发展的四大价值增值和积累目标的达成努力和措施都具体落实到企业组织的各个单位、部门和岗位的工作中。但这种具体化并不等于把它仅仅限定在企业投资回报的增长上，企业投资回报只是构成企业发展价值的一个部分，交易价值、基业稳固和社会美誉都是构成企业发展价值的重要内容。设定保证企业发展四大价值增值和积累目标达成的中介目标，是对企业发展价值增值目标进行具体化的必由之路。在企业组织运行过程中必须有这种层层具体化的价值目标分析，以保证企业内部任何一个活动都能服务于企业发展四大价值增值和积累目标的达成。

（4）区分企业发展价值与企业领导人和企业管理人员的价值，企业领导人和管理人员个人所寻求的价值不能以企业发展价值的形式来实现或者取代企业发展价值。企业作为一个组织，以服务于人的意志为目标。但企业作为一种社会经济组织，却又是多个利益关联主体所共有的一种社会公共组织。一定的个人投资建立企业组织之后，尽管他有权解散这个企业组织，但只要这个企业组织存在一天，也就必须保证各个关联主体利益的实现。作为掌控一定企业经营资源的管理人员，更不能用自己个人的价值取代企业发展价值。

二、资源集中使用原则的要求

任何一个企业内部都有权力和责任的划分，企业经营资源也就随着这种权力和责任的划分而固定到分工承担相应责任的孤立小岛上。从而使企业经营资源在各个单位、部门和岗位员工之间的共享成为非常困难的事，结果直接降低了企业有限资源的运用效率和效益。

运行流程管理的实施要保证企业组织运行的所有活动都最大限度地服务于企业发展价值增值的目标，也就必须对企业经营资源实行共同享用。以保证它作为一个整体服务于企业发展价值增值目标的达成，避免把它分割成相互隔离的孤立部分，这是运行流程管理保障企业组织运行效率和效益的一个基本要求。

这一原则的意义在于通过资源的共享，保证运行流程的通畅。流程运行的任何一个环节都必须有对应的资源投入，如果企业经营资源被固定到特定的单位或部门，被它们所垄断，往往不免因为对资源占用加大而造成浪费，甚至导致运流程行的中断或延缓。

这一原则的具体要求主要有以下五个方面。

（1）企业经营资源的使用权必须随着流程活动走，而不能把它固定在特定的单位和部门。任何一个单位和部门都只能作为流程运行过程中的一个环节，必须无条件地服从流程运行的需要。

（2）对资源的集中使用并不是要忽视资源使用的效益责任，而是要让这种责任与运行流程的运行对应起来。并且对资源的调用也仍然必须有完整的对应交接措施和记录，以便于对资源的投入进行核算。

（3）资源的使用效果和效益不再以单位和部门来核算，必须直接以流程为单位来核算，甚至可以直接以相对独立的流程活动单位来核算。

（4）即使为了管理的方便而把企业相应资源的支配和使用权划给了特定的单位或部门，也必须保留企业组织整体通过恰当的程序快速调用该资源的权力。不允许形成任何形式的单位和部门各自为政，垄断企业经营资源的情况发生。

（5）企业经营资源的集中使用并不是要搞所谓的一支笔主义，把企业经营资源的支配和使用权都集中交由企业领导人一个人支配，而是要求对应于运行流程的资源投入需要进行分配。即依流程活动要求行使相应资源的支配和使用权，以减少企业经营资源在使用过程中被人为地分割的情况发生。

图2－2 企业是一个有机整体，资源必须集中使用

三、信息现场处理原则的要求

这里的信息是指企业组织运行的内外部实际情况，以及发生变化的趋势情况。要保证企业组织运行对这种变化情况及时有效地做出反应，就必须把信息处理的权力交给现场人员，而不是通过层层上报给领导人做出审核批复之后采取行动；否则不免导致企业组织运行效率降低，甚至造成巨大的经济损失。

信息现场处理原则也就是让获得相关变化情况信息的人，以及要由他们对应变化做出反应的现场主管和操作人员根据实际情况的变化及时做出反应和调整。比如，由于不明情况导致生产线上下来的产品次品率上升，就要给予现场操作人员关停生产线的权力并及时找出原因加以解决。而不是层层上报之后，由企业领导人决定是否关停生产线以寻找问题的原因。

这一原则的具体要求可以概括为以下四个方面。

（1）信息发生在何处就必须由何处现场人员做出分析和反应，无须等待层层上报批准之后行动。

（2）发生在运行流程之内的问题必须由运行流程内的相关流程活动承担主体分析责任，找出解决问题的办法并解决。以尽可能减少上报审批的环节，提升其效率和效益。

（3）要保证对流程运行过程中出现的问题处理的及时性，在资源使用上必须给予运行流程活动承担主体先用后批的权力，以保证所发生的问题能够在尽可能短的时间内在第一现场和第一时间解决。

（4）对于流程运行过程中突发性问题的处理所需资源必须根据预测事先做出安排和计划；同时也确定一个限额，这个限额可按照流程活动中的非正常投入资源价值总和，不超过流程中断所直接造成的价值损失总和的原则设定。

四、员工关系平等原则的要求

运行流程管理是以员工关系平等为前提的，如果在运行流程管理中仍然存在不可逾越的等级限制，让一部分人无条件地听从另一部分人的指挥，则不免使运行流程管理的实施成为不可能，把这种运行流程管理蜕化为等级控制管理。

员工关系平等也就是不允许一部分人把自己的意志强加给另一部分人，而是让每一个岗位员工在这种运行流程活动中同等地表述自己的意见，并仅仅根据流程运行效率要求决定意见的取舍和流程团队成员的行为。如果发生意见分歧，必须以所能保证的企业发展价值增值最大化作为选择的检验标准；如果员工之间存在不平等的等级控制关系限制，一部分人可以无条件地把自己的意志强加给另一部分人，则不免把处于被动地位的这部分人的活动方向引导到仅仅服务于具有主动地位的这一部分人的意志目标上。从而致使背离企业发展价值增值的目标，造成树木断根一样的流程活动和流程，降低企业组织运行的效率和效益。

这一原则的具体要求主要有以下四个方面。

（1）在流程团队内谁也不能向他人发号施令，把自己的意志强加于人。而只能由流程或流程活动本身的相互关系的性质决定谁服从谁，即让每一个成员都仅仅服从流程运行需要。

（2）在流程运行过程中需要制定什么决策，流程团队中的每一个成员都有同等参与的权力。最终究竟以谁的意见为准，既不能通过少数服从多数的原则来表决定夺，也不能由相应流程活动的承担主体专断。必须通过分析论证，以所能实现的企业发展价值增值最大化为依据进行选择。如果时间紧迫，则可依流程活动的当时承担主体的意见为主进行决策。

（3）在一个流程团队内流程目标没有达成，每一个成员都要承担责任。但造成流程目标不能达标的相应流程活动的具体承担人，必须承担更多的责任。

（4）对应于流程目标所分配的相应资源在使用上都享有平等的权力，谁使用这些相应的资源并不是由流程团队中某一个人说了算，而是由流程活动的具体内容决定。流程团队内的每一个成员对资源的使用效率拥有同等的参与权，并负有同等的责任。

五、责任无极化原则的要求

运行流程管理也强调要把权力和责任进行对应分配，以保证使二者相互匹配。但由于运行流程管理是把权力和责任明确到特定的流程，而不是明确到具体的岗位员工个人，因此在运行流程管理中岗位职责的界线是比较模糊的。每一个成员在其他流程团队中都享有同等的地位和权力，因而在承担的责任上也就不仅仅限于他所承担的边界不太明确的那个特定流程活动的责任，而是要承担无限的责任。

这种无限责任有如下两个方面的含义。

（1）流程团队内的任何一个人都要对这个流程目标的达成承担全部责任，这相对于他所承担的界线不十分明确的具体流程活动而言，其责任也就是无限的。任何一个人都不能说：“流程成果没有达到目标要求与我所承担的活动没有关系，我所承担的流程活动都完满地完成了。”因为在流程团队内任何一个人只要有精力，都有义务帮助对承担其他流程活动存在困难的团队成员，在这里没有一成不变的分工。

（2）企业组织运行过程就是一个综合性大流程，作为一个子流程团队中的一个成员不仅要对子流程的目标结果承担责任，而且还要对整个企业发展价值增值目标的达成承担责任。所以任何一个人都不是干一天活拿一天的钱，而是要把拿的钱与企业组织运行的最终效果和效益挂起钩来。

这一原则的具体要求主要有以下三个方面。

（1）在任何一个流程团队内，任何一个成员除了要认真负责地把以他为主承担的流程活动完满地完成之外，还要对其他任何流程活动的承担都提供自己力所能及的支持和帮助。

（2）流程目标的达成是首要的，流程目标最终能否达成，流程团队的每一个成员都必须承担责任。但在责任承担的程度上必须有一个相对的划分，流程活动的直接承担主体要承担主要责任，其他每一个成员按相应比例承担连带责任。

（3）对流程不达标的责任追究和流程效果的特优奖励都不再主要针对流程团队的成员个人，而是针对团队整体，任何一个人都不能仅仅因为自己所承担的流程活动完成得完满而满足。流程活动承担的分工是相对的，不存在绝对完成了应该由自己承担的任务的事情。在一个流程团队内，任何一项活动没有最后完满完成，流程团队的任何一个成员也就都有义务为之付出努力。

图2－3　知之而不为之，必须承担责任

六、定期分析改进原则的要求

流程作为一种做事方式，必须随着技术方法和人员素质等相应向实际发展变化而改进并发展，这就决定了任何一个运行流程都不能是一成不变的。定期分析改进原则也就是对运行流程的分析改进确定时限，以不断寻找减少投入、提升效率和增加企业发展价值的新途径。并且要求流程团队的每一个成员都发挥自己的主观能动性进行创新，以使流程运行的效率更高。

这一原则是保证企业在市场竞争中获胜的一个重要要求，企业要在市场竞争中处于有利地位必须保证企业组织运行每一项工作的方式方法都具有充分高的效率。如果受到资源的限制，在所使用的技术上相对处于劣势，就更是需要通过流程优化来弥补这种差距。并且前文提到的济南二机集团以相对落后的技术和相对较小的规模取得远远高于同城同行的业绩的实例，也证明了这一点。

这一原则要求企业组织运行过程中的每一个流程团队都必须定期地对相应流程活动的承担方式不断重新审视和不断改进，以通过保证流程效率的不断提升而维持企业组织在市场竞争中的优势。

这一原则的具体要求主要有以下六个方面的内容。

（1）对跨单位和跨部门的综合型流程，至少三年要进行一次全面的分析改进和设计重构，以使流程能够随着技术变化、市场变化和人员素质提升而完善并优化。

（2）对于在单位和部门内部运行的子流程，只要所涉及的范围不是很广，则必须最长一年做一次全面的审视分析和改进。并要求流程团队的每个成员在平时的工作中都开动脑筋思考流程改进创新的方向、思路和措施，一旦思考成熟，就付诸实施，重构或再造已有的流程。

（3）对流程的定期分析改进必须作为一个具体的履职标准和责任落实到对应的主管岗位，以使之有具体责任人为运行流程的完善和优化负责，这一工作的责任可主要界定给具体活动的承担团队和成员；同时也要鼓励流程团队之外的成员根据流程结构的衔接接口改进要求，提出创新建议。

（4）任何一个与之相关的新技术出现后必须在3个月内做出反应，确定是否对对应的子流程进行调整和改进，以尽快地把技术进步变成企业的现实生产力。

（5）在企业内部必须直接把运行流程的创新改造作为管理创新的一项主要内容，放到与重大技术创新同等的地位对待，以让更多的高中层管理人员重视并为之付出努力。

（6）成规模的企业要定期对管理人员的流程创新知识和技能进行培训，使之在具备相应能力的情况下保证运行流程能年新岁异。

七、重点突出原则的要求

企业组织运行就是一个综合性的大流程，在这个大流程中包含很多子流程，它们对企业组织运行这一综合性大流程目标的达成的影响是不一样的。一些子流程相对于企业发展价值的增值作用更直接并更大，而另一些可能影响却要细微得多。因此必须运用帕累托定律在对运行流程进行分类分析的基础上，把流程管理的重点放到对企业发展价值增值影响最大和最直接的子流程上。

重点突出原则也就是让企业组织上下都紧紧盯住对企业发展价值增值影响最大的 20% 的子流程并分析改进，保证投入，进而保证通过完成 20% 的子流程来获得 80% 的效益。

任何一个企业所拥有的资源，尤其是人力资源总是有限的。要保证企业经营资源的利用效果和投入效益，也就必须遵照重点突出原则的要求，以使企业经营资源可以投放到能为企业发展价值带来最大增值的子流程上去。

这一原则的具体要求主要有以下四个方面。

（1）必须把企业组织运行作为一个综合性的大流程进行系统分析，以明确各个子流程对企业发展价值增值的关系和性质，以便于准确地把握对企业发展价值增值影响最大的 20% 的子流程。

（2）对各个子流程相对于企业发展价值增值的影响程度进行分级，使企业各级管理人员能够一目了然地把握企业发展价值的重要子流程和自己的工作重点。

（3）对企业经营资源，主要是资本资源和人力资源，必须定期地进行清理核算，以在明确所能调用的总量之后保证对重点流程投入的资源所需。

（4）至少保证把50%的企业经营资源用于对企业发展价值增值影响最直接和最大的20%的子流程上去。

图2-4　重点流程必须重点分析

八、工具规范原则的要求

运行流程管理不是一种随心所欲的强权管理，而是借助特定的技术方法实现的科学管理。并且管理的重点是为达成某种目标的过程——管理做好工作的过程，这就要求运行流程管理必须规范其技术方法和工具。

工具规范也就是在整个运行流程管理过程中必须事先确定在何种场合要运用何种工具以达成何种目标，不允许有任何随意性。

在运行流程管理中必须运用的工具主要有如下四类。

（1）流程图：它是对运行流程内部活动关系及其活动承担主体进行描绘界定，并通过直观的图示方法展示流程内部结构和联系的一种工具。利用这一工具可以方便地对流程活动进行直观的分析，以通过对流程活动过程简洁且直观的描绘达到规范流程团队成员行为方式的目的。

（2）价值关联分析模型：运行流程管理最重要的一个优点是其活动必须明确指向企业发展价值目标，因此要求运用价值关联分析模型通过价值关联分析确定活动与活动之间的关联关系、流程与流程之间的关联关系。

并根据这种关联的大小来分析、取舍和改进，最终达到优化投入，提高企业组织运行效率和效益的目的。

（3）目标功能树系统分析模型（参见第四篇）：这是对企业组织进行系统思考和分析的一种工具，也是对运行流程结构实施管理的一个有用工具。通过运用目标功能树系统分析模型可直接明确地界定企业组织运行综合性大流程内部各个子流程的层次结构和上下游流程之间的关系，以保证流程结构的合理和优化。

（4）流程跟踪表单：运行流程管理的效果最终得通过流程标准的确立和贯彻落实实现，如果没有流程跟踪表单推动流程运行，把流程运行过程行迹留下并留足，为问责提供支持，流程标准也就成为死文件，有什么样的跟踪表单与流程标准和问责制度对应会直接影响到流程管理的效果。

这一原则的具体要求主要有以下三个方面。

（1）运行流程管理中各项工作所应运用的工具和方法必须事先明确确定，以规范运行流程活动、结构和组织管理的三个层次的活动。

（2）对所要运用的工具和方法必须进行明确的描绘和限定，以使这种工具在形式上实现统一，以便于交流。

（3）必须有流程管理工具和方法创新的鼓励措施，这是推动运行流程管理水平提升的关键，因此必须通过鼓励运行流程管理工具和方法创新来提高企业流程管理水平。

第二章

流程结构管理的原则要求

流程结构管理即在企业组织运行中，对不同层次和性质的子流程之间以及低层子流程与高层流程之间并重新分析界定并调整衔接方式，以舒解瓶颈流程。

要保证流程结构管理目标的达成，让每一位员工都能正确做事，其实施必须遵循五个原则，即高位势流程优势化、流程目标明确单一、流程层次结构合理、流程之间衔接恰当和没有重复重叠流程。

一、流程结构管理的内容分析

从流程的角度分析，企业组织运行本身就是一个综合性大流程。如果不严格按照流程管理的基本要求运行，其效率和效益不佳就不可避免。企业组织运行综合性大流程内部的目标就是实现交易收益、基业稳固、投资回报和社会美誉四大价值的增值。而要达成这四大价值增值的目标，在企业组织运行综合性大流程内部又可以分解为多个层次和多个方面的子流程。作为实现企业发展四大价值目标所必须有的流程成果构成了企业组织运行综合性大流程下一个层次的子流程的目标。保证企业发展四大价值目标达成的特定流程成果的子流程，又需要保证这种流程成果获得的流程成果，这就构成再下一个层次的子流程……通过这种分析，就可以发现企业组织运行综合性大流程中所包含的子流程都是以特定的形式相互联系一起的，这种联系的形式也就构成了企业组织运行综合性大流程内部各个子流程之间相互联系的特有结构。

流程结构管理是在对企业组织运行综合性大流程的所有子流程相互之间关系的性质、衔接方式和衔接接口进行科学分析界定的基础上做出安排，吻合其相互连接并理顺其相互关系。或者说就是在企业组织运行综合性大流程中，对不同层次、不同性质的子流程之间，以及低层子流程与高层流程之间通过重新分析界定其相互关系的性质，调整彼此之间的衔接方式，吻合彼此之间的衔接接口，以防范和舒解企业组织运行中的瓶颈流程。在一个流程中总会有制约流程运行效率的瓶颈活动，在企业组织运行综合性大流程中也总是存在制约企业组织运行效率的流程梗塞。即由特定子流程与整个综合性大流程衔接不畅而导致的瓶颈，这就是瓶颈流程。分析探索瓶颈流程的转化办法措施，并最大限度地减少和消除瓶颈流程是流程结构管理的重要任务之一。

图2－5 责任的无极化原则

在不同层次的子流程之间，低层流程是由高层流程中的活动需求引起的，低层流程成果直接为高层流程的需求提供满足；在上下游流程之间，上游流程是由下游流程的活动需求引起的，其成果则直接为下游流程的需求提供满足，这种需求与需求满足之间就构成一种衔接接口。如果在衔接接口处应提供相关结果时不能提供，则发生瓶颈流程梗塞问题。比如物料供给不及时，使企业不能按订单时间要求向客户交货；员工绩效考核延误，使员工工资不能按时发放等，这些都是流程结构管理不到位所致。

按照这种流程之间的关系分析，上游流程是由下游流程的需求引起的，下层流程是由上层流程的需求引起的。企业组织运行综合性大流程就是由这样一级又一级的引起与被引起的关系构成的，但是流程作为一种做事方式一旦固化定型，又会形成一种刚性，而不能随着流程外部环境的变化，以及流程所运用技术及其流程活动承担主体素质的变化自动地优化。流程之间的关系就会因为这种刚性而使引起与被引起之间的关系发生扭曲，或者造成发展的不平衡，出现混乱。为此必须有人从外部给予强制性的协调，以适应变化的环境并舒缓存在的瓶颈梗塞。从而严格流程之间的引起与被引起的关系，这就是流程结构管理要达成的目的。

要保证达成流程结构管理的目标，让每一个岗位员工都只做正确的事，其实施必须遵循以下五个原则。

（1）高位势流程优势化。

（2）流程目标明确单一。

（3）流程层次结构合理。

（4）流程之间衔接恰当。

（5）没有重复重叠流程。

二、高位势流程优势化原则的要求

在企业组织运行综合性大流程内部的众多子流程中有的子流程居高临下，就像溃堤的洪水和峭壁上滚落的岩石一样，对企业发展价值目标的达成或损害起着所向披靡的冲击作用。所以运行流程管理必须保证这类流程的受控，以保证只服务于企业发展价值目标的达成，避免造成不必要的损害。

高位势流程是各个子流程在与企业发展四大价值目标的达成上，关系更接近的或者是影响更大的流程。尽管在企业组织运行综合性大流程内部众多的子流程中，所有流程都服务于企业发展四大价值目标的达成，但这些流程相距这四大价值目标达成的时序关系和作用大小存在很大的差别。正是这种差别，把企业组织运行综合性大流程中的子流程分为高位势流程和低位势流程。这也就是下游流程相对于上游流程，高层流程相对于低层流程的一种共有性质的关系。

高位势流程优势化原则强调要保证高位势流程对低位势流程的统帅作用，即在流程结构管理中必须无条件地让作为低位势流程的上游流程和下层流程服从于作为高位势流程的下游流程和上层流程的需求指令，绝对按照高位势流程的要求提供流程成果，不允许有任何折扣。

高位势流程优势化原则的具体要求主要有以下三个方面。

（1）严格从高位势流程运行的需要中推导低位势流程的目标要求，不允许所谓的因地制宜地放松要求，或任意提高要求，增加低位势流程的投入。

（2）直接由高位势流程效率对低位势流程的依赖程度决定低位势流程的资源投入，对于依赖程度低的低位势流程只能通过自身的调整和改造来提升流程效率，以保障高位势流程对它不断增加的效率和效果要求。

（3）行政权威及其指令只能服务于高位势流程优势化原则，不允许有任何超越不同子流程之间的特定高低位势流程的关系下达指令的行为发生。

图2－6　做正确的事是效益的前提

三、流程目标明确单一原则的要求

任何一个流程所形成的结果都是服务于高层流程效率的提升，或者直接是下游流程的起点和输入决定下游流程的效率和效果，所以高层流程和下游流程的效率和效果要求的具体内容也就构成了该流程的目标要求。

流程目标明确单一原则要求企业组织运行综合性大流程，必须把目标明确指向企业发展的四大价值增值和积累的目标，并保持相对稳定，不能发生摇摆，而且在企业内部不同层次上的子流程也都必须有明确的服务目标，此外相对于企业内部不同层次上的子流程的目标还必须唯一化，即直接服务于某一个高层流程和下游流程的效率和效果要求的满足。如果对什么样的价值目标的达成都有帮助，而且没有直接的关联关系，这样的流程往往就是目标指向不明确，必须优化调整的流程。在企业组织运行过程中。如果存在特定的单位、部门或岗位员工承担的流程或流程活动目标不单一和不明确的情况，就必然造成有功相互争夺和有过相互推诿的事情发生；同时在企业组织的单位和部门设置上，也要尽可能使其承担的流程项单一，以避免因为所承担的流程项不单一导致的单位和部门内部行为活动的协调发生困难而降低流程本来应该有的效率和效益。

流程目标明确单一原则的具体要求主要有以下三个方面。

（1）任何一个流程都必须明确界定其所服务的高位势流程的效率和效益的内容，不能仅仅界定其结果内容。从而一方面为低位势流程团队不断改进优化流程提供指导；另一方面又避免使低位势流程团队的工作仅仅为了流程成果，而忘记了其工作所服务的目标造成的企业组织整体运行效益降低的情况发生。

（2）必须严格分析并审查确定企业组织运行的每个子流程是否存在服务头绪多和目标不唯一的问题。如果存在，必须根据所服务的高位势流程效率和效益的要求对这种流程进行分解，使其目标唯一化。

（3）对于企业内部所设置的单位、部门和岗位员工所承担的流程项必须严格分析并审查，确定所承担的流程项彼此之间在时间和空间上是否都仅仅是互补关系，是否不存在冲突，以在保证一定子流程达标的同时完全不会对所承担的其他子流程达标形成不利影响。如果存在所承担的流程项彼此之间在承担上的冲突和不利影响，就必须对这些单位和部门进行分解。

四、流程层次结构合理的原则要求

企业组织运行作为一个综合性大流程，又可以说是一个流程集。在这个流程集中各个子流程分别位于不同的层次上，或者分为上游和下游流程，具有其特定的内在结构。这种内在结构的层次必须尽可能少，以避免因为子流程之间发生过长的串联关系而导致企业组织运行周期过长，增加流程运行无效和低效的风险。因为流程层次越多，就意味着前后相继的活动延续时间越长，这就使企业组织运行周期的长短直接决定于这种前后相继的活动延续时间的长度。并且在相互依存的串联子流程中，任何一个子流程的运行发生延误都会因为导致下层后继流程的中断和等待而成倍地放大这种延误对企业组织运行效率和效果的影响。

要保证流程结构的层次合理，必须对以下两个方面的问题进行全面且明确的分析界定。

（1）哪些子流程相对于哪些子流程是上层流程？哪些子流程相对于哪些子流程是下层流程？能否进行减少流程层次的设计、重构和优化？

（2）哪些子流程相对于哪些子流程是上游流程？哪些子流程相对于哪些子流程是下游流程？能否缩短流程相继连接的总长度？

做分析界定了这两个问题，也就分析界定了企业组织运行综合性大流程内部层次结构。这种层次结构是否合理，会直接因为周期长短和风险程度的不同而影响企业组织运行的效率和效益。

流程层次结构合理原则的具体要求主要有以下三个方面。

（1）任何一个子流程都必须有相对层次关系的界定，并通过这种层次关系的界定明确各个子流程的层次地位。

（2）凡是能界定为并列流程关系的就必须避免界定为上下层流程关系，以减少流程层次，提高企业组织整体运行的效率。

（3）凡是能界定为并行流程关系的，就必须避免界定为上下游流程关系，以减少流程串联的长度，从而缩短企业组织运行的周期时间。

五、流程之间衔接恰当的原则要求

在一个主导流程之下，往往总是可以分为多个层次的支持性流程，一个支持性流程也就是一个下层流程。每个层次的支持性流程既是一项相对独立的工作，又是在一项更大工作之下的一项支持性工作。一项大的工作完成是建立在各项支持性工作都在恰当的时候、恰当的地点，以及以恰当的方式、要求的质量和数量完成为前提的。这恰当的时候、恰当的地点、恰当的方式，以及要求的质量和数量也就是流程之间衔接接口的内容和要求，要求每项支持性工作所构成的子流程，包括下层流程和上游流程，都必须在设计、重构和优化上进行严密的规划，以保证相互之间的协调和衔接。

流程之间衔接恰当也就是不同子流程的衔接必须保证下层支持性流程能在恰当的时候、恰当的地点，并且以恰当的方式、要求的质量和数量提供上层流程所需要的流程成果，不能发生任何失误。

流程之间衔接恰当原则的具体要求可主要概括为以下两个方面。

（1）事先必须对不同子流程之间的衔接接口进行完整的界定，包括内容、数量、质量、时间和地点一个也不能遗漏，在方式上有特别要求的还必须对方式也做出界定。

（2）衔接接口所界定的五个方面的内容只能根据上层流程达成其价值目标的效率要求确定，不能降低，也不能毫无意义地抬高。

六、没有重复重叠流程的原则要求

重复流程就是多个流程都有完全相同的流程目标，流程目标完全相同的流程构成了重复流程；重叠流程就是多个流程目标相近且流程活动部分相同。

重复重叠流程情况的发生一般与企业组织架构设计没有突破条块分割局面有关。开始是企业发展之后形成一项很紧迫的任务，因为时间关系交由多个单位和部门协作，共同承担完成。而当时间约束放松之后，所参与承担这一项共同职责的单位和部门各自都从不同的方面单独承担了这一职责。并且其承担职责的方式和方法又存在一定的差别，从而使仅仅从做事方式的角度分析问题的人把它们理所当然地分别当成了不同的工作。久而久之，各单位和部门所承担的工作都沿袭下来，并在运行流程管理时又错误地作为一项具有相对独立性的流程保留下来，这样重复重叠流程也就发生了。

一般而言，如果运行流程管理不囿于现有组织架构而进行变革式实施，由对企业组织运行的系统分析开始，在确定系统模块后对企业组织进行架构。然后在新架构的企业组织结构的基础上进行流程化管理，这种重复重叠流程就可由这种系统模块的梳理分析而避免；否则必须通过辨识和清理来提升企业组织运行的效率和效益。

要求没有重复重叠流程，也就是要消除重复重叠流程，这是通过运行流程管理提升管理效益的一个重要途径，因此没有重复重叠流程原则就直接构成运行流程管理结构优化的一个重要内容。

没有重复重叠流程原则的具体要求可主要概括为以下两个方面。

（1）必须通过对不同流程的服务目标进行逐一对应比较，以在分析确定服务目标相同和相近的流程之后，找出重复和重叠流程，服务目标相同的流程可能是重复流程，服务目标相近的流程可能是重叠流程。

（2）对于所分析界定的重复流程，必须无条件地删除；对于所分析界定的重叠流程，必须通过调整、归并和整合，无条件地消除重叠部分。

第三章

流程结构管理的标准要求

流程结构管理的内容可以概括为两个方面，一是流程相互关系管理，即在企业组织运行综合性大流程中梳理界定不同子流程之间的关系，以使子流程相互之间都直接将其目标指向企业发展四大价值目标的达成；二是流程衔接接口管理。即在不同子流程之间存在的关联衔接的地方确定衔接的标准要求。以保证流程之间的衔接严密贴切，在正好需要提供相关流程成果时提供流程成果。

一、流程关系界定管理的标准要求

在企业组织运行综合性大流程中，不同子流程之间的关系存在四种完全不同的性质，并且这些性质都具有客观性。要保证企业组织运行综合性大流程的效率和效益，就必须准确把握和界定不同子流程之间关系的性质。

不同子流程之间关系的四种性质如下。

（1）上下层关系：即这就是上层流程与下层流程的关系，上层流程直接对下层流程提出要求和指令，要求下层流程根据上层流程目标达成的效率要求提供相应的流程成果。上层流程对下层流程直接是一种下达指令与服从指令的关系；下层流程根据上层流程的指令来组织活动的实施并按照上层流程的指令提供流程成果，上层流程相对于下层流程属于高位势流程。

图2－7 只能让下层流程和下游流程按照接口的五个方面来对接

（2）串联关系：即上游流程与下游流程之间的关系，它们实际上可以看成是一个长过程流程分解成的多个相对独立的流程段。上游流程成果输出终点直接成为下游流程的输入起点；下游流程留出衔接接口，由上游流程来对接。在这种流程关系中，下游流程属于高位势流程。

（3）并列关系：即不同子流程之间并不存在成果的输出与输入的衔接关系，而是将各自的成果都输送给一个共同的上层流程，以保证上层流程的顺利进行。它们彼此之间并不存在直接的相互影响，但最终会通过上层流程能否顺利地达成目标而形成一定的联系。在并列关系的流程中，如果某一个流程所提供的成果不能满足上层流程的要求，也会导致上层流程的中断，进而导致其他并列的流程的运行中断。虽然并列关系的流程之间不存在任何对接关系，但通过与上层流程对接而发生了相互联系。从这一角度来看，并列关系的流程相互之间实际上存在一种间接地相互制衡的关系。

（4）独立关系：即不同子流程之间不存在任何直接的联系，相互之间也没有对接的问题。一个流程的运行或中断并不会对另一个流程的运行或中断带来任何形式的影响，但会在一个相隔多层的上层流程中产生一定的联系。即这种独立关系的流程可能是在多级并列关系的流程上存在关联关系，是通过上一层次的流程之间的并列关系而使其彼此之间形成的一种间接并列关系。如果是一种绝对的独立关系，即在任何情况下彼此之间都不会有任何联系，那么这两个流程之中就必然有一个流程是完全多余的，是与企业组织运行综合性大流程的目标要求达成没有任何关系的流程。

流程关系分析界定管理也就是通过对企业组织运行综合性大流程内部所有的子流程之间的相互关系进行分析界定明确不同子流程关系的性质，并保证衔接的吻合，这是优化流程结构必须完成的一项重要工作。

完成了对流程关系的分析界定，也就可以直接根据目标功能树系统分析模型勾勒绘制出流程的树状结构图，并且在企业组织运行综合性大流程中要保证任何一个子流程的位置都是唯一的；否则该大流程的内部结构就没有理顺，在关系的界定上也就还存在一定的混乱。

流程关系分析界定管理的具体要求可概括为以下四个方面。

（1）在企业组织运行综合性大流程内部对任何一对子流程之间的关系都必须有明确的关系界定，说明二者之间的关系，以避免因为存在糊涂账而导致的设计界定不当。

（2）对任何一个子流程，都必须明确界定其对应的上层流程，没有对应上层流程的子流程一定是多余的流程，是必须清除的。没有对应的上层流程，就意味着这个子流程的目标要求与企业发展四大价值增值和积累目标的达成没有任何关系。

（3）必须借助于目标功能树分析模型把各子流程之间的关系明确地描绘出来，以为流程团队成员识别流程关系提供直观的信息。流程结构管理必须最终通过流程团队成员的努力来提升流程活动的效率和效益，进而最终达到提升企业组织运行的效率和效益的目的。

（4）不同子流程之间关系的性质与企业组织运行的内外部环境实际有关。要保证企业组织运行效率和效益的最大化，在企业组织运行的内外部环境实际一定的情况下，企业管理人员，甚至最高领导人都没有太多的选择自由。所以不能人为地随意更改不同子流程之间关系的性质，以免造成企业组织运行综合性大流程运行的混乱。

二、流程衔接接口管理的标准要求

流程衔接接口管理主要存在于上下层流程和上下游流程之间，是上层流程对下层流程和下游流程对上游流程从流程成果的性质或型号、数量的限定、质量的判断、交接的时间和活动的地点提出的要求，让下层流程和下游流程按照这一系列的要求进行对应衔接，以保证按照上层流程和下游流程的指令在刚好的时间和地点提供所要求的质量和数量的流程成果。

衔接接口的五个方面的内容——内容、数量、质量、时间和地点都有具体的量和质的规定性，只有保证这五个方面在规定性上的完全吻合，才能保证流程运行的流畅和效率；否则就会造成流程运行的中断。

流程衔接接口管理的目的是避免高位势流程的延误和中断，以保证企业组织运行综合性大流程的效率和效益。其途径有如下两条。

（1）必须对不同子流程运行时间通过统计分析进行预测，以便根据上层流程或下游流程的需要对下层流程或上游流程的运行进行规划和设计，以保证刚好在高位势流程需要其成果时提供其成果。

（2）对低位势流程通过运用新思路、新工艺、新技术和高素质活动承担主体的引进，对所提供的流程成果在数量、质量、时间和地点上不能够全面满足的高位势流程要求的下层流程或上游流程的关键活动和瓶颈活动进行分解，以提升和保证高位势流程的效率和效益。

流程衔接接口管理的具体要求可主要概括为以下三个方面。

（1）必须对两种性质的高位势流程的对接子流程成果的要求具体明确地做出界定，以便准确地确定其衔接接口标准。

（2）对于流程之间的衔接接口，必须就衔接接口所对应内容、数量、质量、时间和地点等五个方面做出具体明确限定。并对下层流程能否满足衔接接口标准的五项内容进行分析论证，以确保上层流程运行效率要求万无一失地达成。

（3）在一个企业组织运行过程中流程之间的衔接，以及上下层流程和上下游流程接口的界定既要充分考虑客户价值满足的需要，又要充分考虑下层流程和上游流程的实际，只能从实际出发并在相互协调的基础上确定。

三、流程结构管理必须注意的问题

(1) 流程不同位势之间的关系并不是企业内部上下级组织层次之间的关系，但承担上游流程活动和下层流程活动的单位、部门和岗位必须绝对服从上层流程活动承担主体和下游流程活动承担主体的相应指令。这种指令不是一种权力地位的转换，而是流程管理技术方法本身的要求。

(2) 在整个流程运行过程中只有流程关系之间的高位势与低位势的关系，不存在上下级组织层次之间的关系。因此要求即使是在企业组织中处于较高地位和握有较大权力的单位、部门或岗位也必须打破官本位制的等级意识，服从于企业发展价值增值目标的达成要求，并按照不同子流程之间的关系进行优化。

(3) 不能把企业组织运行的流程结构与企业的组织架构等同起来。在很多情况下，要求能够在一个单位或部门完成的运行流程就集中由一个单位或者一个部门完成，但这并不等于要把整个流程的活动责任都分配到一个单位或部门。有些流程本身就需要跨单位或跨部门承担，如属于制衡和审核性质的活动就只能交由不同的单位或部门承担。

(4) 流程与流程的联系不同于组织部门之间的联系。流程结构管理所寻求的是通畅和效率，而组织的单位和部门往往会把这种通畅而具有效率的流程分割成不连续的工作。所以在此强调的是单位和部门服从于流程运行的要求，是作为承担流程活动的流程团队存在的。

(5) 流程和流程活动并没有明确的分界线，一个小的流程实际上也可以看做一个大的流程活动，把一个大的流程活动分解成多个步骤的活动也就变成了一个流程，因此在流程结构管理中不能把二者的界线固定化。

四、运行流程的系统归类及结构标准

运行流程与企业组织系统存在完全对应的关系，并且每一个子系统都对应于相应的客户价值的满足和企业发展价值的增值。如果我们从每个子系统的功能作用来分析界定其子流程，那么运行流程的结构也就完整地勾绘制出来了。

一般而言，一个成规模的企业大都包含由102个系统模块构成的三级子流程。因为企业的行业和经营方式不同，所以可能有自己特有的一些子流程；同时在这102个三级子流程中，有些子流程又可能不需要。我们在此也不可能提供一个放之四海而皆准的完整的企业流程结构标准，而仅仅是为流程结构管理提供一个框架性思路。

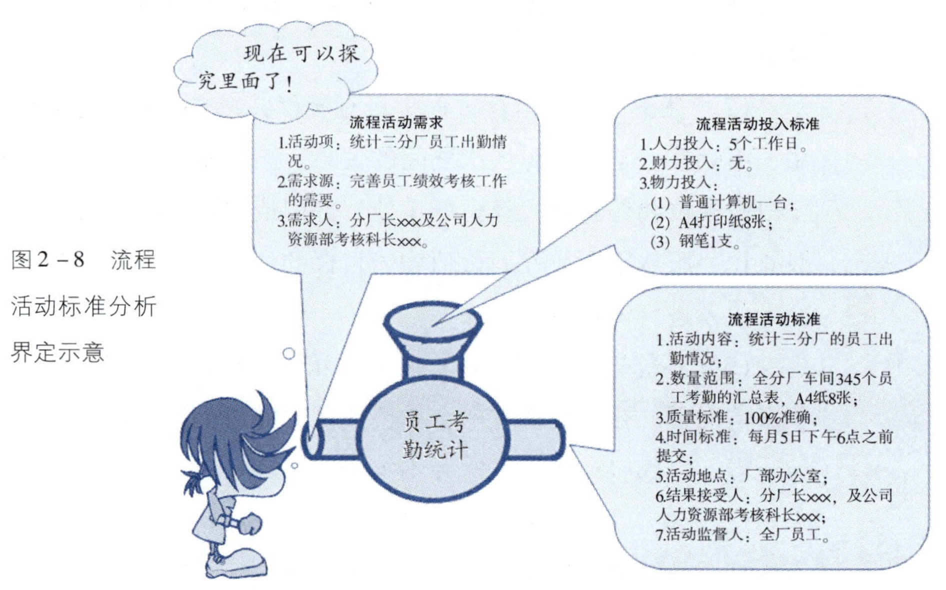

图2－8 流程活动标准分析界定示意

三级子流程是把企业组织的四流系统命名为一级流程，对应由一级流展开的24个子系统命名二级流程，那么对应于由24个二级子系统展开的102个系统模块也就是三级流程。一般在三级流程之下可细化为四级流程，但之后也就主要是岗位工作流程了。四级以上的则主要是管理流程，当然这是就成规模的企业而言的。

为简化叙述，我们直接把四级流程的结构以运行流程与企业功能作用系统的对应关系表的形式界定出来（如表2－1～表2－4所示），通过这些表可以全面把握企业组织运行的流程结构。

表 2-1 信息决策系统 25 个系统模块的流程结构

二级系统	系统模块名称（三级流程）	四级流程名称	备注
信息收集管理系统	1. 内部经营信息收集管理流程	1. 内部经营信息收集传递管理流程	
		2. 内部经营信息整理管理流程	
		3. 内部经营信息保密管理流程	
		4. 内部经营信息查阅授权管理流程	
	2. 外部市场信息收集管理流程	5. 外部市场信息收集传递管理流程	
		6. 外部市场信息查阅授权管理流程	
		7. 重要市场信息核实管理流程	
	3. 宏观政策信息收集管理流程	8. 宏观政策信息收集传递管理流程	
		9. 宏观政策信息宣传贯彻管理流程	
	4. 产品技术信息收集管理流程	10. 产品技术信息收集管理流程	
		11. 产品技术信息保密管理流程	
		12. 产品技术信息传递管理流程	
	5. 工艺技术信息收集管理流程	13. 工艺技术信息收集管理流程	
		14. 工艺技术信息保密管理流程	
		15. 工艺技术信息传递管理流程	
	6. 技术引进管理流程	16. 技术引进项目选择分析管理流程	
		17. 技术引进项目交接管理流程	
		18. 技术引进项目效果跟踪管理流程	
信息运用管理系统	7. 战略规划设计拟订管理流程		可以没有四级流程
	8. 年度目标计划拟订管理流程	19. 年度目标量化纲要讨论确定管理流程	
		20. 年度目标计划汇总确定管理流程	
	9. 项目实施方案拟订管理流程	21. 具体项目责任分解管理流程	
		22. 具体项目实施方案讨论论证管理流程	
	10. 产品技术研究管理流程	23. 产品技术研究课题确定管理流程	
		24. 产品技术研究市场对接管理流程	
		25. 产品技术研究进度控制管理流程	
	11. 工艺技术研究管理流程	26. 工艺技术选择论证管理流程	
		27. 工艺技术研究进度控制管理流程	

续表

二级系统	系统模块名称（三级流程）	四级流程名称	备注
信息生成管理系统	12. 经营方针选择确定管理流程		可以没有四级流程
	13. 战略措施选择确定管理流程		可以没有四级流程
	14. 人事问题决策制定管理流程	28. 机构和岗位设置与调整管理流程	
		29. 特殊人才引进审批管理流程	
		30. 人事管理制度颁布生效管理流程	
	15. 技术路线选择确定管理流程		可以没有四级流程
信息传递管理系统	16. 责任分解管理流程	31. 决策贯彻事务工作清理管理流程	
		32. 决策贯彻责任人选择确定管理流程	
		33. 决策贯彻责任约定管理流程	
	17. 沟通鼓动管理流程	34. 决策贯彻作用意义沟通管理流程	
		35. 重大决策誓师大会组织管理流程	
	18. 技术研究成果发布管理流程	36. 技术研究成果验收管理流程	
		37. 技术研究成果归档管理流程	
		38. 专利申报管理流程	
信息反馈管理系统	19. 跟踪控制管理流程	39. 决策贯彻情况汇总统计管理流程	
		40. 决策贯彻困难问题分析解决管理流程	
		41. 现场办公会组织管理流程	
		42. 工作总结汇报会组织管理流程	
	20. 监察纠偏管理流程	43. 决策偏差纠正管理流程	
		44. 重大偏差查处管理流程	
		45. 违规违纪处理管理流程	
	21. 技术研究成果运用反馈管理流程		可以没有四级流程

续表

二级系统	系统模块名称（三级流程）	四级流程名称	备注
信息固化管理系统	22. 价值观念归纳整理管理流程	46. 企业文化目标模式选择管理流程	
		47. 企业发展价值观念收集与梳理管理流程	
		48. 企业共同价值观念体系宣贯管理流程	
	23. 理论体系建设完善管理流程		可以没有四级流程
	24. 企业文化实体层构建管理流程	49. 规章制度清理管理流程	
		50. 作业运行流程管理流程	
		51. 伦理道德宣贯管理流程	
		52. 风俗习惯清理和倡导管理流程	
		53. 企业党团活动管理流程	
	25. 企业文化表象层构建管理流程	54. 企业标牌设计确定管理流程	
		55. 企业工装设计确定管理流程	
		56. 企业环境形象设计确定管理流程	
		57. 企业文化艺术作品创作管理流程	
		58. 企业文化栏（廊）管理流程	

表 2-2 人流组织系统 20 个系统模块的流程结构

二级系统	三级流程名称	四级流程名称	备注
能力素质管理系统	1. 招聘任用管理流程	59. 用人需求申请核定管理流程	
		60. 招聘计划编制管理流程	
		61. 招聘面试管理流程	
		62. 未聘人员档案跟踪管理流程	
		63. 新员工入职管理流程	
		64. 用人单位迎新管理流程	
		65. 试用员工转正管理流程	
		66. 内部员工转岗管理流程	
		67. 劳动合同签订管理流程	
		68. 劳动关系解除管理流程	
		69. 离职员工交接管理流程	

续表

二级系统	三级流程名称	四级流程名称	备注
意志意愿管理系统	2. 培训开发管理流程	70. 年度培训计划制订管理流程	
		71. 岗前培训管理流程	
		72. 在岗培训管理流程	
		73. 离岗培训管理流程	
		74. 企业文化培训管理流程	
		75. 储备干部培训管理流程	
		76. 企业内训组织管理流程	
		77. 外聘培训师选择管理流程	
		78. 培训预算审批管理流程	
		79. 培训效果跟踪管理流程	
	3. 员工发展管理流程	80. 员工职业生涯规划设计管理流程	
		81. 员工内部创业管理流程	
		82. 员工岗位轮换管理流程	
		83. 主管轮值管理流程	
		84. 员工简历更新管理流程	
	4. 愿景设计管理流程	85. 组织整体愿景设计管理流程	
		86. 岗位个人愿景设计管理流程	
	5. 授权支持管理流程	87. 岗位授权管理流程	
		88. 授权变更管理流程	
		89. 临时授权控制管理流程	
	6. 绩效考核管理流程	90. 关键岗位员工履职日记跟踪管理流程	
		91. 岗位流程工作台账填写管理流程	
		92. 员工考勤统计管理流程	
		93. 绩效考核复议管理流程	
		94. 绩效考核沟通面谈管理流程	
		95. 绩效考核得分统计管理流程	
	7. 薪酬福利管理流程	96. 薪酬方案设计确定管理流程	
		97. 薪资核算管理流程	
		98. 薪资发放管理流程	
		99. 薪酬异议解决管理流程	
		100. 薪资调整管理流程	

续表

二级系统	三级流程名称	四级流程名称	备注
	8. 晋级任用管理流程	101. 空缺岗位公示管理流程	
		102. 晋级竞岗管理流程	
		103. 晋级履职设计演讲管理流程	
		104. 晋级任用试岗管理流程	
	9. 决策参与管理流程	105. 决策参与人确定管理流程	
		106. 员工合理化建议管理流程	
情感情绪管理系统	10. 情感融入管理流程	107. “三不”行为梳理公示管理流程	
		108. “三不”行为查处管理流程	
	11. 情绪疏导管理流程	109. 非正式组织活动支持管理流程	
		110. 休闲集会组织管理流程	
行为协调管理系统	12. 计划协调管理流程	111. 甘特图确定管理流程	
		112. 计划偏差纠正管理流程	
		113. 计划修改调整管理流程	
	13. 奖惩控制管理流程	114. 决策贯彻效果统计分析管理流程	
		115. 奖赏鼓励管理流程	
		116. 惩罚纠偏管理流程	
关系融合管理系统	14. 劳资关系融洽管理流程	117. 劳资对话会组织管理流程	
		118. 劳资关系误解沟通管理流程	
		119. 劳资纠纷协调管理流程	
	15. 内部法律关系管理流程		可以没有四级流程
	16. 工作质量提升管理流程	120. 员工兴趣引导管理流程	
		121. 员工相互关系优化管理流程	
保障服务管理系统	17. 人身安全保障管理流程	122. 安全隐患排查管理流程	
		123. 安全问题整改跟踪管理流程	
		124. 安全事故报告处理管理流程	
		125. 安全事故责任追究管理流程	
		126. 安全培训管理流程	

续表

二级系统	三级流程名称	四级流程名称	备注
	18. 生活保障服务管理流程	127. 生活保障标准制定管理流程	
		128. 生活保障标准落实管理流程	
		129. 员工宿舍入住管理流程	
		130. 员工食堂就餐管理流程	
		131. 员工食堂卫生监督管理流程	
	19. 工作保障服务管理流程	132. 工作保障标准制定管理流程	
		133. 工作保障标准落实管理流程	
		134. 交通、通信工具配置管理流程	
	20. 行政事务服务管理流程	135. 企业发文处理管理流程	
		136. 外部收文处理管理流程	
		137. 重大会议组织管理流程	
		138. 例会组织管理流程	
		139. 文件归档管理流程	
		140. 用印审批管理流程	
		141. 来宾接待管理流程	
		142. 用车申请审批管理流程	
		143. 秘书工作管理流程	

表 2-3 物流营销系统 33 个系统模块的流程结构

二级系统	系统模块名称（三级流程名称）	四级流程名称	任务选择
市场开发管理系统	1. 产品设计开发管理流程	144. 客户需求信息收集管理流程	
		145. 新产品投产技术交接管理流程	
		146. 新产品工艺标准确定管理流程	
		147. 新产品设计管理流程	
		148. 新产品评审管理流程	
		149. 样品制作管理流程	
		150. 新产品初试管理流程	
		151. 新产品中试管理流程	
	2. 渠道开发规划管理流程	152. 商圈分析图绘制管理流程	可以没有四级流程

续表

二级系统	系统模块名称（三级流程名称）	四级流程名称	任务选择
	3. 渠道开发实施管理流程	153. 渠道开发规划方案审批管理流程	
		154. 市场开发分支机构设置管理流程	
		155. 市场开发计划审批管理流程	
		156. 自营店开店管理流程	
		157. 加盟商选择确认管理流程	
		158. 加盟店开店管理流程	
		159. 客户沟通联络标准确定管理流程	
		160. 外驻机构用房租赁管理流程	
		161. 终端形象标准确定管理流程	
		162. 市场督导培训管理流程	
		163. 渠道建设费用审批管理流程	
		164. 渠道广告实施管理流程	
	4. 渠道开发跟踪管理流程	165. 总企业渠道巡视管理流程	
		166. 分企业渠道巡视管理流程	
		167. 渠道考核管理流程	
		168. 渠道奖惩管理流程	
	5. 价格拉动开发管理流程	169. 产品价格战略制定管理流程	
		170. 产品定价信息收集管理流程	
		171. 产品成本核算管理流程	
		172. 产品出厂定价管理流程	
		173. 区域市场差别价格管理流程	
		174. 产品终端定价管理流程	
		175. 换季产品定价管理流程	
		176. 缺陷产品定价管理流程	
		177. 特殊产品定价管理流程	
		178. 促销产品价格管理流程	
		179. 产品变价管理流程	
		180. 积压产品处理管理流程	

续表

二级系统	系统模块名称（三级流程名称）	四级流程名称	任务选择
	6. 广告推动开发管理流程	181. 广告策略设计确定管理流程	
		182. 广告组合设计确定管理流程	
		183. 广告载体选择管理流程	
		184. 广告创意征集管理流程	
		185. 广告预算管理流程	
		186. 广告制作和审批管理流程	
		187. 电视广告实施跟踪管理流程	
		188. 报刊广告实施跟踪管理流程	
		189. 网络广告实施跟踪管理流程	
		190. 流动广告实施跟踪管理流程	
		191. DM 海报实施跟踪管理流程	
		192. 公益广告审批管理流程	
		193. 广告效果评估管理流程	
		194. 广告费用结算管理流程	
品牌建设管理系统	7. 品牌整合管理流程	195. 品牌战略规划管理流程	
		196. 品牌定位管理流程	
		197. 品牌建设实施计划审批管理流程	
		198. 品牌建设培训组织管理流程	
		199. 品牌代言人选择确认管理流程	
		200. 品牌价值维护管理流程	
		201. 品牌侵权应对管理流程	
		202. 品牌建设效果评估管理流程	
		203. 品牌建设奖惩管理流程	
		204. 品牌延伸方案论证管理流程	
		205. 质量方针确定管理流程	
		206. 质量标准确定管理流程	
		207. 新材料质量控制管理流程	
		208. 新工艺质量控制管理流程	
		209. 原材料质量控制管理流程	
		210. 辅料质量控制管理流程	
		211. 外观检验管理流程	

续表

二级系统	系统模块名称（三级流程名称）	四级流程名称	任务选择
	8. 产品质量管理流程	212. 理化检验管理流程	
		213. 首件三检控制管理流程	
		214. 专检巡检管理流程	
		215. 上下工序交检管理流程	
		216. 总装全检管理流程	
		217. 包装质量控制管理流程	
		218. 出厂检验管理流程	
		219. 质量奖项申报管理流程	
		220. 质量问题统计分析管理流程	
		221. 质量成本统计分析管理流程	
		222. 质量事故分析解决管理流程	
		223. 质量事故责任追究管理流程	
		224. 问题产品处理管理流程	
	9. 公共关系管理流程	225. 公关计划制订管理流程	
		226. 公关项目实施管理流程	
		227. 公关效果跟踪管理流程	
		228. 公关宣传管理流程	
		229. 新闻发布会管理流程	
		230. 公众答疑管理流程	
		231. 危机公关管理流程	
	10. 物质环境管理流程	232. 物质环境标准确定管理流程	
		233. 物质环境达标检查监督管理流程	
		234. 物质环境整改跟踪管理流程	
	11. 社会环境管理流程	235. 社区联谊会组织管理流程	
		236. 活动赞助申请审批管理流程	
		237. 协会活动参与管理流程	
		238. 政府部门定向联系管理流程	
		239. 商务合作伙伴合作意见反馈管理流程	
		240. 关联单位关系维护管理流程	

续表

二级系统	系统模块名称（三级流程名称）	四级流程名称	任务选择
客户关系管理系统	12. 目标客户定位管理流程	241. 目标客户信息收集管理流程	
		242. 目标客户选择确定管理流程	
		243. 目标客户档案分类管理流程	
	13. 目标客户沟通管理流程	244. 重点客户沟通标准确定管理流程	
		245. 重点客户沟通标准贯彻跟踪管理流程	
		246. 一般客户沟通标准确定管理流程	
		247. 一般客户沟通标准贯彻跟踪管理流程	
		248. 客户代表联谊会组织管理流程	
	14. 客户投诉管理流程	249. 投诉信息收集处理管理流程	
		250. 电话投诉处理管理流程	
		251. 投诉接待处理管理流程	
		252. 一般投诉处理管理流程	
		253. 重大投诉处理管理流程	
		254. 投诉处理效果跟踪管理流程	
		255. 投诉责任分析处理管理流程	
		256. 投诉产品处理管理流程	
		257. 服务投诉处理管理流程	
	15. 危机化解管理流程	258. 危机意识培训管理流程	
		259. 危机隐患排查管理流程	
		260. 危机事件应对处理管理流程	
		261. 媒体沟通管理流程	
		262. 危机事件责任分析管理流程	
		263. 危机事件处理总结管理流程	
物料购配管理系统	16. 采购谈判管理流程	264. 物料需求确认管理流程	
		265. 物料货源信息收集管理流程	
		266. 供货商筛选管理流程	
		267. 大宗材料采购招标管理流程	
		268. 供货商梯队建设管理流程	
		269. 采购协议草签管理流程	

续表

二级系统	系统模块名称（三级流程名称）	四级流程名称	任务选择
	17. 采购履约管理流程	270. 采购协议审批管理流程	
		271. 采购计划确认管理流程	
		272. 现金采购控制管理流程	
		273. 采购物料验收管理流程	
		274. 供货商评估管理流程	
		275. 供货商违约处理管理流程	
	18. 仓储运输管理流程	276. 物料装卸运输管理流程	
		277. 物料库存管理流程	
		278. 物料配送计划编制管理流程	
		279. 物料配送交接管理流程	
		280. 物料储运损坏和丢失责任追究管理流程	
	19. 设备配给管理流程	281. 设备需求核定管理流程	
		282. 设备供货交接管理流程	
		283. 设备大修计划协调管理流程	
		284. 设备档案管理流程	
		285. 设备配送失误责任追究管理流程	
	20. 材料配送管理流程	286. 材料需求计划编制管理流程	
		287. 材料配送交接管理流程	
		288. 材料报损处理管理流程	
		289. 不合格材料退货管理流程	
		290. 积压材料处理管理流程	
		291. 材料配送失误责任追究管理流程	
	21. 低质易耗品配送管理流程	292. 低质易耗品需求核定管理流程	
		293. 低质易耗品采购管理流程	
		294. 低质易耗品发放管理流程	
		295. 循环使用低质易耗品使用保管责任落实管理流程	
		296. 循环使用低质易耗品以旧换新管理流程	
		297. 循环使用低质易耗品维护管理流程	

续表

二级系统	系统模块名称（三级流程名称）	四级流程名称	任务选择
现场作业管理系统	22. 作业组织管理流程	298. 作业计划制订管理流程	
		299. 作业进度跟踪控制管理流程	
		300. 现场作业调度管理流程	
		301. 生产调度会议组织管理流程	
		302. 生产插单管理流程	
		303. 班会组织管理流程	
		304. 作业效果统计分析管理流程	
		305. 现场作业质量事故处理管理流程	
		306. 现场作业信息反馈管理流程	
	23. 现场设备管理流程	307. 设备运行效果控制管理流程	
		308. 现场设备责任人确定管理流程	
		309. 设备日常维修计划编制管理流程	
		310. 班前设备检查管理流程	
		311. 班后设备检查管理流程	
		312. 设备报废管理流程	
	24. 备件备料管理流程	313. 物料供给效率分析确定管理流程	
		314. 现场备件备料标准确定管理流程	
		315. 现场备件备料安全存放管理流程	
		316. 现场备件备料使用管理流程	
		317. 备件备料损耗责任分析管理流程	
		318. 备件备料退库管理流程	
	25. 工艺管理流程	319. 工艺标准落实管理流程	
		320. 工艺改进审批管理流程	
		321. 工艺革新奖励管理流程	
		322. 工艺责任追溯管理流程	
	26. 人机关系管理流程	323. 生产线和作业设备定位管理流程	
		324. 生产线和作业设备舒适度测试管理流程	
		325. 设备操作安全控制管理流程	
		326. 工效统计分析管理流程	

续表

二级系统	系统模块名称（三级流程名称）	四级流程名称	任务选择
	27. 现场环境管理流程	327. 现场环境标准确定管理流程	
		328. 现场环境标准落实管理流程	
		329. 现场环境达标监督管理流程	
		330. 现场环境整改管理流程	
		331. 现场环境美化管理流程	
产品销售管理系统	28. 促销吸单管理流程	332. 广告促销管理流程	
		333. 电话促销管理流程	
		334. 现场促销管理流程	
		335. 会议促销管理流程	
		336. 组合促销管理流程	
		337. 促销预算管理流程	
	29. 订单获取管理流程	338. 客户订单沟通确认管理流程	
		339. 特殊订单会签管理流程	
	30. 订单跟踪管理流程	340. 订单跟踪责任人确定管理流程	
		341. 订单生产跟踪管理流程	
		342. 订单交验管理流程	
		343. 货款催付管理流程	
	31. 产品配送管理流程	344. 物流信息收集管理流程	
		345. 三方物流选择确定管理流程	
		346. 产品配送计划确定管理流程	
		347. 产品配送跟踪控制管理流程	
	32. 销售服务管理流程	348. 产品陈列管理流程	
		349. 产品介绍管理流程	
		350. 现场销售服务管理流程	
		351. 销售送货管理流程	
		352. 产品使用效果跟踪管理流程	
		353. 产品保修管理流程	
		354. 销售赠品管理流程	
		355. 顾客退货管理流程	
		356. 团购管理流程	

续表

二级系统	系统模块名称（三级流程名称）	四级流程名称	任务选择
	33. 销售控制管理流程	357. 销售计划控制管理流程	
		358. 窜货控制管理流程	
		359. 铺货计划控制管理流程	
		360. 积压产品处理管理流程	
		361. 产品调拨管理流程	

表 2－4　资金财务系统 24 个系统模块的流程结构

二级系统	系统模块名称（三级流程）	四级流程名称	备注
财产防损管理系统	1. 盗损防减管理流程	362. 盗损预防管理流程	
		363. 大宗财物护送管理流程	
		364. 盗损事件报告管理流程	
		365. 内盗处理管理流程	
		366. 外盗处理管理流程	
		367. 盗损事件查处档案管理流程	
	2. 物损防减管理流程	368. 合理物损指标确定管理流程	
		369. 物损超标补偿管理流程	
		370. 财物损坏责任分析管理流程	
		371. 财物损坏赔偿管理流程	
	3. 灾损防减管理流程	372. 灾害预防培训管理流程	
		373. 消防设施检查更新管理流程	
		374. 灾害隐患排查管理流程	
		375. 灾害报告管理流程	
		376. 灾害应急管理流程	
		377. 灾害责任分析管理流程	
		378. 灾害事故总结管理流程	
	4. 资产盘存管理流程	379. 物料盘存管理流程	
		380. 在产品盘存管理流程	
		381. 产成品盘存管理流程	
		382. 盘盈盘亏处理管理流程	
		383. 驻外机构资产盘点管理流程	
		384. 资产流失查处管理流程	

续表

二级系统	系统模块名称（三级流程）	四级流程名称	备注
资产监控管理系统	5. 记账监控管理流程	385. 科目设置管理流程	
		386. 记账凭证制作管理流程	
		387. 账目误差处理管理流程	
		388. 财务报告编制管理流程	
	6. 预算监控管理流程	389. 企业年度经营预算纲要确定管理流程	
		390. 经营单位经营预算编制管理流程	
		391. 职能部门费用预算编制管理流程	
		392. 企业年度经营预算审核管理流程	
		393. 预算偏差调整管理流程	
		394. 经营项目预算管理流程	
		395. 非经营项目预算管理流程	
		396. 分支机构年度经营预算编制管理流程	
		397. 人力资源开发费用预算编制管理流程	
		398. 渠道开发费用预算编制管理流程	
		399. 技术研发费用预算管理流程	
	7. 核算监控管理流程	400. 经营单位经营核算管理流程	
		401. 职能部门费用核算管理流程	
		402. 企业年度经营核算管理流程	
		403. 经营项目核算管理流程	
		404. 非经营项目核算管理流程	
		405. 分支机构年度经营核算管理流程	
		406. 人力资源开发费用核算管理流程	
		407. 渠道开发费用核算管理流程	
		408. 技术研发费用核算管理流程	
		409. 现金核算管理流程	
		410. 应收账款核算管理流程	
		411. 产成品存货核算管理流程	
		412. 在产品存货核算管理流程	
		413. 无形资产核算管理流程	

续表

二级系统	系统模块名称（三级流程）	四级流程名称	备注
	8. 税务缴纳管理流程	414. 应纳税款核定管理流程	
		415. 税款缴纳管理流程	
		416. 发票申购管理流程	
成本控制管理系统	9. 物料成本控制管理流程	417. 物料采购价格控制管理流程	
		418. 物料采购费用控制管理流程	
		419. 采购费用超标处理管理流程	
		420. 边角余料回收处理管理流程	
	10. 作业成本控制管理流程	421. 材耗定额标准确定管理流程	
		422. 工耗定额确定管理流程	
		423. 能耗定额标准确定管理流程	
		424. 定额标准调整修改管理流程	
		425. 定额超标责任分摊管理流程	
		426. 期间费用控制管理流程	
		427. 节材降耗奖励管理流程	
		428. 在产品流转控制管理流程	
	11. 营销费用控制管理流程	429. 营销费用标准核定管理流程	
		430. 营销费用超标责任分摊管理流程	
		431. 营销费用节省奖励管理流程	
	12. 管理费用控制管理流程	432. 职能费用标准确定管理流程	
		433. 职能费用超标分摊管理流程	
		434. 职能费用节省奖励管理流程	
		435. 管理费用支出审批管理流程	
	13. 资金费用控制管理流程	436. 费用报销管理流程	
		437. 资金筹集费用标准确定管理流程	
		438. 资金运用费用标准确定管理流程	
		439. 资金费用超标责任分摊管理流程	
		440. 资金费用节省奖励管理流程	
	14. 筹资管理流程	441. 资金需求核定管理流程	
		442. 筹资渠道组织选择管理流程	
		443. 筹资计划审批管理流程	

续表

二级系统	系统模块名称（三级流程）	四级流程名称	备注
财务控制管理系统	15. 投资管理流程	444. 投资计划制订管理流程	
		445. 投资效果分析预测管理流程	
		446. 对应项目进程的资金预算管理流程	
	16. 收入管理流程	447. 主营业收入上缴进账管理流程	
		448. 非主营业收入上缴进账管理流程	
		449. 收入进账延迟处理管理流程	
		450. 应收款控制管理流程	
		451. 分支机构应收款控制管理流程	
		452. 呆账、坏账和死账处理管理流程	
	17. 资产流动性管理流程	453. 资金流动性比率控制管理流程	
		454. 资产变现审批管理流程	
		455. 闲置资产处置管理流程	
		456. 固定资产出租管理流程	
审计管理系统	18. 财务会计审计管理流程	457. 年度审计计划编制管理流程	
		458. 专案审计实施管理流程	
		459. 专项审计实施管理流程	
		460. 检举受理审计管理流程	
		461. 审计档案管理流程	
	19. 人力资源审计管理流程	462. 人力资源核算管理流程	
		463. 人力资源流失责任追究管理流程	
	20. 无形资产审计管理流程	464. 无形资产价值审计管理流程	
		465. 无形资产管理审计管理流程	
		466. 无形资产转让审计管理流程	
		467. 无形资产流失责任追究管理流程	
	21. 品牌资产审计管理流程	468. 品牌资产价值核算管理流程	
		469. 品牌资产营运审计管理流程	
		470. 品牌资产流失责任追究管理流程	
	22. 管理行为审计管理流程	471. 管理行为审计管理流程	
		472. 管理制度审计管理流程	
	23. 经营决策审计管理流程	473. 经营决策过程审计管理流程	
		474. 经营决策效果审计管理流程	

续表

二级系统	系统模块名称（三级流程）	四级流程名称	备注
权益维护管理系统	24. 外部法律关系管理流程	475. 他方侵权起诉管理流程	
		476. 经济纠纷应诉管理流程	

第四章

流程活动管理的标准要求

流程活动管理即对流程活动进行分析，并为优化设定活动内容、关联关系、前后次序和承担岗位等，以提升流程运行效率。其主要内容包括现有流程活动细分清理管理、流程活动分析管理，以及流程设计、重构和优化管理，以不断对流程进行改进等；此外，还要把流程目标的达成与相关资源的投入联系起来进行分析，并根据流程结构调整岗位设置。

一、流程活动管理的内容分析

流程由一系列彼此紧密联系的活动构成，达成流程目标的具体事务工作也就是流程活动。任何一个流程都有确定的目标要求，但其最终能否有效地达成完全取决于流程活动内容、关联关系、前后次序和承担岗位的设定，因此流程活动管理在运行流程管理中也就处于核心地位。

流程活动管理也就是对流程的每一步活动进行分析，并在分析的基础上就活动内容、关联关系、前后次序和承担岗位的设定进行调整并优化，不断改善流程内部的活动方式，以达到提升流程运行效率的目的。

流程活动管理的关键环节是流程活动分析，即通过运用一定的量化分析方法对流程中的每一个活动在价值贡献、时间耗费和成本耗费等方面进行分析，以找出改善活动方式和改进流程效果的途径。

在流程活动分析中是否能找到改善活动方式和改进流程效果的途径，关键是能否选择一种恰当的流程活动分析方法，流程活动分析方法的科学性和有效性对流程活动分析的有效性起着决定性的作用。在流程活动管理中，最基础的工作也是分析设定流程活动内容。要使流程达到确定的目标要求，必须有特定的活动予以保障。把握了流程的主要活动及其标准要求，也就可以保证流程目标的有效达成。

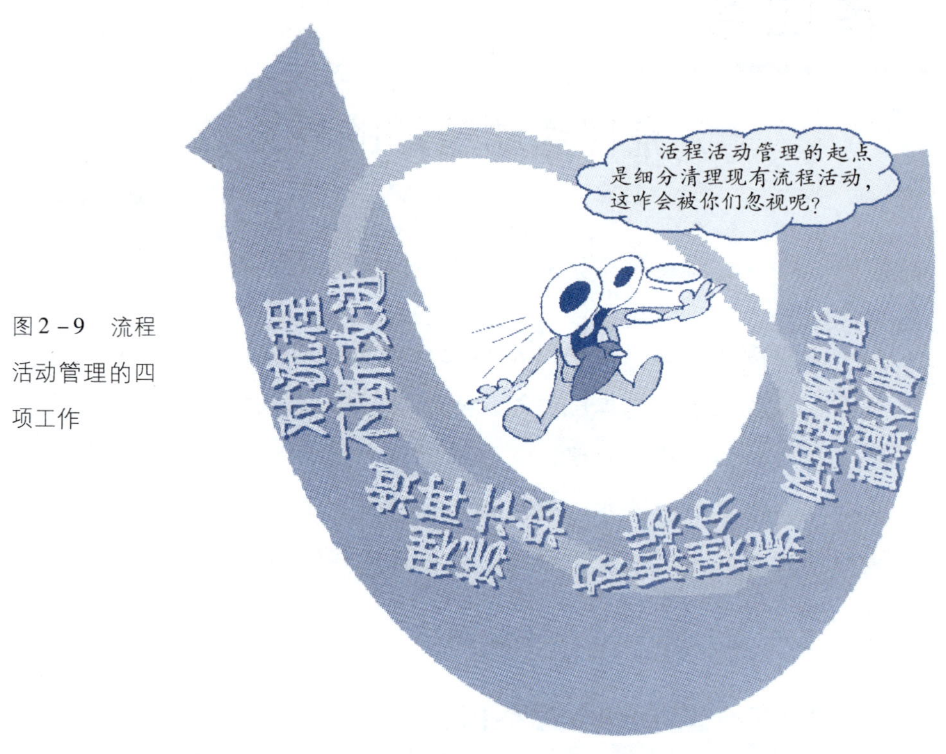

图2－9 流程活动管理的四项工作

流程活动管理主要有如下四项工作。

（1）对流程的现有活动进行细分和清理，以确定流程活动的进程内容和主要活动进程，把握关键活动并找出瓶颈活动。

（2）进行流程活动分析，即对流程的每一个活动进程的必要性、价值贡献和资源耗费进行定性和定量两个方面的分析。并找出价值贡献低且资源耗费多的活动进程，以确定对流程进行设计、重构和优化的思路。

（3）流程活动的设计、重构和优化，即对价值贡献低，甚至没有贡献的流程活动进行清理、清除及合并处理；对资源耗量大的流程活动应分析并找到新的流程活动取而代之，以降低资源消耗。

（4）对流程进行不断改进也可以单独作为一项工作，即通过对流程活动方式和连接进行定期的调整和优化，以提升流程的效率和效益。

二、流程活动管理的基本要求

流程活动管理的基本要求是流程活动管理必须遵循的总体标准，它是保证流程活动管理基本效果的标准要求。达不到这些基本要求，也就不可能保证流程运行的效率。

其内容主要有以下九个方面。

（1）流程活动程序倒推组织要求，即按照流程所必须达成的目标要求，由结果来倒推所要完成的活动内容。这一要求是让人们在思考问题时紧紧盯住流程的目标要求，以避免浪费，从而提高效率。

（2）上游活动服从下游活动指令的要求，下游活动也就是相比更接近流程目标达成的活动；上游活动则是下游活动为达成流程目标而必须事先完成的活动，这就是要求上游活动在活动的内容、数量、质量和地点等方面都只能按照下游活动的要求来实施。

（3）流程活动分析方法价值比较的要求，即在选择运用流程活动分析方法时，必须保证它能相对准确地对各个流程活动的价值贡献与资源耗费提供量化比较的基础和标准。流程活动分析不能仅仅停留在定性分析上，而且必须有明确的数量分析。以便于进行比较，使流程活动的优化成为可能。

（4）流程活动分析方法选择区别对待的要求，即强调要根据流程或流程活动的重要性对应选择不同的分析方法。重要的流程或流程活动也就是资源耗量大的关键流程或流程活动，对于这类流程或流程活动，必须选择相对能更精确地计算出价值贡献与资源耗费的量化分析方法；对于不十分重要的一般性流程或流程活动，则可以选用比较简单的方法，甚至只对它们进行一些定性分析即可。除此之外，在分析的过程中还要确定所耗费资源的性质。如果所耗费的资源主要是时间，就必须以时间为基本量化的计量单位；如果寻求的是价值贡献，则必须以价值贡献的大小作为量化的计量单位。

（5）流程活动价值目标明确的要求，即要求流程中的每一个活动都必须明确地界定努力方向，消除对实现企业发展价值增值没有贡献的活动。

（6）流程活动的投入—贡献分析要求，即是要求将完成特定流程活动所要花费的人、财和物折合成的货币价值，与这项活动所能带来的企业发展价值增值进行比较分析。只有在后者大于前者的情况下，才能保留这一活动。

（7）流程活动承担主体稳定性要求，即强调特定流程的活动承担主体不能变换太频繁。能由一个主体承担完成的连续活动必须交由一个活动承担主体完成，以避免因为活动承担主体的变换而造成的流程运行的延误和管理成本的增加。

（8）流程活动位置稳定性要求，即强调流程活动完成的空间位置不能变换太频繁，能在一个空间位置上完成的活动就必须限制在一个空间位置上完成，以避免因为活动的位移而造成时间延误和浪费。

（9）流程活动之间衔接紧密性要求，即强调只要不是工艺本身的要求和外部环境的限制，就必须保证任何一个紧接着的下游流程活动都尽可能与上一个流程活动在时间上直接衔接或靠近，以避免发生不必要的中断或延误。

三、现有流程活动细分清理管理的标准要求

细分清理现有流程活动是流程活动管理的第一步工作，它要求对企业内部工作的现有行事方式用流程管理技术予以细分清理。即从流程的角度界定各项工作的具体内容，并绘制流程图，要达成的目的主要有如下三个方面。

（1）从企业组织运行效率和效益的角度分析确定企业组织每个岗位员工自己现有的工作方式对企业发展的效率和效益的贡献，并思考不理想之处产生的原因。

（2）分析界定企业现有工作所包含的流程活动项和各个流程的关键活动和瓶颈活动，使企业领导人和具体事务工作的承担主体对企业组织运行相应事务工作能从流程管理的角度认知和把握。以便准确地发现问题，及时寻找解决问题的办法。

（3）促使人们改变企业管理的思路，从直线职能管理转向按照流程方式组织企业经营的事务工作。让企业组织的所有人都能从企业组织运行的效率和效益的角度思考自己的工作，并自主协调与他人的工作关系。

细分清理现有流程活动的具体要求可概括为以下四个方面。

（1）对企业各个单位和部门所承担的职责都必须逐条分类分析，从流程管理的角度分析，每一项必须有的职责都直接是保障企业发展价值目标达成的一个子流程。为此必须通过把所承担的职责中对保障企业发展价值目标达成没有作用的职责项删除，再把剩余的职责项内容界定为子流程。

（2）必须在对界定为子流程的职责项原有工作方式进行分析的基础上把每项相对独立的职责作为一个流程活动进行分析，以流程活动的形式描绘相应职责的工作内容。

（3）必须把对应于每项职责的子流程的活动关系和活动承担主体按原貌描绘成流程图，以为流程活动的分析重构提供基础性资料。

（4）必须把单位和部门原来所完成的每一个细小活动都界定到特定的流程之中，以为挖潜对比提供依据。

四、流程活动分析管理的标准要求

流程活动分析直接是运用流程分析方法分析确定现有工作方式的效率和效益。并对已有的工作方式——流程活动的合理性进行判断，以为保留有效的做事方式，以及改善并提高缺乏效率和效益的做事方式提供准确的依据。

流程活动分析的内容包括如下六个方面。

（1）流程起点和终点分析。

（2）流程活动的价值分析。

（3）流程活动的内容分析。

（4）流程活动的效果分析。

（5）流程活动的效率分析。

（6）关键活动和瓶颈活动分析。

流程活动分析的具体要求可概括为如下五个方面。

（1）对每个流程都必须按照上述六项内容分别全面进行分析。对直接关系到企业发展价值增值的20%的重点流程还必须选择对应的流程分析方法分析，以保证分析的效果。

（2）流程活动的分析必须以其承担主体为主体完成，但要给予上司主管和同事参与其意见的权力，以使分析的结论能在流程活动团队内达成共识。任何一个流程活动都不能只是某个特定个人的事情，流程团队中的任何一个成员都不能说某个流程活动与己无关。

（3）对于重点关键流程活动的分析，必须提供能进行量化比较的结论，这是对流程活动进行调整改进的基本依据。

（4）对上司主管在流程活动中的责任必须重新分析界定，他们主要负责对流程和流程活动的价值进行审查，以防降低或扭曲流程和流程活动服务于企业发展价值增值目标达成的作用，保证流程目标的完满达成。

（5）必须有对应于科学技术新发展的流程活动分析论证，以保证流程活动分析能充分考虑到科学技术的进步在本项流程和流程活动中的运用，这是企业组织运行效率和效益在市场竞争中领先的重要保障。

五、流程设计、重构和优化管理的标准要求

流程设计、重构和优化是对流程中的活动进行重新安排，使流程活动之间的组合实现优化，从而提升流程的效率和效益。其途径是运用目标功能树系统分析模型，以流程所要达成的价值目标为起点进行倒推并选择流程活动分析所确定的活动和方法。以使流程的各个活动相互之间的联系更紧密，活动更有效率。

流程活动分析的结果依据是流程设计、重构和优化的直接，流程设计、重构和优化是根据目标功能树分析模型严格倒推确定的。通过这种方式所设计、重构和优化的流程可以完全不考虑原有的工作方式中的流程活动内容和活动组合方式，而仅仅把原有工作方式中的活动当做流程构建的一个个活动单元，可选用的则选用。并且它在设计构成上完全是沿着企业发展价值增值这一逻辑思路进行的，再造的新流程中不允许有任何多余的活动；同时它还要对比企业实际能提供支持的分解改造，对瓶颈活动进行分解分析，以减少和降低瓶颈的约束并提高流程运行效率。

流程设计、重构和优化的具体要求主要有以下五个方面。

（1）必须彻底突破等级职能管理的思维惯性，严格从企业发展价值增值目标的单一逻辑思路进行活动项选择和相互之间的衔接组合。

（2）必须以下游活动的需要作为评价标准，并严格遵循下游活动指令原则来设计、重构和优化流程活动之间的关系。

（3）流程团队成员必须全面参与到流程设计、重构和优化过程中来，一方面，让每一个成员的智慧都贡献到其中。每一个成员都有自己独特的经验和知识结构，集思广益是保证流程设计、重构和优化质量的最基本措施；另一方面，让每一个成员通过直接参与流程设计、重构和优化来加深对要由自己承担的流程活动内容和方式的理解，从而为流程的进一步创新重构提供方便。

（4）如果发生意见分歧，必须通过量化的分析方法来论证选择如价值贡献估价分析方法或价值关联点数计算分析法。不允许采取任何形式的强权方式选择，包括少数服从多数的表决选择方法。这样，一方面保证流程管理中员工平等原则的贯彻；另一方面又保证这种设计、重构和优化的科学性。

（5）活动的选择必须充分考虑资源限制，主要是人力资源、资本资源及时间限制，超越了企业经营资源限制且不具有现实可操作性的设想是没有意义的。

六、不断对流程进行改进的管理标准要求

不断对流程进行改进是在已实施运行流程管理的基础上对已有的流程根据流程活动分析的结果部分地进行调整和改进，以提升流程的效率和效益。即随着技术的发展、人员素质的提升和企业经营规模的变化等，对流程进行不断的调整和改进。以消除不再能为企业发展价值增值提供支持和服务的活动，并且合并重复和低效的活动，舒缓流程瓶颈活动。

当一个企业组织运行已实施了流程化管理，把原有的在直线职能控制下的工作方式予以设计、重构和优化为连贯的流程之后，其活动构成的基本框架一般会相对稳定。要保证企业组织运行综合性大流程中的子流程与企业外部环境相适应，仅仅做一些修补工作也就足够了。不断对流程进行改进的重点首先在于不断突破流程中的瓶颈活动限制，对瓶颈活动进行分解；其次是对流程的关键活动的投入进行优化，减少活动的资源耗费。

不断对流程进行改进的具体要求主要包括以下三个方面。

（1）对每个流程都要有关键活动和瓶颈活动的分析界定，并让流程团队的每一个成员都经常思考对于关键活动的投入优化和瓶颈活动的分解舒缓措施及办法，定期讨论以及时实现对关键活动的改进和瓶颈活动的分解舒缓。

（2）对流程活动的效率和效益必须有渐进的改进计划，以使流程的投入相对流程产出的效率能逐步得到稳定提升。

（3）对流程的重新设计和改造必须确立明确的效率和效益评价标准，以保证流程重新设计和改造不会发生因为稳步改进的计划约束而导致不能增加效益的方式翻新。

七、流程活动管理必须注意的问题

流程活动管理必须注意的问题主要有以下五个。

（1）一个衔接接口管理的问题，即上下游流程活动是由不同主体承担完成的，或者是跨单位和部门的活动承担主体，或者是跨岗位的活动承担主体。也会像流程衔接接口管理一样，有一个流程活动成果的交接和确认问题。如果这一流程活动在整个流程中起主导作用，那么必须对其衔接接口进行严格管理，按照“不言自明，不言；不言不明，必言”的要求确立内容、数量、质量、时间和地点标准后对接。

（2）在流程活动管理中要把流程目标的达成与为达成这种目标所投入的资源联系起来进行分析，以避免不顾资源投入限制的单一价值约束导致的偏颇。

（3）只能根据流程结构调整岗位的设置，而不能相反，以免让原有的岗位设置妨碍了对流程活动的管理。

（4）在流程活动中有些活动起制衡监督作用。必须防止强调流程活动在承担主体和时间及空间上的统一性，而忽视起制衡监督作用的活动被削弱，降低流程的整体效果。

（5）流程活动的变更必须有正式的批准和颁布程序，以减少流程设计、重构和优化的随意性，避免不负责任的实验给企业组织运行带来不必要的损失。

第五章

流程组织管理的标准要求

流程活动由人来承担，这些人是否有强烈的意愿严格按照流程活动管理和流程结构管理所确立的标准完成相应的流程活动是运行流程管理能否取得成效的关键。流程组织管理要注意严格成本效益分析、对应衔接接口性质选择责任落实方式的原则要求，以及流程衔接接口责任落实管理、流程活动衔接接口责任落实管理和流程优化责任落实管理的标准要求。

一、流程组织管理的内容分析

在跨单位、跨部门和跨岗位之间的流程或流程活动的衔接中，尽管有了具体明确的衔接接口界定，但不按流程衔接接口标准提供流程活动成果，直接表现为职责履行不力而造成企业组织运行低效率的问题仍会不可避免地发生。这是流程组织管理不力，与对流程衔接接口责任的落实不当有关。企业组织运行的流程化应按照流程组织，也不能改变这样一个基本事实——企业组织运行过程中的所有工作最终必须靠人来做，流程活动必须由具体的人来承担。如果流程活动和流程结构管理没有解决流程活动承担主体——人的意志意愿问题，则所有的管理优化也都只能是纸上谈兵的废话。流程活动要有人来承担，承担流程活动的人是否在主观上积极努力，有强烈的意愿严格按照流程活动管理和流程结构管理所确立的标准完成相应的流程活动，则是运行流程管理最终能否取得成效的一个关键环节。BPR 技术之所以在企业管理的运用中成功的还没有失败的多，其原因就在于忽视了这一关键环节。要保证流程活动的承担主体把他们的行为选择调整到为满足流程管理所确定的衔接接口标准上来，就必须通过流程组织管理严格衔接接口责任，使流程活动承担主体完整地履行职责，按照流程衔接接口标准提供流程活动成果。

图 2－10　仅有流程接口要求有什么用

在运行流程管理中必须通过流程组织管理明确责任的主要是在流程活动承担主体跨单位、部门和岗位的衔接接口处事先确定问责标准。流程活动管理和流程结构管理界定了衔接接口的五个方面的要求，但这五个方面的要求只有当每一个流程活动的承担主体都不折不扣地落实时才能保证流程运行顺畅。落实衔接接口责任不是简单地界定由谁负责的问题，而是要明确界定责任的内涵。即说明承担什么责任，以及用什么来担责任的问题。

落实流程或流程活动衔接接口责任主要有如下 4 条途径可供选择。

1. 完全市场交换方式

即通过签订商务合同确定流程成果交接的要求，并明确赔偿责任。这种方式是法人实体之间的一种商务合作关系，流程衔接接口的五个方面的要求通过商务合同的形式进行了界定。并有明确的责任承担方式限定，即直接让对方以其法人财产承担违约责任。如果合作伙伴不能按照流程衔接接口标准提供流程成果，则要以其法人资产来赔偿违约造成的损失。这种方式的最大优点是责任界定明晰，并且有法律效用。责任的承担也比较有保障，法人资产实际上起一种担保作用。但这种流程衔接接口责任落实方式存在很大的局限性，如果所有流程活动或流程之间的接口都以这种方式衔接，则必然会遇到科斯所说的交易成本限制。

1937 年，科斯在《企业的性质》一文中创造了“交易成本”（Transaction Costs）的概念。即“利用市场的交换手段进行交易的费用”，包括提供价格的费用、讨价还价的费用，以及订立和执行合同的费用等。科斯认为，当市场交易成本高于企业内部的管理协调成本时，企业便产生了。企业存在的意义正是为了节约市场交易成本，即用费用较低的企业内交易代替费用较高的市场交易。

任何两个独立的经济活动主体要结成商务合作关系都必须投入一定的人、财和物，寻找合作伙伴谈判达成合作协议。并且商务合作关系建立之后，如果因为种种原因造成了流程衔接故障，由此带来的损失也不可能完全由对方补偿。对方所能补偿的仅仅是直接损失，不可能通过商务合同条款把间接损失也加给对方。

2. 模拟市场交换方式

这种方式连接的并不是完全的法人实体，而是在一个法人实体内部虚拟法人制度的独立核算责任单位。它通过模拟市场运行的方式，让流程连接的双方都像独立的法人一样通过协议明确界定流程衔接责任。很显然，这里的协议并不是严格意义上的商务合同，而仅仅是企业内部单位与单位之间，以及部门与部门之间的一个行政管理约定。其协调和兑现也不是由法律，而是由这相应单位或部门的更高一级领导来裁定的。这种方式的优点是责任比较明确，并且交易成本也相对比较低。它不是通过市场竞争来达成交易，而是由企业内部不同单位和单位之间的“讨价还价”交流来确定。并且往往还有上级机构或者领导人从中协调。但其局限也很明显，即在这种情况下，其责任的承担远没有完全市场交换方式那么完全。这里用于承担责任的不是这个单位或部门的财产，而仅仅是这个单位或部门员工的工资福利收入，以及他们个人在企业组织运行过程中拥有的权力和地位，因为这不同的两个单位或部门的财产都同属于一个法人实体。

3. 组织考核认定方式

这种方式是把流程或流程活动衔接接口的相互协作作为岗位绩效考核标准，通过绩效考核来管控衔接接口责任履行，并直接把岗位员工个人的所得利益与之挂钩。这种利益既包括工资福利，也包括相应的权力、地位，以及活动承担主体个人的发展机会，承担特定衔接接口责任的岗位员工以其在这个岗位上所能获得的利益作为责任承担依据。这种方式的优点是大幅度地降低了交易成本，代表流程衔接接口标准的绩效标准的确立，在岗位员工及其上司主管之间进行。各自所承担的流程或流程活动的衔接接口标准的确定不仅可以运用行政手段推动完成，而且还可以把这种衔接接口标准直接通过组织架构设计确定为岗位履职的流程工作标准。这是这种方式的最大优点所在。但它却存在一个明显的局限，即其责任承担更加不完全。承担流程或流程活动的单位、部门或岗位员工个人没有按照衔接接口标准提供相应的流程活动成果，所造成的损失远远不能通过绩效考核所兑现的奖金扣减或通过工资级别的降低来弥补。

4. 团队群体认同方式

即在流程团队之内团队群体直接按照团队成员流程衔接接口责任的履行情况给予尊重、认同和亲近，或者鄙视、否定和疏远。以约束其成员的行为，使之努力按照流程或流程活动衔接接口标准提供流程活动成果。这种方式的最大优点是把一个个的个体成员融合为一个团队，在团队内部让每一个成员都尽其所能地按照衔接接口标准承担流程活动，并且相互支持和相互帮助。如果有哪个成员不能完全按照衔接接口标准承担流程活动的话，其他成员都有义务提供支持和帮助，以保证内部流程活动之间衔接的顺畅，以及团队所承担的流程和流程活动与外部流程衔接的顺畅。团队作为一个整体是要对外部流程的衔接承担责任，从而使流程衔接接口责任的承担相对比较完全，这是它的两大优点。其局限也很显然，如果一个团队超过了一定规模限制，相互之间的监督制衡力度就会下降。从而不免发生因为搭便车问题而使团队运行陷于低效，甚至崩溃。

通过流程组织管理落实的责任主要有以下四个方面。

（1）上下层流程之间的衔接接口责任的落实，即保证下层流程活动的承担主体严格按照上层流程的责任主体所确定的衔接接口标准提供上层流程所必需的流程活动成果。

（2）上下游流程之间的衔接接口责任的落实。即保证上游流程活动的承担主体严格按照下游流程的责任主体所确定的衔接接口标准提供下游流程所必需的流程活动成果。

（3）流程上下游活动之间的衔接接口责任的落实，即保证上游活动的承担主体严格按照下游活动承担主体所确定的衔接接口标准提供下游活动所必需的流程成果。

（4）不断改进和优化流程责任的落实，即对企业组织运行综合性大流程及其内部各个子流程的不断改进和优化工作，明确确定其责任机构和责任人，使得有人不断为这种改进付出努力。

二、严格成本效益分析的原则要求

企业无论选用哪种方式落实流程或流程活动衔接接口责任，都存在一定的成本。由此产生了一个成本和收益的核算问题，严格成本效益分析的原则要求至少要保证所选择的流程或流程活动衔接接口责任落实方式获得的效益大于其所投入的费用。

完全市场交换方式尽管其责任界定最清晰，所承担的责任也最完全。但确立这种关系却会产生相当大的交易成本，包括寻找代理承包商、讨价谈判和履约监督等；同时还有时间成本，确立这种市场交换关系必不可免地会花费相当长的时间。除了服务于客户综合价值满足的需求而确立的长期稳定的战略联盟关系，可以通过完全市场交换方式落实责任之外，选择这一方式落实责任则会造成企业难以承受的交易成本。

模拟市场交换方式所投入的交易成本和时间成本相对要小得多，但它对责任的承担却又不完全；组织考核认定方式所投入的费用已经很小很小，但它对责任所做的界定不仅难以完全明确，并且其责任的承担更是没有保障。如果活动承担主体没有按照衔接接口标准提供流程或流程活动成果而造成重大损失，根本不可能由流程活动承担主体的个人工资奖金的扣减来弥补；团队群体认同方式的成本趋于零，但这种方式所界定的责任却不适用于事务工作多且投入大的重大子流程之间的衔接。

严格成本效益分析原则的具体要求可概括为以下三个方面。

（1）在完全市场交换、模拟市场交换、组织考核认定和团队群体认同四种方式中，究竟选择哪一种方式来落实流程或流程衔接接口的履行责任必须有相应的成本效益分析。不能随心所欲，更不能一刀切。

（2）必须区分责任落实费用与流程活动资源投入成本，避免把流程活动资源投入成本界定到责任落实的费用中。二者是性质完全不同的两种投入，前者可以直接为客户带来价值满足；后者却只能在与客户进行价值交换后，从企业组织运行所实现的收益中扣除。

（3）重大的流程组织管理规则的调整必须有量化的效益和投入比较分析，不仅要保证责任落实的投入费用小于责任落实所创造的效益，而且要保证二者之间的效益比——责任落实所创造的效益与责任落实所投入的费用之比最大化。

三、对应衔接接口性质选择责任落实方式的原则要求

图 2－11　保障流程衔接接口责任全面落实的四种方式

对应衔接接口性质选择责任落实方式，也就是对应于不同性质的衔接接口选择不同的责任落实方式。不同性质的衔接接口本身会因为所衔接的流程或流程活动之间关系的性质不同，而对这种衔接接口责任的落实提出完全不同的要求，这种要求主要有以下三个方面。

1. 所连接的对象的差异

连接的对象是流程还是活动会存在一定的差异，活动与活动之间依存度更大，相互联系会更紧密，它不适应选择完全市场交换方式来衔接。通过完全市场交换方式实现流程活动之间的衔接，会因为代理承包商的寻找和谈判议价而延误很多时间。流程则具有相对的独立性，并且是由多项活动组成的。在衔接责任的落实上所投入的费用分摊到众多的流程活动中也就相对较少了，所以这种关系对落实责任的费用投入承担能力相对要大一些。并且流程之间的关系可变性相对较小，连接一旦确定，就可以保持相

对稳定，在相当长的一段时间内保持不变。

2. 所连接的流程大小的差异

如果所连接的流程投入较多、活动复杂且数量庞大，投入一定时间和精力界定并落实其衔接接口的责任就是值得的；反之则可能得不偿失。我们可以让比较大的流程相对独立地完成，如果让一个所提供的结果比较小的流程独立出来，就不会有效益。

3. 衔接关系的稳定性

如果两个流程之间的衔接稳定而密切，那么当这种衔接中断时往往会造成衔接的双方或其中一方的重大损失。这种衔接关系要求建立更紧密的连接，选择具有更多独立性的方式则不太有保障。日本丰田公司的核心企业与卫星企业的模式之所以难以在其他国家全面推广，原因也就在此。

4. 对应衔接接口性质选择责任落实方式原则的具体要求

这个原则的具体要求可概括为以下三个方面。

（1）必须区分所要衔接的对象，以保证不同流程之间的衔接以及流程活动之间的衔接关系的性质在责任落实方式上充分体现。

（2）必须区分所要衔接的流程规模，以保证落实衔接接口责任的费用投入能获得足够的效益补偿。

（3）必须区分所要衔接的流程的性质，以保证责任落实方式在稳定性上能与所连接的流程相互之间联系的性质相适应。

四、流程衔接接口责任落实管理的标准要求

上下层流程和上下游流程相互之间是一种支持与被支持、服务与被服务的关系。但各自又都具有一定的独立性，这就决定了它们之间的责任落实方式具有更多的选择余地。不过在上下层流程的活动与上下游流程活动的承担主体之间彼此需要一定的情感沟通，即通过情感沟通来深化彼此之间的联系。即使选择完全市场交换方式来落实它们相互之间的衔接接口责任，也不可能是一次性交易。任何两个流程或两个流程活动之间都不可能是机械上的齿轮与齿轮之间的咬合关系，而是包含人与人之间的相互关系。联系的任何一方都会因为情感的作用而影响其对流程或流程活动衔接

接口责任的履行，而只有稳定联系才能深化和丰富相互之间的情感联系。这就要求在这种流程之间的衔接上，必须把稳定联系作为一个重要的中介目标来争取。

流程衔接接口责任落实管理的具体要求可概括为以下六个方面。

（1）为保证下层流程或上游流程团队能按照上层流程或下游流程所预留的衔接接口提供流程活动成果，流程之间衔接接口责任的落实方式必须有事先的书面约定，以保证其具体、准确和稳定。

（2）下层流程或上游流程活动的承担主体必须向上层流程或下游流程的活动的承担主体提供保证衔接接口责任履行的具体方式方法的有关方案，并与上层流程或下游流程的活动的承担主体讨论确定后不折不扣地贯彻实施。

（3）上层或下游流程活动的承担主体对下层或上游流程活动的承担主体必须提供必要的技术指导，以保证下层或上游流程所提供的流程成果能够充分满足衔接接口的要求。

（4）下层或上游流程的活动的承担主体对其活动的安排必须有完整的预测和计划，以保证在上层或下游流程所需要的时间和地点提供相应的流程成果。

（5）在衔接接口责任落实方式的选择上，如果下层或上游流程的活动规模比较大，以完全市场交换方式和模拟市场方式为最佳；如果下层活动规模较小，则只能选择组织考核认定方式或者团队群体认同方式。

（6）无论是上下层流程之间，还是上下游流程之间，在衔接接口责任的落实方式选择上都必须充分考虑外部环境的性质和发展变化趋势。如果企业所在地已形成完整的产业链，产业内部的市场分工在本地区已高度发达并完善，使通过市场交换方式落实流程衔接接口责任的费用投入变得低廉，选择这种方式也就会更有效。

五、流程活动衔接接口责任落实管理的标准要求

流程上下游活动之间的衔接是在一个流程内完成的，这种衔接接口与流程之间的衔接接口的差别主要有如下三个方面。

（1）连续性强：流程的上下游活动之间一般都是紧密相连的，要求连

续进行，不能中断。

（2）连接方式简单：流程上下游活动之间的衔接接口标准一般都比较单一，只有几个内容限制，因为每一个流程活动都不可能对前一流程活动成果做出很大的改变。

（3）连接时间和地点紧密：流程活动之间的连接在时间和地点上一般不能有太大的分隔，否则流程就中断了。

正是这三个差别，使它们彼此之间不能选择完全市场交换方式或模拟市场交换方式来界定和落实其衔接接口责任，所能选择的只有组织考核认定方式和团队群体认同方式两种。

流程上、下游活动衔接接口责任落实管理的具体要求可概括为以下四个方面。

（1）在界定上要有一定的弹性，既要明确这一活动承担主体的责任人，又要明确具有对这一活动提供支持和帮助能力的成员的连带责任，只有这样才能最大限度地避免流程中断带来的效率和效益损失。

（2）除了跨单位和跨部门之间的连接要有事先的书面约定之外，单位和部门内部的流程活动衔接接口责任不仅不一定要以既定的书面约定来明确责任，而且界定得相对模糊一些还更有助于流程团队成员责任的无极化。

（3）如果流程上下游活动之间是制衡活动，其衔接接口责任必须有事先的约定来明确界定其责任和责任承担方式。制衡活动只有当承担主体具有完全的独立性时才能起到制衡作用，这种衔接接口责任的落实方式以选择组织考核认定方式为佳。

（4）非制衡性的上下游活动之间的衔接接口责任的落实以采取团队群体认同方式为主，组织考核认定方式为辅的方式组合为最佳。但必须有活动承担的主要责任与连带责任的区分，以保证流程活动承担主体各自的责任心。

六、流程不断改进和优化责任落实管理的标准要求

流程作为一种做事方式，必须不断地改进和优化才能保证其效益，绝对不能一成不变，这就要求有人对流程的这种不断改进和优化承担责任。

界定落实这种责任的目的在于让流程的不断改进和优化工作有人为之不断思考，并付出努力就不断改进既有企业组织运行的内部原因，也有其外部环境发展变化方面的原因。当不断改进的原因已出现，使流程的改进成为必要时，必须有人马上行动并为之负责。

而优化更是如此，企业要在激烈的市场竞争中维持一定的优势，就必须不断地优化做事方式。即不断地对运行流程进行调整、改进，通过内部创新重新对流程和流程活动进行分解和组合，以使流程具有更高的效率。这也必须有人为之负责，需要做的工作必须有人为之承担责任，才可能使其完满地落实。没有人为之承担责任，相应的工作也就不免落空。

不断对流程进行改进和优化，其责任落实管理的具体要求可概括为以下六个方面。

（1）必须把主责明确给流程活动承担主体的职能主管，并由流程活动承担主体为辅共同承担责任。

（2）必须有定期对流程进行改进和优化的制度安排，以保证责任能落到实处。

（3）上下层流程和上下游流程的团队要彼此相互关注，并为对方的流程改进和优化提供技术指导和支持，这是实现流程改进和优化的一个重要途径。

（4）必须有完整的操作程序，在流程改进方案完成后必须交由上层或下游流程团队审定，并在获得其认同和支持后才能付诸实施，这是流程改进和优化稳步进行的保障。

（5）如果要对上层和下游流程对下层和上游流程的衔接接口提出更高的要求，必须提出改进和优化的措施和思路，以保证提高衔接接口标准可能并可行。

（6）上层和下游流程可以对下层和上游流程的成果提出渐进的改进要求，以让下层和上游流程活动的承担主体稳步提高所提供的流程成果质量，但必须在双方达成共识的基础上实施。

图2－12 现行BPR技术的通俗解释

七、流程组织管理必须注意的问题

流程组织管理必须注意以下六个问题。

（1）必须强化专业化的职能管理在流程组织管理中的作用，任何一个子流程标准的制定、优化和改进都必须有归口的职能部门为之负责，并作为常规职责保证完成。

（2）必须明确界定归口职能部门的子流程标准制定、优化和改进的职责，并强化职能部门的跟踪落职责来保证每一个子流程目标要求的达成。

（3）为保证每一个子流程的标准的制定及优化和改进职责不落空，必须尽可能避免把这一工作的主要责任界定给直线单位上的主管，必须通过归口职能部门的制衡来保证直线单位上的主管严格依流程标准行事。

（4）流程或流程活动衔接接口责任的落实方式的选择确定以衔接接口联系的双方之间的广泛沟通在达成共识的基础上完成为佳，必须尽可能避免由高层管理人员以指令的方式限定，需要高层管理人员出面协调的也必须有范围上的限定。

（5）任何一个流程标准问责的约定都必须与可能被问责的活动主体进行沟通，以使之明白如此进行问责约定的必要性和合理性。

（6）不能用企业组织的单位和部门关系的界定简单地代替流程组织的管理，而必须由流程组织的管理来定义企业组织的单位和部门之间关系的性质。

第六章

运行流程管理实施的技术标准

流程管理通过流程管理技术的运用达成管理目的，尤其是把流程管理选择为企业组织运行管理的主导方式的流程化管理。所以对流程技术的运用需要确定具体明确的标准，以保证不发生偏颇和失误而导致流程管理的失败和低效。流程管理是由流程结构分析、流程图描绘分析、流程活动分析、流程标准拟定、流程标准问责和跟踪表单绘制等方法构成。流程结构分析和流程活动分析方法运用的标准要求前面已经讨论确定，这里仅仅就分析流程图描绘分析、流程标准拟定、流程标准问责和跟踪表单绘制等四个方面的方法运用标准进行讨论。

一、流程图描绘的技术标准

流程图描绘的技术标准如下。

（1）回顾组织架构管理过程中形成的系统模块管理规范化实施方案，并在对系统模块方案中的具体工作事项全面分析的基础上，确定该系统模块必须梳理分析的流程。凡是在其具体工作事项中包含一系列相对复杂的工作的，则这个具体工作事项必须通过流程图描绘分析进行流程梳理优化分析。

（2）在由系统模块方案向流程标准转化的过程中必须分为如下 3 种情况处理。

- 如果该系统模块内容比较单一，其中所包含的具体工作事项不存在复杂的跨单位和跨部门的衔接，并且相互之间存在严格顺序推进的逻辑联系，则仅仅作为一个流程进行描绘分析即可能。

- 如果该系统模块所包含的具体工作事项相对独立，即与其他具体工作事项之间不存在顺序推进的逻辑联系，并且还存在复杂的跨单位和跨部门衔接关系的话，每一个具体工作事项都必须进行流程图描绘梳理优化分析。

- 如果该系统模块所包含的具体工作事项，有的相对独立，或者存在复杂的跨单位和跨部门衔接关系；有的不独立，即与其他具体工作事项之间存在有顺序推进的逻辑联系，或者不存在复杂的跨单位和跨部门衔接。为此必须首先在系统模块层次上绘制出三级流程图后，把需要进一步详细分析的具体工作事项抽出来，作为四级流程进行流程图描绘梳理优化分析。如果需要，还可依此进行五级、六级流程图描绘梳理优化分析。

（3）针对企业组织运行过程中存在的问题进行分析，查看对所存在问题是否已经有对应流程落实了解决的对策。如果没有解决办法，看有无必要通过流程图描绘梳理优化来进一步细化，包括梳理优化四级和五级流程来解决；另外，对无须通过细化流程图描绘梳理优化解决的具体解决办法，也必须有明确的交代。

（4）区分企业组织运行过程中不同环节的管控要求，将“相对于管理人员，只有指定的活动，没有自选的活动；相对于作业人员，只有指定的动作，没有自选的动作”的管控要求通过流程图描绘梳理优化分析来实现，即只有流程图描绘梳理优化才能保障“只有指定的活动”和“只有指定的动作”要求的达成的。

（5）流程不宜过长，过长会导致活动管控力度的削弱，其所描绘的流程图按照 VISIO 软件所界定的页面，以不超过两页为宜。超过两页的长流程必须通过阶段分析拆分为多个流程处理，即确立为上下游流程衔接关系。处理方法是先进行流程阶段划分，在跨职能的单位、部门或岗位的活动交接衔接处断开。然后把不同阶段的流程活动分拆开来作为相对独立的流程，并在分析确定流程目标要求的同时，在确定流程名称后描绘流程图。

（6）流程名称必须是对流程活动内容的概括，所有的流程和流程活动编号必须在企业组织运行综合性大流程的体系中统一，以保证能通过编号判别每一个子流程的系统结构定位关系。

（7）流程图中的目标要求界定必须能一目了然地揭示该流程与企业发展四大价值的增值和积累目标达成的关联关系。即能说明它对企业发展四大价值的增值和积累目标达成的直接作用，以及没有它企业发展四大价值中的何种价值的增值和积累会受损。

（8）对流程图中的目标要求其界定必须简洁明了，直指要达成的企业发展四大价值的增值和积累目标。不得有分析论证的叙述，让人不明所指。

（9）在一般情况下，为保证流程活动细分方便并且阅读方便，以选择垂直模式为宜。

（10）流程图中第二行的岗位设定一定要与企业组织架构所确定的岗位设置一致，不得出现组织架构的岗位设置中没有的岗位名称。如果发现所有流程图中都没有某一特定岗位名称，则必须撤掉这一岗位；如果发现某岗位承担的流程活动超越了其满负荷工作量，则必须再设置，增加相应岗位以满足流程运行的需要。

（11）进入流程图中的岗位除了作为该流程的共同上司要对该流程的目标要求下达指令之外，其他都必须实实在在地承担具体的流程活动。共同上司的定义是相对于流程主线活动中的主要进程项的承担主体而言，从职能分管关系上看属于其直接上司；相对于流程主线活动中的非主要进程项的承担主体而言，从职能分管关系上看不属于其直接上司，但从级别上看属于其间接上司，强调不一定仅仅限于职能分管关系的直接上司。

（12）流程的岗位列排序要统一。

- 第一列是该流程的流程活动承担岗位的共同上司。
- 第二列是该系统模块的归口主责部门的负责人。
- 第三列是归口主责部门中该流程的主要具体活动的承担岗位。
- 第四列是该流程的活动完成的配合支持部门的岗位。
- 第五列是外部单位或人员。
- 如果配合支持部门的岗位较多，可根据需要分为多列。

（13）一个流程图中的岗位列项以五列为宜，如果不到五列，则不得超过三个，以保证流程图的美观。

（14）岗位列中第一列最多不得超过两个岗位，除了该流程的活动承担岗位的共同上司之外，一般不得放入直接承担有具体流程活动的分管领导之外的其他岗位。

（15）标明岗位的岗位编号统一用大写英文字母表示，写在岗位名称的后面并另起行。

（16）流程活动承担岗位优化必须达成如下要求。

- 流程活动承担岗位能承担这一流程活动。
- 其岗位劳动成本投入最低。
- 组织授权能提供完满履责的人、财和物支持。

（17）每一个系统模块的流程与其他流程或系统模块之间的联系必须用一个衔接符号明确标识出来，以让人明白该流程连接的上层或下游流程是什么，及其对接的关键点在哪里。

（18）流程活动进程框中的界定用语必须简洁、完整且准确，一方面要让人明了活动的基本内容；另一方面在同步并行活动中，能提供分辨主责岗位和辅责岗位的活动承担内容的方便。

（19）流程图中必须有流程主线活动的界定，即必须分辨和确定流程的主线活动，并对应进行编号处理，没有编号的同步并行活动就是配合支持工作。

（20）流程主线活动不能界定为外部单位或外部人员负责，即使是以其为主承担也必须设置一个内部主线活动用于行跟踪。

（21）表示同时进行的并行模式必须是并行关系的体现，并且能准确地把握这种并行关系。即二者之间存在明显的主辅关系，不存在主辅关系的独立活动之间，在一个流程中一般都可分解出先后顺序关系。

（22）流程主线活动的上下游之间必须具有明确的价值目标达成推进关系，即下一流程主线活动明显有把上一流程主线活动的价值目标达成水平向上推进的内容。

（23）不存在主辅关系和价值目标达成推进关系，可同时进行。或者分为有先后顺序的独立活动，可根据需要处理。既可界定为并行模式，也可以界定为前后关系的上下游活动关系。

（24）同一流程的活动进程在顺序上必须符合活动组织的逻辑关系，并通过活动组织逻辑关系的分析优化来提升组织运行效率。

（25）流程活动进程设计必须与流程目标要求相适应，流程活动内容必须全面。保证流程目标要求达成的流程活动都必须有，以最终保证流程运行的预期结果能与流程的目标要求相一致。

（26）在同一流程活动进程中同时由多个岗位承担完成的并行活动，其活动内容必须按岗位明确其所要承担完成的活动内容；否则必须单独作为一个流程活动进程单列出来。一般不能允许多个岗位编号堆在一起，让人难以明了其责任内容，尤其在报批的判断活动中不得有两个岗位。

（27）必须尽可能地减少报批活动，在给予下层主管以现场决策权力的同时把高层主管的相应责任也下移给下层主管，以解放高层主管。

（28）在报批活动中，必须在进程框中明确要上司审阅和审报的具体内容，以避免把这种报批变成画圈的形式主义的权力显示。

（29）流程活动下传，如果是外部流程，必须注明外部流程的编号和名称，并要求做右压线处理。以表示其活动主体不全部在该流程图中，以免混淆其活动承担主体。

（30）如果下传外部流程的成果是该流程后续活动的投入或为前提条件的，则必须有回接连接符号，以明确衔接关系；否则不能回接，直接作为该流程上前面部分的下游流程处理，即这一流程在此分为两个方向下传其活动。

（31）如果该流程继续严格受制于这个下传的外部流程，则必须有一个与之对应的主线活动进行跟踪，即由该系统模块归口部门中这一流程活动的主要承担岗位负责跟踪。以保证其成果能与该流程运行的需求相适应。

（32）在对应系统模块的流程中必须有效果总结和完善提升的进程界定，即必须加入“经验总结、改进建议和上报批准后贯彻落实”这一内容的流程活动进程，以保证其不断完善优化。

（33）一般而言，凡是管理流程的活动必须对应有计划、实施、检查和纠偏 4 个环节构成的管理闭合活动内容，以保证流程管理自组织作用的实现。

（34）最后的椭圆是个预期结果，不是流程的结束。预期结果不能简单地从流程目标要求中复制过来，必须在对所描绘的流程运行进行预期的基础上界定。如果预估流程成果不能满足目标要求，则必须调整增加流程活动，以保证能与流程的目标要求一致。

（35）图标的大小必须大体一致，图标之间的距离必须保持大体相等，一般可设定为 3mm 左右。如果图标间有线段，可适当加大间距，但一般不要超过 5mm。

（36）流程活动前后顺序必须通过图标位置的高低体现出来，即前一活动进程的图标必须高于后一活动进程的图标。

（37）活动进程框中的文字可以有标点符号，进程描述文字结尾可统一为句号，或者不用符号。

（38）流程活动关系连线必须按照“从左到右，下出上进；从右到左，下出右进”的标准连接，以体现流程活动的组织层次关系和主责与辅责关系。

（39）表示判断的流程活动关系连线必须按照“下是，侧否”的标准连接，以方便阅读。

（40）流程活动关系连线必须避免与流程图的列向栏线重合，流程活动关系连线转折处必须放在与箭头靠近的地方，并要求任何一条连线都必须最短化。

（41）流程活动关系连线必须揭示流程活动之间的逻辑关系，并且保证点到点的连接完整，流程活动关系连线接在一个点上的能重合的必须重合。

（42）流程图标位置必须居中排列，流程图转页必须是在前一页全满后其导出和导入必须对应在一个岗位栏中。

（43）流程阶段划分可根据需求处理，管理流程活动的阶段划分必须与管理闭合要求的计划、实施、检查和纠偏四个环节对应。

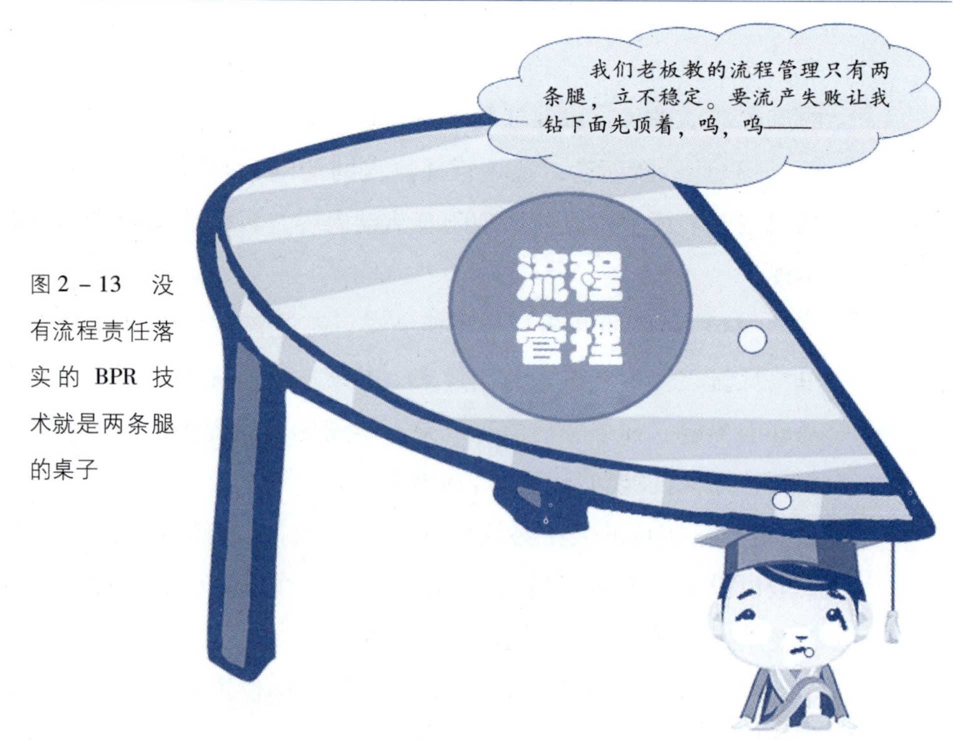

图2－13 没有流程责任落实的BPR技术就是两条腿的桌子

二、流程标准撰写优化的标准要求

（1）必须对应流程图分为三个部分展开分析拟定流程标准。

- 通过展开流程图中的目标要求，把该流程的目标要求及达成目标要求的关键活动具体、明确且准确地做出说明。

- 通过展开流程活动的进程，把该流程的每一个流程活动进程的内容具体、明确且准确地做出说明。

- 通过展开流程运行的预期结果，把该流程运行的预期结果具体、明确且准确地做出说明。

（2）对于重点流程和关键性流程，其目标要求的展开说明必须在明确流程价值目标的基础上确定与企业组织运行综合大流程衔接接口的标准内容，包括内容、数量、质量、时间和地点的要求。

（3）流程标准必须对应目标要求全面回答五个问题，即在流程图中回答的做什么、谁人做和达成什么目标要求的基础上回答怎么做及做到什么程度的问题，并且对于五个问题的回答都必须具体、明确并准确。通过对这“五个问题”的回答梳理优化分析流程，并反过来进一步优化流程的设计，包括修改调整流程图。

（4）对于报批的流程活动，必须一项一项地对应说明其内容和必要性，并分析不报批的后果。以通过流程标准的拟定分析进一步的简化流程活动，把不必要的报批活动删除，提升流程的运行效率。

（5）跨岗位的流程活动之间的衔接必须按照“不言而明，则言；不言自明，不言”的原则界定衔接接口的五个内容，即对流程活动的内容、数量、时间、质量和地点做出具体、明确且准确的说明。并通过这“五个内容”的说明梳理优化分析流程，然后反过来进一步优化流程的设计，包括修改调整流程图。

（6）流程标准的项必须与流程图中流程活动进程主线活动编号所表示的项一一对应，不能少，也不能多即使分解细致说明，也只能在该项下展开。流程活动条件、配合支持要求和文件法规限定等内容必须在对应的主线活动中详细界定说明，并通过对流程图中流程活动进程的主线活动的说明界定梳理优化分析流程。然后反过来进一步优化流程的设计，包括修改调整流程图。

（7）流程图的关系连线必须通过文字界定说明连线的逻辑线索，对于判定为否的连线返到哪一个流程活动的进程必须清楚地做出说明，并通过对流程图的关系连线的逻辑线索界定进行流程梳理优化分析。然后反过来进一步优化流程的设计，包括修改调整流程图。

（8）流程活动主体必须针对应流程图的岗位具体说明各自的活动责任，一般不得让多个岗位同时作为一个主体界定的情况存在，并通过对流程活动主体的活动责任说明界定进行流程梳理优化分析。然后反过来进一步优化流程的设计，包括修改调整流程图。

（9）流程标准中不得有抽象、模糊和概括的三类用语，如“及时”、“科学”、“合理”、“相关”、“相应”、“较为”、“大致”、“左右”和“基本”等。只能用具体、明确和量化考核的用语说明界定，以保证所分析界定的流程标准方便贯彻落实和考核检查。

（10）回答五个问题和明确五个内容的说明文字必须简明扼要，不得有论证或讨论的内容掺杂其中。即直接回答问题，以免分散活动承担主体的关注方向。

三、跟踪表单设计优化的标准要求

（1）对照流程图和流程标准草案进行分析，把必须跟踪的流程活动交接关系都明确确定为必须绘制的表单项，以通过表单把必须跟踪的流程活动交接关系固化为管理实施的跟踪抓手。

（2）跟踪表单必须把流程运行前后推进顺序关系揭示出来，把痕迹留下和留足以明确责任。并且能让人仅仅通过阅读表单，根据表单的内容就知道该流程的工作应该如何跟踪和推进。

（3）表单所包含的信息要尽可能统一，并进行标准化处理，以保证能在企业组织运行过程中实现其信息共享。

（4）在表单中，凡是不能起到把流程运行前后推进顺序关系揭示出来，把流程运行的痕迹留下、留足以明确责任的信息内容，必须删除，以保证表单的简洁。

（5）表单编号必须与流程标准中所界定的使用顺序相一致，并与流程编号对接，以明确跟踪表单与流程运行之间的衔接关系。

（6）在同一系统模块之内多个表单必须整合为一个整体，表单与表单之间必须有清晰的逻辑关系，不同系统模块的表单之间不得有重复。

（7）表单的设计必须把明确流程活动责任的签字作为必有的内容，以保证把流程运行行迹留足，为活动推进和责任兑现提供依据。

（8）表单中的流程活动责任签字设计必须避免在同一部门发生重复签字的情况，即不得有专责、副主任和主任就同一流程活动的结果确认反复签字的问题。

（9）登记表必须与汇总表相互衔接，必须通过汇总表发挥把流程运行行迹留下并留足的作用。分析表必须以汇总表为依据，并通过分析表揭示流程运行的过程和趋势。

（10）同一表单的不同填表人相互之间必须有明确的衔接关系，并通过这种衔接关系明确流程活动承担主体的责任。

四、问责制度撰写优化的标准要求

（1）强调根据“惩罚盯过程、奖励盯结果”的原则进行过程化问责，以避免不希望出现的后果发生，并防止奖励效果虚化的情况发生。

（2）问责必须与流程内容相对应，并保证在内容上全面覆盖。不应该发生而有可能发生的事一定会有，问责必须起到堵住不应该发生而又可能发生的事的作用；否则流程标准难免落空。

（3）对应流程活动的过程，以“完成与否”为标准问责，其内容是流程活动本身。如果认为没有明显有损于企业发展的后果而放松针对过程的问责，势必陷入秋后算账式的盯结果重惩罚的管理陷阱中。

（4）对应流程活动成果，以“达标与否”为准问责，其内容是流程衔接接口的五个内容；否则又会陷入责任不清的陷阱。

（5）问责的对象必须明确到具体岗位，不得笼统地说由××岗位等承担责任；否则不免因问责对象不具体而发生责任不清和无法落实的问题。

（6）问责的方式必须界定到项到数，比如扣多少分、降多少级、扣多少奖金，加多少分、升多少级和增多少奖金等，以保证问责约定对流程活动承担主体的行为选择起引导作用。

（7）问责的程度必须与流程活动价值的大小对应，活动价值大的不达标问责要重；亦否则就可能因为轻责重罚或重责轻罚而难服人心。

（8）问责的程度必须与主观意识相对应，对于存在主观故意的不达标问责必须加倍问责。

（9）必须实行连带问责制，直接上司对于直接下属的失误必须承担连带责任，同事对于能相互监督和相互支持的同事的失误必须承担一定连带责任；否则流程运行的效果就难以保障。

（10）对应每一个系统模块的流程标准贯彻落实问责，其主体必须明确，即对于由谁实施问责的问题必须做出解答。如果在绩效考核过程中统一了问责实施的方式和主体，则可简化对应模块的问责主体和方式的界定。

（11）对问责主体也必须有监管，即对问责不当者也要监管问责并以制度的方式约定，以避免问责主体的权力成为寻租源。

（12）必须强化相互监督和公开监督的措施，以保证有违流程标准的行为和行为主体能全面、准确、及时发现并纠正。

（13）问责不能仅仅是惩罚，必须与惩罚对应设计奖励。相对于流程标准，对于失责者给予惩罚，对于履责优异者给予奖励；否则不免导致流程活动承担主体的心理压抑和不满。

（14）失责的惩罚必须责任活动、责任主体、问责方式和问责程度一一对应，履责的奖励必须以流程运行一定时段为基础界定，并与时段的长短对应；否则过程与结果的管控互补就无法实现，局部失控仍难以避免。

（15）对应过程的问责必须累加实施，即对于多次违规的问责必须依次倍加，只有这样才能消除不当的习惯性行为造成的流程活动不达标后果。

（16）问责主体必须和组织结构形成对应序列关系，强化一级对一级的问责序列关系，以避免跨级问责的干扰和问责惩罚实施主体集中导致的人际矛盾积累和放大。

（17）问责的实施必须界定时效，即明确执行的起点时间；否则问责就起不到引导活动主体的行为选择作用。

五、流程管理技术运用的理念要求

任何技术都是死的，效果好坏直接决定于运用者的思想意识。流程管理技术也一样，要保证其效果，其运用者必须确立以下理念。

1. “三破除”要求

（1）在思想意识上，破除等级观念和权本位制度。

（2）在资源使用上，破除单位部门独占垄断权力。

（3）在管理实施上，破除只问结果不问过程的思想。

2. “三让给”要求

（1）在企业组织运行综合大流程中，把方便让给客户。

（2）在企业组织运行的三类价值活动中，把方便让给直接价值活动承担人。

（3）在企业组织运行的特定流程中，把方便让给流程下游活动承担人。

3. “三盯住”要求

（1）在流程设计过程中，时时处处盯住流程所要达成的目标。

（2）在流程优化过程中，盯住流程活动中的所有报批环节。

（3）在流程衔接过程中，时时刻刻盯住流程衔接接口的五个内容的具体化、明确化和数量化。

4. “三自我”要求

（1）流程标准的制定必须有标准约束主体的自我参与。

（2）企业组织运行的绩效考核实施必须以自我计算为主。

（3）薪资标准必须对应流程活动贡献的大小来确定，通过流程活动承担主体的竞岗认岗，以及在流程活动承担过程中薪资的多少与承担效果挂钩，实现自我选择。

5. “三指定”要求

（1）相对于决策人员，只有指定的方法，没有自选的方法。

（2）相对于管理人员，只有指定的活动，没有自选的活动。

（3）相对于作业人员，只有指定的动作，没有自选的动作。

6. “三下移”要求

（1）决策制定主体，非战略性的内容下移到现场。

（2）管理监控主体，流程性的内容下移到岗位之间。

（3）报销审核主体，预算核定的内容下移到活动直接主管。

7. “三平等”要求

（1）在制度制定上，管理者与被管理者平等。

（2）在现场作业中，一般作业人员与隔级上司平等。

（3）在责任承担上，直接上司与直接责任人平等。

8. “三相互”要求

（1）在流程标准制定中，跨越单位部门的内容相互沟通认同。

（2）在流程组织中，相邻流程活动主体相互承担责任。

（3）在流程工作中，行为活动是否恰当要相互监督检查更正。

9. “三全面参与”要求

（1）被约束人全面参与规章制度的制定。

（2）决策贯彻活动承担主体全面参与活动决策的制定。

（3）组织成员全面参与考核和奖惩的实施。

10. 流程优化“三不”原则

（1）价值链接能贯通的不分割。

（2）流程层次能减少的不增加。

（3）流程活动能删除的不保留。

11. “三不符”问责要求

（1）组织运行过程中，行为活动有标准，与标准不符要问责。

（2）行为活动无标准，活动原则有约定，与约定不符要问责。

（3）活动原则无约定，活动方向有通理，与通理不符要问责。

12. 保障效果的三个条件

（1）单位和部门一把手亲自主持负责。

（2）单位和部门成员上下全面参与。

（3）规划设计严格地理论联系实际。

第三篇

流程优化分析约束条件提要

流程优化分析约束条件提要主要包括对信息管理、能力素质管理、意志意愿管理、情感情绪管理、行为协调管理、关系融和管理、保障服务管理、市场开发活动管理、品牌建设管理、客户关系管理、物料购配管理、现场作业管理、产品销售管理、财产防损管理、资产监控活动管理、成本控制管理、财务控制管理和审计控制管理等诸多方面进行规范化过程中的实施操作提要，以及外部法律关系管理系统模块流程优化的约束条件提要。

此外，本篇还在对企业组织运行过程进行系统分析的基础上，讨论了成规模企业一般都有的102个系统模块的流程优化分析约束条件，并分析确定了流程图描绘、流程标准撰写优化、跟踪表单设计优化、问责制度撰写优化等四个方面的运行流程管理实施的技术标准，以及流程管理技术运用的理念要求。

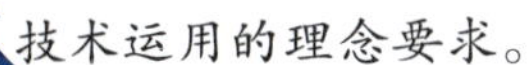

第一章

信息收集管理流程优化分析实施操作提要

优化必须有约束条件，这与数学求取极值一样，没有约束条件就不可能有极值的存在。流程优化分析就是流程活动效率极值的求取，流程优化分析约束条件的确定就是为优化确定依据。笔者在本系列《企业规范化管理系统实施方案·组织架构管理》一书中的第三篇专门分析梳理了企业组织运行的102个系统模块的事务工作，这不仅为流程梳理优化分析提供了框架，而且可直接按照这个框架讨论分析流程优化的约束条件。这102个系统模块的事务工作分析梳理已经明确了各个系统模块的目标要求，这是流程优化分析约束条件的核心内容，或者是讨论分析流程优化分析约束条件。必须紧紧围绕系统模块的目标要求进行，使之具体化和明确化；此外，事务工作项也为约束条件的分析确定设定了范围。

本章讨论分析企业组织运行的四流24个二级子系统的102个系统模块的流程优化分析约束条件。

一、内部经营信息收集管理系统模块流程优化的约束条件举要

该系统模块的流程优化分析必须以以下要求作为约束条件，并通过优化分析保证达成这些要求。

（1）完整性要求。包括物料、生产、销售、人员、财务、成本、质量、安全和客户等九个方面一个也不能缺少，并且还不能仅仅以数据的形式进行统计。对于重要信息，必须提供具体到细节的说明和分析。

（2）责任性要求。提供信息的人必须对信息的真实性负责，收集加工信息的人必须对信息的准确性负责。对于信息的遗漏和失真的责任人和责任承担方式都必须事先做出明确的约定，使责任人明确自己所要承担的责任及其责任承担方式，以保证信息收集整理的质量。

（3）全员性要求。信息收集工作涉及面广，任务量大。对于这一工作不能简单地通过设置多个信息员岗位来完成，所有直接接触信息源的岗位，都必须按照事先确定的内容、形式、时间和输入形式等标准要求，及时并准确地把在自己岗位工作中形成的信息输入到企业信息系统中。

（4）标准化要求。对于所要收集的信息内容、时效输入形式，以及所涉及的岗位必须承担的信息收集工作责任都必须事先确定标准，以通过标准的贯彻跟踪保证信息收集的及时性、连续性、完整性和准确性。

（5）及时性要求。根据信息本身的性质和要求，对于有信息形成的岗位要有明确的收集输入时间限定；对于承担综合管理职责的岗位，还必须有提供上述九类信息的现状、问题和趋势等方面的分析报告的时效限制；对于可能影响企业整体发展目标实现的重大突发性事件，必须以通报的形式进行调研分析，并撰写分析报告限期上报，如在 4 小时以内送达企业领导人和高层主管。

（6）方便性要求。信息必须以图表和分析报告的形式提供，信息收集传递可根据信息内容的性质选择内部局域网或者电子邮件的形式。成规模的企业必须有人定期编辑信息提要，并限期送达企业领导人和高层主管。

二、外部市场信息收集管理系统模块流程优化的约束条件举要

该系统模块的流程优化分析必须以以下要求作为约束条件，并通过优化分析保证达成这些要求。

（1）完整性要求。对于行业发展前景、行业技术发展情况、产品替代品发展情况、客户消费偏好变化情况、产品市场供求情况、竞争对手的市场战略措施和市场推进措施，以及企业经营资源的市场供求情况等七个方面都必须给予全面关注，保证信息的全面收集不遗漏任何一个方面。

（2）责任性要求。提供信息的人要明确说明信息的来源，为信息的核实提供方便；信息加工整理人员要负责对信息进行核实，并对其真实性承

担责任。以保证既不能随意传播道听途说的信息，而又不漏掉任何一个可能真实的重要信息。

（3）全员性要求。把对市场环境信息的收集列为每一个外出人员都必须履行的责任和义务，每一个人都必须根据自己可能接触到的信息源收集与企业发展相关的市场环境信息。

（4）制度化要求。对于关注企业发展外部环境变化并积极努力收集市场环境信息的人员的奖励要有明确的制度，通过制度要求来促使其关注企业发展的环境变化，激发员工积极收集市场信息的意愿和热忱。

（5）及时性要求。强化对于及时收集和提供与企业发展相关的市场信息的人员的激励，保证信息传递渠道畅通。使重要的市场环境信息能及时上传到企划部门和决策机构，为企业应对外部市场的变化争取宝贵时间。

（6）方便性要求。常规的市场动态信息必须以分析报告和图表的形式提供，并根据其内容的性质选择通过内部局域网或者电子邮件和简报的形式发布并传递；同时要求定期编辑信息提要，送达企业领导人和高层主管，为信息的传阅提供方便。

（7）预见性要求。这不仅是要求信息收集整理人员要及时收集权威部门或专家对于市场环境变化趋势的分析预测报告，而且要求根据已收集到并核实过的信息进行趋势性分析预测。以保证把市场环境变化的趋势信息及时并完整地传递给信息运用和信息生成两项活动相应职责的承担人，使决策方案的拟订和选择能顺应市场环境变化的趋势。

三、宏观政策信息收集管理系统模块流程优化的约束条件举要

该系统模块的流程优化分析必须以以下要求作为约束条件。并通过优化分析，保证达成这些要求。

（1）完整性要求。对于行业政策法规、市场管理法规、税收优惠政策、区域性经济发展鼓励政策和宏观经济调控政策等五个方面的信息都要给予关注，以保证全面准确地收集涉及企业发展的宏观政策信息。

（2）责任性要求。确定专人与国家宏观政策信息源建立联系，并由其对信息的准确性和及时性承担责任，同时确定信息收集发生遗漏时具体承担责任的形式，以保证这一工作做到位，落到实处。

（3）制度化要求。对于所要收集的信息内容、时效限制、输送形式，以及所涉及岗位的个人责任都必须以制度的形式约定，以保证信息收集的及时性、全面性和准确性。

（4）及时性要求。国家宏观经济政策性信息必须在第一时间得到，只要有可能，则必须通过咨询机构事先得到信息。至少要事先得到趋势性预测信息，以便为适应国家宏观政策的调整改变而进行的企业发展调整争取足够多的时间。

（5）方便性要求。要求以分析报告和图表的形式提供信息，并根据其内容和性质选择通过内部局域网或者电子邮件和简报的形式传递。定期编辑信息提要，并送达企业领导人和高层主管。

（6）预见性要求。根据企业自己的实际，以及企业发展可能受到国家宏观政策影响的程度定期举办国家宏观政策调整走向的政策预测分析会和报告会。以及早把握国家宏观政策的调控走向，便于企业为应对这种调整及早做出安排。

（7）准确性要求。对于国家宏观政策信息，不能道听途说。必须尽可能接近信息源获得准确的信息，包括通过订阅国家公开发行的政策文件和权威报刊，设置专门岗位定时收听和收看广播电视新闻。国家宏观政策信息走向的预测信息只能从权威部门和权威专家那里获取，不得听信小道消息。

四、产品技术信息收集管理系统模块流程优化的约束条件举要

该系统模块的流程优化分析必须以以下要求作为约束条件，并通过优化分析保证达成这些要求。

（1）完整性要求。所收集的产品技术信息越完整，就越有可比较性、适用性和可用性。支离破碎的产品技术信息的价值很低，甚至没有价值，最多只有一定的参考价值。

（2）常规性要求。产品技术信息的收集必须连续不断地进行，不仅要保证及时把握产品技术发展的最新情况，而且要保证把握产品技术发展的阶段性。为此要求对其定期收集和不断更新，并按发展阶段整理归类，为企业产品技术的阶段性发展服务。

（3）责任性要求。产品技术的发展能否跟上市场竞争的步伐往往直接决定企业的兴衰存亡，所以产品技术信息的收集工作必须落实到具体责任人并在明确责任承担方式后跟踪控制，以保证这一工作充分做到位。

（4）标准化要求。收集产品技术信息后必须以标准化的形式保存，以保证需要这一信息的岗位人员能充分实现共享。

图3－1　市场如同弱肉强食的动物世界

五、工艺技术信息收集管理系统模块流程优化的约束条件举要

该系统模块的流程优化分析必须以以下要求作为约束条件，并通过优化分析保证达成这些要求。

（1）完整性要求。所收集的工艺技术信息越完整，就越有可比较性、适用性和可用性。支离破碎的工艺技术的信息价值很低，甚至没有价值，最多只有一定的参考价值。

（2）常规性要求。工艺技术信息的收集必须连续不断地进行。因此不仅要保证及时把握工艺技术发展的最新情况，而且要保证把握工艺技术发展的阶段性。为此要求对其定期收集和不断更新，并按发展阶段整理归类，为企业生产经营技术的升级和越级发展服务。

（3）责任性要求。工艺技术发展水平往往直接决定企业生产经营的效率，企业有没有市场竞争力，这种效率是一个重要的作用因素。所以工艺技术信息的收集工作必须落实到具体责任人，并明确责任承担方式后跟踪控制。

（4）标准化要求。产品技术信息收集起来后也必须以标准化的形式保存，以保证能在需要这一信息的岗位人员中充分实现共享。

六、技术引进管理系统模块流程优化的约束条件举要

该系统模块的流程优化分析必须以以下要求作为约束条件，并通过优化分析保证达成这些要求。

（1）适用性要求。引进的技术绝对不能脱离企业的内外部实际情况，在确定技术引进战略之后在引进什么技术的问题上必须全面认真地分析论证。这里的全面是指不能仅仅从技术的角度，还必须结合技术运用后的市场前景并结合企业现有技术力量分析技术。

（2）经济性要求。要求把技术引进的成本费用作为一个重要因素分析考量，避免唯先进而先进和唯成套而成套的事件发生，因而必须在保证适用的前提下把技术引进的成本降到最低。

（3）责任性要求。技术引进过程中的各项工作都必须事先确定责任人和责任承担方式，以保证任何形式的失误损失都有人切实为之承担责任。

（4）发展性要求。所引进的技术不仅要有现实市场价值，保证能为企业带来可观的现实经济效益。而且必须尽可能保证具有发展的可持续性，使一次性引进能起到提升企业长久发展后劲的作用。

第二章

信息运用管理流程优化分析实施操作提要

信息运用管理规范化实施操作提要主要包括战略规划设计拟订管理系统模块流程优化的约束条件举要、年度目标计划拟订管理系统模块流程优化的约束条件举要、项目实施方案拟订管理系统模块流程优化的约束条件举要、产品技术研究管理系统模块流程优化的约束条件举要，以及工艺技术管理基本子系统管理系统模块流程优化的约束条件举要等

一、战略规划设计拟订管理系统模块流程优化的约束条件举要

该系统模块的流程优化分析必须以以下要求作为约束条件，并通过优化分析保证达成这些要求。

（1）发展性要求。这也就是要求定期对企业经营方针进行分析，并解答是否需要修改调整，以及如何修改调整的问题分析，为决策提供备选方案；定期提供滚动制订的长期发展战略规划决策备选方案；定期提供滚动制定的 3 年～5 年的中长期发展战略措施决策备选方案，并且要求所提供的经营方针、战略规划和战略措施决策方案与企业所面对的内外部环境实际及其长时间的发展变化趋势充分吻合。

（2）科学性要求。方案的分析论证必须以科学的预测分析为基础，预测分析又必须根据所要预测的发展影响因子之间的稳定联系建模完成，不能有任何形式的臆断。规划方案的设计至少必须进行 SWOT 分析，并详细论证提出设想，说明设想选择的可能效果、约束条件和可能要承担的风险

及应对预案。

（3）严密性要求。所引用的信息资料必须有确定的来源，重要的信息还必须审核查证其真实性。被直接采用的社会经济、行业市场和资源供给等发展趋势预测分析报告必须具有权威性，所做的论证必须严密全面而没有漏洞。

（4）参与性要求。战略规划方案的设计，必须广泛吸收员工参与讨论，一方面通过这种参与，达到集思广益的目的；另一方面调动员工在选择战略规划方案后贯彻落实的积极性。经营方针、长期的战略规划和中期的战略措施并不存在严格的保密问题，所以必须避免由少数几个所谓的智者关在房子里谋划议定之后强加于人的情况发生。

（5）前瞻性要求。企业中长期发展战略规划是为企业的远期发展确立目标和路线，其方案内容必须保证能适应企业内外部环境发展的实际及其发展变化的趋势。所以战略规划方案的设计不能仅仅局限于现实，必须超越现实而又能满足发展的现实。并且能充分体现由现实所表现出来的未来发展趋势，以保证所设计的战略规划具有先进性。

（6）独立性要求。备选方案在提交决策机构选择之前必须与企业领导人进行深入广泛的沟通交流，但在方案的设计论证上要保持充分的独立性，以避免决策方案的设计论证陷入仅仅论证企业领导人的观念思路的陷阱而降低这一工作的意义与作用。

二、年度目标计划拟订管理系统模块流程优化的约束条件举要

该系统模块的流程优化分析必须以以下要求作为约束条件，并通过优化分析保证达成这些要求。

（1）全面性要求。分解到年度的目标计划，必须对经营收入、固定资产、流动资产、自有资产、税后利润、多角化规模、市场空间规模、关键岗位人才、人员规模的年度增长率和增长额、产品线深度和宽度，以及产品专利自有个数、生产工艺专利自有个数、市场推进措施、资金战略措施、人才战略措施、目标责任单位和管理创新措施等 17 个方面的内容全面作出界定。

（2）可考性要求。在所拟订的 17 项内容中必须保证每一项内容都能

方便地计量和考核其达成比例和程度。所以能确定为量化目标的必须确定量化目标，不能确定为量化目标的也必须有可考核的形态标准界定。

（3）可行性要求。所分解的目标计划，必须有资源支持、市场环境现实及其近期发展变化趋势的分析说明，以及具体落实措施办法的论证分析说明，以保证所拟订的方案具有充分的可行性。

（4）科学性要求。任何一项目标计划的制定，都必须有已核实的信息资料提供论证的分析支持，不能臆断。年度目标计划制定的主要依据是正在实施的中长期发展战略规划，以及企业内外部环境发展变化的相关信息。不能把企业领导人的个人臆断和期望作为依据，以免影响方案的科学性和可行性。

（5）责任性要求。年度目标计划方案必须把相应的工作责任落实到具体的单位和部门中的具体岗位员工，通过这种责任的分解保证年度目标计划方案贯彻的每一项具体工作都有明确的责任人；同时还必须明确责任承担的方式，使每一项具体工作的承担人都能形成保证完成的意志意愿。

（6）时间性要求。也就是要有确定的限期，如在每年 12 月中旬以前完成下一年度的目标计划方案的拟订和论证，以便为决策机构的讨论选择留出足够的时间。

（7）适应性要求。每个季度，至少每半年必须对年度目标计划的落实情况进行一次跟踪审核，分析企业所面临的内外部环境的实际与原先所做的预测的偏差，及时提出年度目标计划的微调和修正方案，以便决策机构制定决策时比较分析。

（8）选择性要求。所拟订的年度目标计划必须有两套以上的完整方案，并且必须有完整的可行性论证分析说明。

（9）保密性要求。年度目标计划和落实措施办法，要涉及企业组织具体经营活动的安排，包括市场战略的选择和具体实施办法。这些信息相对于企业而言，都是应该严格保密的商业机密。因此其内容的讨论交流和信息的传递都必须有严格的范围限制，避免把属于商业秘密的信息传到与之不相关的岗位角色个人手中，以减少商业秘密被泄漏的风险。

三、项目实施方案拟订管理系统模块流程优化的约束条件举要

该系统模块的流程优化分析必须以以下要求作为约束条件，并通过优化分析保证达成这些要求。

（1）严密性要求。由年度目标计划分解到月度、周、日的项目计划，必须有严密的分解依据，以保证分解后的部分之和与年度目标计划总体相等。

（2）自主性要求。即行动方案的设计必须以项目活动的责任人为主体，由其根据自己的实际情况自主拟订具体的实施方案，避免由上司越俎代庖拟订超越责任个人实际情况的不切实际的方案。

（3）可行性要求。所做的分解必须有相应的资源支持和外部环境发展变化的分析说明，以保障项目实施计划的贯彻落实具有充分的可行性。

（4）时效性要求。方案论证必须限期，如在每年的 12 月下旬完成，并在每月月末提供计划贯彻落实情况的跟踪反馈分析报告；同时对项目实施计划进行修改调整。

四、产品技术研究管理系统模块流程优化的约束条件举要

该系统模块的流程优化分析必须以以下要求作为约束条件，并通过优化分析，保证达成这些要求。

（1）市场导向要求。产品技术所能实现的效用必须具有广泛的市场前景，即这种效用有足够多的客户对象；否则这种产品技术的研究也就失去了市场价值。

（2）保障性要求。如何保障特定效用的实现，以及在多大程度上保障这种特定效用的实现是产品技术研究必须解答，而且是必须首先解答的问题。如何保障特定效用的实现是对技术途径的研究解答，在多大程度上保障这种特定效用的实现是对技术途径效果的研究解答，所以产品技术研究管理必须时刻提醒研究人员紧紧盯住保障特定效用实现这一目标。

（3）责任性要求。产品技术研究是一项很严密的工作，任何一个细节

出错都可能导致结论失误。在研究的过程中必须明确分解研究工作的每一个细节的具体责任人和责任承担方式，以通过责任上的环环相扣和步步把关，来减少结论的不确定性，来减少试验的重复。

（4）计划性要求。这就是要求从研究方向和选题内容确定开始，就必须在企业组织范围内统筹规划，通过计划组织实施，强化研究的相互协作配合，以保证研究投入能在尽可能短的时间取得尽可能多的成果。

图3－2 我被烧着啦，到底撤不撤呀？

五、工艺技术管理基本子系统管理系统模块流程优化的约束条件举要

该系统模块的流程优化分析必须以以下要求作为约束条件，并通过优化分析保证达成这些要求。

（1）服务性要求。工艺技术研究是为企业工艺技术水平的提升发展服务的，其研究工作必须控制在直接服务于企业工艺技术的改进和提升发展上。

（2）渐进性要求。要求不断地对工艺技术进行改进，一方面把现有生产设备的利用效率和潜能挖掘出来；另一方面又不断探索对于生产设备的升级改造。

（3）创新性要求。在充分研究论证的基础上通过对工艺技术进行创新，实现对生产设备的升级改造。

（4）责任性要求。工艺技术研究也是一项很严密的工作，任何一个细节出错也都可能导致结论失误。在研究的过程中必须明确分解研究工作的每一个细节的具体责任人和责任承担方式，通过责任上的环环相扣和步步把关减少结论的不确定性来减少试验的重复。

（5）计划性要求。要求从研究方向和选题内容确定开始就必须在企业组织范围内统筹规划，通过计划组织实施强化研究的相互协作配合，以保证研究投入能在尽可能短的时间取得尽可能多的成果。

第三章

信息生成管理流程优化分析实施操作提要

信息生成管理系统包括人事问题决策制定，以及经营方针、战略措施和技术路线的选择确定等，其规范化实施操作提要包括经营方针决策制定管理系统模块流程优化的约束条件举要、战略措施决策制定管理系统模块流程优化的约束条件举要、人事问题决策制定管理系统模块流程优化的约束条件举要，以及技术路线选择确定管理系统模块流程优化的约束条件举要等。

一、经营方针决策制定管理系统模块流程优化的约束条件举要

该系统模块的流程优化分析必须以以下要求作为约束条件，并通过优化分析保证达成这些要求。

（1）依据严格性要求。对方案的选择必须有明确的评价依据界定，不能仅凭个人的主观偏好随意取舍，这个依据就是整个世界的社会、经济、政治、文化及科技的发展现实和走势。企业的发展方向和途径，只有与这种现实和走势相吻合才能获得广阔的发展空间。

（2）依据公开化要求。方案的选择和取舍依据必须向企业组织成员全面公开说明，以便于企业组织全体成员都能准确地理解经营方针决策的内涵，以提升其贯彻落实的自觉性。

（3）认同充分性要求。经营方针的决策必须广泛吸纳员工参与讨论，只有得到绝大多数员工的认同，才能保证它的全面贯彻落实。

（4）先进性要求。经营方针的内涵必须能够体现与整个社会发展趋势相吻合的原则，以保证企业的发展能适应社会发展的实际，并使之具有适度的超前性。并且使之作为一种统帅企业组织运行过程所有活动和工作的指导思想，能够代表并体现社会发展的趋势。

二、战略措施决策制定管理系统模块流程优化的约束条件举要

该系统模块的流程优化分析必须以以下要求作为约束条件，并通过优化分析保证达成这些要求。

（1）责任完全性要求。任何决策都不能简单地采取少数服从多数的原则表决制定，也不能由参与讨论人的认同来代替决策制定的比较选择。讨论参与人不能对决策负责，决策制定责任人只能是决策的最终拍板人。讨论只能是决策责任人集思广益、提升决策质量和减少决策失误的一个措施，不能成为决策拍板人推卸决策责任的借口。

（2）比较内容确定性要求。制定决策就是比较选择，但决策制定责任人的比较选择必须有确定的内容。无论是所提供的决策方案，还是自己另选的比较内容都必须能够明确界定，不允许有不能分析比较的内容存在。

（3）及时性要求。战略和措施决策都具有高度的时效性，只有对应于企业内外部环境的变化及时做出反应才能取得效果。因而所对应的决策必须在尽可能短的时间内完成，避免议而不决的事情发生。

（4）现场化要求。具体措施的决策要尽可能地授权由现场人员完成；应对现场突发事件的决策必须授权现场负责人，以避免过多地层层请示汇报，贻误应对变化的时机而造成不必要的损失。

（5）参与性要求。要保证决策的贯彻落实，必须把决策贯彻落实责任人吸纳到决策制定的讨论过程中来。让他们一同参与讨论，并审定决策方案，以在完善决策方案的同时提高他们贯彻落实决策的主动性和积极性。

三、人事问题决策制定管理系统模块流程优化的约束条件举要

该系统模块的流程优化分析必须以以下要求作为约束条件，并通过优化分析保证达成这些要求。

（1）依据明确性要求。各种管理制度的讨论批准和各种方案的讨论确定，都必须有明确、具体并能公开的依据，选人、用人和奖惩人都必须有公开颁布的管理制度作为依据。没有制度依据的人事决策必须有能公开并能让人信服的价值判断依据，以避免个人情感和偏好对人事问题决策产生误导。

（2）程序限定要求。各种管理制度的讨论批准、各种方案的讨论确定、关键岗位的人员选择和重大人事问题的处理，都必须有完整的管理程序限定，通过程序控制层层把关，环环把关，以减少失误。

（3）及时性要求。对于企业组织运行必须有的人事管理制度方案，以及关键岗位角色的人员选择必须及时讨论确定，以保证企业人事管理工作的有序性和企业组织运行的用人所需。

（4）认同广泛性要求。凡是涉及多方面利益调整的人事问题决策，尤其是激励机制建设方面的制度制定都必须尽可能事先广泛组织交流与讨论，以期在得到大多数员工理解和认同的基础上做出决策。

（5）分级决策要求。人事问题决策要保持适度的集中，对于人事管理制度等相应规章制度的制定必须集中统一，以避免各个单位和部门各行其是的情况发生。但对于具体的选人、用人，以及按制度要求对员工实施奖惩则必须分级实施，按照事先确定的管理制度由直接上司提出方案并由隔级上司审核裁决，以避免人事管理上规章制度的贯彻执行被现实中的人际关系所扭曲。

四、技术路线选择确定管理系统模块流程优化的约束条件举要

该系统模块的流程优化分析必须以以下要求作为约束条件，并通过优化分析保证达成这些要求。

（1）程序化要求。要求通过确定科学、详细和明确的程序对技术路线选择确定过程进行控制，通过程序控制这种决策的质量。技术路线选择确定管理系统模块功能作用健全完善所必须完成的事务工作内容就是对这种程序的一种粗线条的设定，在此基础上细化确定程序并严格遵照这一程序决策，失误也就可以大幅度降低了。

（2）专业化要求。要保证技术路线的选择恰当，选择者必须对技术路线本身的内涵有比较全面的把握，而这相对于非专业人员却是勉为其难。所以这一决策必须充分吸纳专业人员参与讨论，并诚恳地听取其意见。这里的专业人员不仅仅限于产品技术专业或工艺水平技术专业，还包括市场和财务分析专业，只有综合多方面的专业人员的意见才能避免失误。

（3）科学性要求。这一决策必须建立在技术发展、市场效果和财务收益三个方面的科学预测基础上，没有这三个科学预测作为依据，任何形式的比较分析都没有意义。而这些预测又必须通过一定科学方法来实现，否则让卦摊的神汉巫婆胡诌一通，或自己凭拍脑袋臆断都毫无意义。

第四章

信息传递管理流程优化分析实施操作提要

信息传递管理系统主要包括责任分解管理流程、沟通鼓动管理流程、技术研究成果发布管理流程等，其规范化实施操作提要主要包括责任分解管理系统模块流程优化的约束条件举要、沟通鼓动管理系统模块流程优化的约束条件举要，以及技术研究成果发布管理系统模块流程优化的约束条件举要等。

一、责任分解管理系统模块流程优化的约束条件举要

该系统模块的流程优化分析必须以以下要求作为约束条件，并通过优化分析保证达成这些要求。

（1）完整性要求。贯彻落实决策的事务工作必须进行系统全面的分析清理，以保证贯彻落实决策的工作不漏项，并避免发生必须完成的事务工作被忽略而导致决策贯彻落实受阻的情况发生。

（2）明细化要求。贯彻落实决策的事务工作的责任分解必须进行明确细致的界定，对每一个细节的要求都必须事先界定，以避免责任不清造成的相互推诿事件的发生。

（3）协调性要求。承担贯彻落实决策相应事务责任的人必须事先协调其已经和将要承担的工作责任。如果无法协调必须事先声明，由上司协助协调，以避免因为承担超负荷的工作责任而导致与其他单位、部门或岗位所承担工作难以协调的事件发生。

图3-3 无知才无畏

二、沟通鼓动管理系统模块流程优化的约束条件举要

该系统模块的流程优化分析必须以以下要求作为约束条件，并通过优化分析保证达成这些要求。

（1）完整性要求。决策及其贯彻信息必须完整并准确地下达，不允许有截留和取舍，以保证决策贯彻落实的事务工作承担责任人能得到完整和准确的信息。

（2）及时性要求。对不同性质和不同层次的决策，设定下达贯彻落实的时限，以保证相应的单位、部门和岗位角色能及时获得决策信息，并以最快的速度付诸实施。

（3）准确性要求。对于决策信息的传递和反馈方式都必须有形式上的限定，该形成书面文件的必须有书面文件，以避免在传递过程中因误传和误解而导致变调走样；对于没有事先决策方案选择的小型随机性决策进行文件化处理，包括制作记录后相互确认。

（4）愿景化要求。贯彻落实决策需要借助指令，但指令只能是贯彻落实决策的最后手段。首要途径是让承担决策贯彻落实事务工作的责任人形成与决策所寻求的目标一致的愿景。因而任何决策的贯彻落实都必须转化为共同愿景，并由共同愿景具体化为个人愿景，任何比较重大的决策的贯彻落实都不能仅仅停留在依靠行政指令这一途径上。

（5）激发性要求。让人做不愿做的事肯定是做不好的，因此必须通过沟通鼓动激发下属的热情和积极性。让下属主动请缨，自觉自愿地为贯彻决策而努力，把贯彻决策变成自己的意志意愿。

（6）理解性要求。要下属完整地贯彻落实决策必须保证他们对所要贯彻落实的决策有准确、全面和完整的理解，避免在贯彻落实决策上受“民可使由之，不可使知之”的专制集权思想的影响。在让人明了决策的内涵和意义之前，不能轻易下达决策贯彻落实的行动指令。

（7）充分性要求。无论是对于承担决策贯彻落实事务工作的责任人的责任和权力，还是决策本身的内涵、作用和意义都必须充分地沟通，以让承担决策贯彻落实事务工作的责任人充分明确自己在这一决策贯彻过程所应肩负的责任，及其价值和意义；否则就难以保证事务工作承担责任人有充分大的决心和信心。

（8）全面性要求。对于承担决策贯彻落实事务工作的责任人，哪怕只是提供很小的支持工作的人，也都必须通过沟通鼓动让他们明白决策的内涵、作用和意义并对完成决策贯彻落实事务工作进行承诺，以消除决策贯彻落实过程中可能发生的人为阻力。

（9）平等性要求。与承担决策贯彻落实事务工作的责任人沟通，必须以平等的姿态进行。避免高高在上，用简单粗暴的指令来推动决策的贯彻落实；否则难免发生因为决策贯彻落实事务工作承担责任人因为情感和情绪原因造成消极怠工，甚至抵制决策落实的事务工作。

（10）感染性要求。贯彻落实决策的沟通鼓动工作必须由具有一定个人魅力和鼓动能力的人来承担，通过其热情和魅力感染承担决策贯彻落实事务工作的责任人。以激发他们的积极性和热情，这也就是要求这种沟通鼓动必须运用沟通的艺术完成。

三、技术研究成果发布管理系统模块流程优化的约束条件举要

该系统模块的流程优化分析必须以以下要求作为约束条件，并通过优化分析保证达成这些要求。

（1）及时性要求。技术研究成果发布必须定期组织，一个月要有一次

汇报会式的发布，让研究人员汇报一个月内的研究进展情况；三个月要有一次完整性的发布，让研究人员全面介绍三个月内的研究成果。

（2）标准化要求。发布技术研究成果必须使用标准的用语，有实物成果的还必须提供实物，以保证所发布的研究成果能在企业组织内部真正实现分享。

（3）连续性要求。要求在发布本期技术研究成果时必须说明本期研究成果与上期成果之间的关系，没有结题而另换选题的必须说明中断的原因，只有这样才能保证对研究人员的研究成果有一个全面的掌控。

第五章

信息反馈管理流程优化分析实施操作提要

信息反馈管理系统包括跟踪控制管理流程、监察纠偏管理流程，以及技术研究成果运用反馈管理流程等，其规范化实施操作提要主要包括跟踪控制管理系统模块流程优化的约束条件举要、监察纠偏管理系统模块流程优化的约束条件举要，以及技术研究成果运用反馈管理系统模块流程优化的约束条件举要等。

一、跟踪控制管理系统模块流程优化的约束条件举要

该系统模块的流程优化分析必须以以下要求作为约束条件，并通过优化分析保证达成这些要求。

（1）及时性要求。对决策贯彻落实的具体事务工作必须及时跟踪控制，把问题解决在萌芽状态，避免因为新问题和困难的发生而导致决策贯彻的受阻。

（2）强制性要求。在决策的贯彻落实过程中，对于故意抵制违抗和拖延曲解的人要有强制性的查处办法，以保证决策能及时并完整地贯彻落实。

（3）权力保障要求。现场主管必须拥有现场控制纠偏的权力，以保证决策贯彻落实发生偏差后能在第一时间和第一地点完成纠偏控制，避免因为偏差的继续和蔓延造成损失扩大。

（4）全面性要求。跟踪控制不能忽视任何一个方面的事务工作，对任

何一个方面的事务工作完成的质量和进度，以及可能发生和已经发生的问题和困难都必须及时拿出应对的办法和措施，以保证决策的贯彻按照应有的质量和进度推进。

（5）经济性要求。跟踪控制的实施是需要投入人力和物力，因而跟踪控制工作必须控制在适度的基础上。这一方面要求保证跟踪控制到位，使决策的贯彻落实不会发生大的偏差；另一方面又要求避免在跟踪控制上的资源投入过大，以至于得不偿失。

（6）形式多样化要求。跟踪控制的实施必须尽可能采取多种形式，仅仅依靠某一种形式或手段是难以保证跟踪控制效果。尤其要把这种跟踪控制的工作和责任广泛地分摊到不同的岗位角色身上，使上司主管、职能管理人员和同事下属都在跟踪控制中发挥作用，以减少因为这一工作过分集中而带来的资源投入的浪费和跟踪控制力度的降低。

（7）公开性要求。跟踪控制是保证决策贯彻落实的一项重要工作，其实施并不意味着对下属员工的不信任。没有必要偷偷摸摸地进行，而应光明正大。为了避免跟踪控制给决策贯彻落实事务工作承担者带来不必要的心理伤害和情感抵触，必须尽可能通过正当的途径获得决策贯彻落实的信息，尤其要避免听信小报告和随意猜忌下属员工的事情发生。

二、监察纠偏管理系统模块流程优化的约束条件举要

该系统模块的流程优化分析必须以以下要求作为约束条件，并通过优化分析保证达成这些要求。

（1）定期化要求。对于重大决策和规章制度的贯彻落实偏差实行定期报告制度，没有发生偏差也要提供零偏差报告。

（2）及时性要求。定期调查研究，及时发现决策和规章制度贯彻落实的偏差。根据偏差的内容和性质限定纠偏反应时间，并及时分析提出处理建议。

（3）差别性要求。对于不同性质的决策和规章制度的贯彻落实，以及不同的单位、部门和岗位要区别对待，抓住重点和关键。避免平均使用力量，把重点放到容易发生偏差的环节及容易发生偏差的单位、部门和岗位上。

（4）责任性要求。作为决策和规章制度的贯彻落实的第二保障线的监察纠偏，不仅要对决策和规章制度的贯彻落实效果承担连带责任，而且要对纠偏查处的事实本身承担责任，造成任何形式的冤假错案，都必须有具体的人承担责任。

（5）追溯性要求。对所发现的偏差问题，无论大小都要登记造册，按月度或季度提出书面分析报告。对于重大决策和规章制度的贯彻过程中出现的问题，还必须适时提出书面分析报告。

三、技术研究成果运用反馈管理系统模块流程优化的约束条件举要

该系统模块的流程优化分析必须以以下要求作为约束条件，并通过优化分析保证达成这些要求。

（1）及时性要求。技术研究成果运用的反馈分析必须定期进行，当技术研究成果被投入运用一段时间后必须及时运用反馈分析，以便及时发现并纠正偏差。

（2）准确性要求。对于技术研究成果运用反馈，要求其统计数据准确、分析界定用语准确、反馈事实客观准确且关联关系确定无疑，以避免以臆断和假设为依据进行分析、评价和反馈。

（3）量化分析要求。要求对技术研究成果的反馈分析必须用数据说话，由定量分析论证。由抽象的定性分析得出的结论模棱两可，起不到反馈作用的。

（4）自主性要求。要求技术研究人员直接介入到技术研究成果运用反馈过程中，与相关管理部门一同承担完成技术研究成果运用反馈的事务工作。并且参与反馈信息的收集和原因的分析讨论，而不是坐等相关管理部门把结论送上门来。

第六章

信息固化管理流程优化分析实施操作提要

信息固化管理规范化实施操作提要主要包括价值观念归纳整理管理系统模块流程优化的约束条件举要、理论体系建设完善管理系统模块流程优化的约束条件举要，以及企业文化实体层构建管理系统模块流程优化的约束条件举要，以及企业文化表象层构建管理系统模块流程优化的约束条件举要等。

一、价值观念归纳整理管理系统模块流程优化的约束条件举要

该系统模块的流程优化分析必须以以下要求作为约束条件，并通过优化分析保证达成这些要求。

（1）全面性要求。企业文化核心层的价值观念是一个涵盖九大关系的体系①，对于每一种关系，都必须有对应的价值观念界定其内涵，以对每一种关系的性质都做出明确的界定。

（2）协调性要求。企业文化核心构成层的价值观念是一个完整的有机整体，对九大关系相互之间关系的界定说明必须有严密的内在逻辑联系，以保证界定说明这九大关系性质的价值观念的内涵和要求彼此协调。

（3）实用性要求。企业文化服务于企业发展战略的实施目的，其核心构成层的价值观念的归纳界定必须与企业的实际相符合，以保证它在统一

① 舒化鲁．拥抱辉煌的六根魔杖——企业管理规范化实施方案．北京：中国人民大学出版社，2003年3月第1版．

思想、统一观念和协调行为上的作用。脱离实际的高调大话，与企业发展的需要相背离不能推动和促进企业的发展，不能给它留下存在的余地。

（4）明确性要求。企业共同的价值观念的归纳和表述必须用语通俗准确且表意明确，让人一看就明白。不得有晦涩难懂和故作高深的用语存在，以有助于企业组织成员准确理解并达成共识，从而形成企业组织共同的价值观念。

（5）科学性要求。企业共同的价值观念指导企业组织全体成员行为活动的指导思想和行为准则，因而其内容除了保证符合企业组织运行的实际之外，还必须科学，不得有任何封建迷信的内容。

（6）先进性要求。人的行为由思想观念支配，要保证企业组织成员的意志行为选择符合企业发展的需要就必须保证企业共同的价值观念具有先进性。使之能代表企业发展的方向和人类社会发展的方向。任何形式的腐朽没落的思想观念都必须从企业价值观念体系中清理出去。

图3－4　老板说过就忘啦

（7）发展性要求。企业共同的价值观念不是一成不变的，必须紧紧盯住企业的发展和社会的进步而定期清理、提升和优化，以保证它能起到引导企业发展和推动社会进步的作用。

（8）参与性要求。企业价值观念最终都必须成为企业组织成员广泛认同的思想方法和行为准则，其归纳整理界定必须把员工广泛吸纳进来参与讨论，使之成为员工由衷认同并自愿遵循的行为准则。

二、理论体系建设完善管理系统模块流程优化的约束条件举要

该系统模块的流程优化分析必须以以下要求作为约束条件，并通过优化分析保证达成这些要求。

（1）严密性要求。企业经营管理理论体系必须在理论逻辑上严密无隙，能经得起逻辑的推论和反驳，也只有这种理论逻辑上的严密性才能赋予企业共同的价值观念以逻辑的力量。

（2）科学性要求。对企业共同的价值观念的理论说明和论证必须客观而准确，不允许牵强附会，把与企业发展不相关的东西硬塞进来。也不允许以故作高深来增加企业文化的神秘性，任何形式的牵强附会都必须清理出去。

（3）大众化要求。论阐述理的语言文字必须大众化，避免出现生僻晦涩的用语和文字，以及旁征博引式的学究考证。企业文化的理论体系不需要创立或探索任何高深的理论，而是要把企业共同的价值观念的科学合理性及其应用的内在逻辑联系发掘阐释出来。

（4）全面性要求。企业经营管理理论体系是对企业共同的价值观念的阐述和论证，要保证企业共同的价值观念具有理论穿透力。阐释其逻辑联系的理论体系也必须涵盖企业共同的价值观念的所有内容，不能忽略或缺少任何一个方面。

（5）系统性要求。企业共同的价值观念是一个有机的整体，阐述说明企业共同的价值观念的理论体系也必须是一个能自圆其说的完整理论。不能支离破碎，东拼一个理论，西抄一个学说，以免把企业共同的价值观念分解成不相关联的观点进行说明解释。

三、企业文化实体层构建管理系统模块流程优化的约束条件举要

该系统模块的流程优化分析必须以以下要求作为约束条件，并通过优化分析保证达成这些要求。

（1）全面性要求。企业共同价值观念的内涵和要求必须分解落实到企业文化实体层的四个不同构成要素之中，使价值观念的内涵和要求都具体化为弹性大小不同的约束落到实处。如果企业共同价值观念的任何一个内容和要求，不能最终具体体现在企业文化实体层中的相应构成要素上，就势必成为高调和大话，失去其应有的作用。

（2）差别性要求。企业共同价值观念的内涵和要求不能都选择强制性的约束来贯彻落实，必须根据不同方面的价值观念的性质和要求与企业发展联系的紧密程度，对应选择企业文化实体层中不同构成要素来体现和落实。这一方面要避免把企业共同价值观念的体现贯彻途径弄得过于生硬和僵死，让人感到施展不开；另一方面又要避免让企业共同价值观念的体现贯彻途径具有太大的弹性，变成毫无约束作用的号召。

（3）适应性要求。究竟把企业共同价值观念中什么内容和要求以企业文化实体层中的何种构成要素来体现和贯彻，必须与企业组织内部员工构成的实际相适应，以保证这种价值观念体现贯彻的途径和方法与企业组织构成人员的素质修养对应起来。对于员工素质相对较低的企业，其体现贯彻必须尽可能多地通过规章制度进行强制性的约束；反之，则要避免对自我约束力强和素质高的人运用过多的强制约束，以免引起反感而导致人心离散。

（4）参与性要求。强调通过员工的广泛参与，让员工自我立法和自我约束，以形成和完善企业文化实体层的构建。在企业文化实体层的四个构成要素中，除了生产方式所体现的操作规程或工艺作业流程要求属于事物本身形成的约束之外，作为协调人与人之间关系的所有的行为规则，无论是强制性的还是非强制性的，其制定必须广泛吸纳员工参与讨论，其清理更是如此。

（5）引导性要求。企业文化实体层四个构成要素的内容都是以一定形式的约束存在的。对于这种约束，不同的人可能有不同的认同程度。所以

在其形成和完善的过程中必须站在企业组织整体利益的角度进行引导，避免因为员工的参与而降低要求本身。

（6）责任性要求。要贯彻落实任何一项约束都必须有具体的责任人检查督促；否则任何行为要求，即使是很宽松的要求也可能难以贯彻落实。在一个由众多人组成的企业组织中总会有不自觉的人，因此规章制度、生产方式和伦理道德中的任何一项要求都必须明确具体的检查落实责任人，通过“罚必有司”来保证其遵守和贯彻。

（7）明确性要求。企业文化实体层的四个构成要素所界定的行为活动要求和准则都以一定形式的约束存在，其界定不能有模棱两可和含糊其辞的内容。任何要求和准则让人遵守的前提就是让人明确其真实内涵，并且这些要求和准则都必须以文字的形式界定，以保证其准确性和稳定性。

（8）最优化要求。对于企业共同的价值观念的内涵和要求，哪些内容选择以规章制度的形式来体现贯彻，哪些内容选择其他三个要素的形式来体现贯彻必须通过规划设计进行优化。其目的是保证真正根据企业共同价值观念的内涵和要求本身的性质特点，具体化为企业文化实体层的不同构成要素并使它们互补，不必进行强制约束的要求必须避免用规章制度来体现贯彻。

（9）发展性要求。企业文化实体层的四个构成要素所界定的不同性质的约束和要求不能一成不变，必须根据企业发展的实际和外部环境的实际紧紧扣住企业共同价值观念的内涵和要求调整和完善，以实现与时俱进。尤其是在员工已经把企业共同价值观念的内涵变成了潜意识的习惯性行为之后，就更要避免把这种要求再以制度的形式来体现贯彻。

（10）稳定性要求。由企业文化实体层的四个构成要素所体现的各种约束和要求必须保持相对稳定，让人们有充分的时间来适应这种约束和要求，尤其要避免使这种约束和要求发生多变而失去其应有的权威性和约束力。

（11）程序性要求。对于构成企业文化实体层的四个要素所体现的任何形式的约束和要求的更改都必须经过一定的程序，不能随意根据企业领导人的偏好或一时的灵感冲动修改。

（12）启发性要求。企业文化实体层的四个构成要素所界定的约束和要求要保证被员工快速接受并内化为自我约束，必须针对重要的关键性约束和要求，有计划地设计一些典型事件。就像海尔砸冰箱一样通过一种能震撼人心的方式，启发员工重视，以达成令其自我约束的目的。

四、企业文化表象层构建管理系统模块流程优化的约束条件举要

该系统模块的流程优化分析必须以以下要求作为约束条件，并通过优化分析保证达成这些要求。

（1）目的性要求。企业不是艺术家联合会，不能为了艺术而艺术。企业文化的表现艺术无论是语言文字的还是形象的，都必须紧紧扣住表达价值观念、理论体系和企业文化实体层的构成内容这一目的。以保证企业文化表象层真正成为企业文化的表象层，避免创作与企业文化其他三个层次的构成内容不相关联的艺术。

（2）大众化要求。企业文化表象层存在的目的，就是艺术化地展现企业文化其他三个层次构成要素的内涵和要求。使更多的人受到感染，认同和接受其所表达的内涵和要求。其艺术表现形式必须大众化，做到雅俗共赏。避免创作超越员工的欣赏能力的艺术形式，追求所谓高雅的阳春白雪，使这种艺术失去了它在企业发展中应有的管理作用。

（3）广泛性要求。这一方面要求通过广泛的艺术形式，把企业文化其他三个层次的内涵和要求都艺术化，变成让人喜闻乐见的艺术形式展现出来；另一方面则要求企业文化表象层的构建创作要广泛吸纳员工参加，让员工发挥自己的艺术想象力，创作和丰富能体现企业文化其他三个层次相关内涵和要求的艺术形象。

（4）典型性要求。任何艺术都是一种典型形象的塑造，作为企业文化表象层的艺术也不例外，它也必须通过典型形象的塑造来感染人。这就要求企业文化表象层的两类艺术所塑造的典型形象既要符合生活的真实，又要符合艺术的真实，以期通过这两个真实来提升企业文化表象层的感染力。

（5）现实性要求。企业文化建设所塑造的典型形象必须尽可能从企业组织内部发掘原型，使这种典型形象让人感到可亲可信，进而起到增强其现实感染力的作用。

（6）经济性要求。对于企业文化其他三个层次的构成要素的内涵和要

求，究竟选择何种形式的艺术来表现必须根据企业的实际情况而定。其基本要求是尽可能选择投入低，传播快的艺术表现形式。避免贪大求洋，让企业投入过多的资源，给企业造成不必要的经济负担。

（7）制度性要求。企业文化表象层的艺术形式必须通过制度要求来推动不断创新、积累和发展，以实现这种艺术表现形式的多样性、丰富性和新鲜感，避免一成不变和单调乏味的陈词滥调充斥企业文化表象层。

（8）榜样性要求。企业领导人要带头做出表率，积极参与到企业文化表象层构建的艺术创作过程中来。并通过榜样示范带动员工参与，使企业文化表象层构成要素的构建创造活动全员化。

（9）重点突破要求。企业文化表象层的构建是一个不断丰富和发展的过程，不能一成不变，必须有经常性的活动进行推进。但这种经常性的活动必须体现出企业组织运行不同阶段和不同时期的关注重点，这就要求每一个阶段和时期都必须有具体针对的问题。以保证突出重点和突破重点，使企业文化表象层构成要素的构建与企业组织运行过程中面对的重大问题的解决对应协调起来。

第七章

能力素质管理流程优化分析实施操作提要

能力素质管理系统主要包括招聘任用管理流程、培训开发管理流程和员工发展管理流程等，其规范化实施操作提要主要包括招聘任用管理系统模块流程优化的约束条件举要、培训开发管理系统模块流程优化的约束条件举要，以及员工发展管理系统模块流程优化的约束条件举要等。

一、招聘任用管理系统模块流程优化的约束条件举要

该系统模块的流程优化分析，必须以以下几个要求作为约束条件。并通过优化分析，保证达成这些要求。

（1）及时性要求。对所需人员按层次分类确定招聘输送时间限制，对于普通岗位人员，一般在单位和部门用人需求计划提出后两周内为其输送合格的人员；对于初级专业人才，一般在用人单位或部门提出用人需求计划后三周内为其输送合格的人员；对于中级专业人才，一般在用人单位或部门提出用人需求计划后一个月内为其输送合格的人员，对于高级专业人才，一般在用人单位或部门提出用人需求计划后两个月内为其输送合格员工。

（2）计划性要求。必须根据企业发展战略规划，对企业人力资源需求和人才市场的供求定期预测，并根据预测制订人力资源开发规划和实施计划。以便事先为企业发展所需的人才供给做好准备，保证在用人单位刚好需要的时候提供能满足其条件要求的人员。

（3）程序完整性要求。人员招聘程序至少要包括岗位需求论证说明、岗位工作标准说明书拟写、招聘方案设计论证、人员面试选择和录用面谈等五个环节。即使是小规模的企业和小规模的人员招聘，仅仅由一个人负责这一工作也必须有相应的程序控制。程序可以相对简化，但却不能省略。

（4）先内后外要求。企业组织内部出现新的岗位用人需要首先要从企业组织内部挑选，把更多的发展机会留给企业组织内部成员。只有在确认从企业组织内部没有合适人选后才对外公开招聘，只有这样才能提升企业组织的凝聚力和员工的归属感。

（5）公正性要求。招聘任用的所有环节都必须公开化，杜绝暗箱操作，以公开来保证公正。选择应聘人员必须杜绝以貌取人和以情取人，也只有严格按照能力素质要求选择才能保障招聘任用的人员充分满足岗位履职条件要求。

（6）全面建档要求。对于每一个员工的岗位工作变动和绩效表现都要有完整的记录，并建档跟踪。对于当时没有录用，但企业发展后又可能需要的应聘人员也要建档跟踪并保持联系，从而为企业发展之后的人力资源需求的满足提供可供选择的后备力量。

（7）人格尊重要求。无论是否最终选用，都要给予应聘人员充分的尊重。在任何一个环节上都不允许有损他人尊严和贬低他人价值的情况发生。

图3－5　企业发展，投资和人才缺一不可

二、培训开发管理系统模块流程优化的约束条件举要

该系统模块的流程优化分析，必须以以下几个要求作为约束条件。并通过优化分析，保证达成这些要求。

（1）适应性要求。明确企业培训工作的目的是使员工不仅要满足岗位工作的知识结构和经验技能方面的要求，而且要使之在价值观念和思维方式和行事习惯上都统一到企业文化上来；同时员工也要不断更新知识并完善自己的知识结构，提升自己的履职能力，以适应企业的管理升级、产品升级、技术升级和市场升级的需要。

（2）目标性要求。每一类培训都必须确定培训所要达成的具体目标要求，使培训真正做到有的放矢，以保证培训投入能为企业四大价值的增值和积累提供支持。

（3）计划性要求。每一种培训都必须在企业发展的战略规划框架之内制订出详细的规划，并分解制订年度计划。确定完成的时限和经费预算，通过计划来保障培训开发工作的有序性。

（4）标准化要求。每一种培训都必须达到“三有”标准，一是有教材，即每一种培训都必须有专门的教材或者是自己编印的，或者是选定的，以保证培训内容的系统性、完整性和统一性；二是有教员，即培训不是自学，必须有专门的或者兼职的培训师，为受训人员提供讲解和学习辅导；三是有组织，即每一种培训都必须确定培训活动组织的专门责任人，并对培训效果进行跟踪。

（5）体系完整性要求。要保证人力资源开发工作能起到促进企业发展的作用，必须健全企业培训体系。从形式上分析，必须包括岗前培训、在岗培训和离岗培训；从内容上分析，必须包括企业文化培训、知识技能培训、职业素质培训和履职技能培训。无论哪一个方面，都不能忽略或遗漏。

（6）效果评价要求。培训不能只是一般性的号召，必须保证达到既定的目标，因此必须有专门的程序将培训效果对照目标要求进行考核评价。不仅对于没有达成目标要求的要补课和再培训，而且对于培训的投入效益也要有评估。

（7）全员性要求。对于企业的所有员工都要根据其任职岗位和职业发展的实际，全面组织培训，把培训发展的机会平等地给予每一个员工。

（8）差别性要求。企业能用于培训开发的资源是有限的，资源的投入必须向企业发展急需的人才，以及融入企业组织并对企业组织忠诚度高的人员倾斜，以保证企业资源投入的效益。

（9）公平性要求。培训相对于员工是一种高价值的福利，因而对于企业所倾斜的培训对象的选拔必须公平。即严格根据绩效表现和融入企业组织的程度进行选择，避免在选拔对象上的拉帮结派和搞裙带关系。

三、员工发展管理系统模块流程优化的约束条件举要

该系统模块的流程优化分析，必须以以下几个要求作为约束条件。并通过优化分析，保证达成这些要求。

（1）计划性要求。按照企业发展战略规划的要求在制定人力资源发展规划的基础上拟订通过员工自我发展实现企业人力资源发展积累和储备计划，具体内容包括实现员工发展管理的途径、方法和投入预算。

（2）制度化要求。通过制度来规范员工发展管理，让员工发展管理不仅有人具体负责，而且保证用于推动员工自我发展的措施办法能持久地得到贯彻实施。

（3）自主性要求。避免在自我学习的内容、方式和时间上进行指令性限定，把选择权交给员工。对于企业所需要的人力资源可通过强化激励的方式进行引导，让员工按照企业发展的需要来发展和积累自己的知识技能，成就自己的事业。

（4）全面性要求。对于员工发展管理一方面要在企业组织内部全员实施，通过管理促进每一个员工都实现发展；另一方面在内容上，又不能仅仅盯住员工的知识技能发展管理，员工的意志欲望、兴趣偏好和事业成就等三个方面的发展管理也都必须加以重视。

（5）责任性要求。对于员工发展管理具体工作的落实，除了由职能部门牵头负责外，每一个主管都要承担起对下属员工发展管理的责任，并把这一责任纳入主管岗位的绩效考核项目中。

（6）效益性要求。企业的任何资源投入都必须能服务于企业四大价值

的增值和积累的目的，员工发展管理也不例外。为此必须紧紧扣住企业发展对人力资源数量、结构和内容的发展要求引导员工自我发展，使员工的自我发展直接成为企业人力资源开发和储备的重要途径。

第八章

意志意愿管理流程优化分析实施操作提要

意志意愿管理规范化实施操作提要主要包括愿景设计管理系统模块流程优化的约束条件举要、授权支持管理系统模块流程优化的约束条件举要、绩效考核管理系统模块流程优化的约束条件举要、薪酬福利管理系统模块流程优化的约束条件举要、晋级任用管理系统模块流程优化的约束条件举要，以及决策参与管理系统模块流程优化的约束条件举要等。

一、愿景设计管理系统模块流程优化的约束条件举要

该系统模块的流程优化分析，必须以以下几个要求作为约束条件。并通过优化分析，保证达成这些要求。

（1）切实性要求。无论是企业共同愿景的设计，还是员工个人愿景的设计都必须建立在通过努力一定能达到的基础上。对于个人的愿景设计，尤其是要把个人的工作努力与其能够从企业共同愿景的实现中获得的利益满足对应起来。让员工切实感到只要努力，企业共同愿景的实现也就是自己愿景的实现。

（2）形象化要求。愿景是个景，必须把枯燥乏味的数字转换成能直接感知的图画，以通过联想增加这种未来发展目标对员工的激励作用。

（3）自主性要求。员工个人的愿景设计只能在上司主管的指导和启发下由员工个人自主完成。只有员工个人自主设计的愿景，才能反映其真实愿望。只有这种愿景相对于他才是愿景，因而才能对其意志行为选择起到

引导激励作用。

（4）发展性要求。这就是要求引导员工用发展的观点来看待和分析企业的未来和个人的未来，让员工能够突破现有的条件限制思考未来的发展，设计自己的愿景。尤其是要使员工形成个人发展与企业发展相关联的观念，从发展的角度把个人愿景与企业愿景对接起来。

二、授权支持管理系统模块流程优化的约束条件举要

该系统模块的流程优化分析，必须以以下几个要求作为约束条件。并通过优化分析，保证达成这些要求。

（1）细分化要求。即要求把权力通过一定形式的细分后授予不同的主体，让不同的权力主体相互制衡，以有效地避免权力的滥用。

（2）岗位化要求。坚持以岗位授权为主，避免不必要的指令授权。岗位授权是一种稳定的授权，是与特定岗位的履职标准相对应的。并且一旦使之脱离对岗位职责的履行，所授予的权力也就自然而然地失去了效力；指令授权虽然具有一定的灵活性，但由于这种授权随意性过大，并且与岗位工作没有联系，因而很难有效地实现制衡。

（3）公开化要求。即任何一种形式的权力都必须公开地授予，一方面让授予权力的主体通过这种公开授予而得到他人的认同，使其这种权力能够得到尊重；同时，公开授权也可以使其所得到的权力在运用上受到监督。授予的权力是有边界的，这种边界就是对权力使用的限定。公开授权让更多的人，包括其下属了解其权力使用的边界，也就限制了所授予的权力，使之无法随意滥用。

（4）确定性要求。对于权力的作用范围及作用对象的限制必须用规范的文件予以描绘和限定，使得任何越权行为都变得困难并且容易被发现，进而使越权和滥用权力成为不可能。

（5）对等性要求。这就是授予的权力大小必须与责任相对等，只有在对承担责任所必需的资源进行系统分析、讨论和界定之后才能确定权力授予的范围和量度，在任何情况下都不能授予没有责任的权力。

（6）无越级要求。要求即使在迫不得已的指令授权中，也要避免越级授权，即越过直接下属把权力授予下属的下属。越级指令授权往往会导致

组织运行的混乱，致使下属的下属拿这种越级指令授予的权力来抵制直接上司主管的约束管理。

（7）可控性要求。要求对授出的权力进行必要的跟踪控制，授权不授责，授权者必须对授权承担责任的人的活动方式和活动内容进行定期和不定期的跟踪检查。或者让下属员工定期或不定期地汇报，以审核所授予的权力是否按照授予权力的目的要求在行使。

（8）计划性要求。要求授权必须有事先的规划和设计，即对要授予的权力如何进行细分、授权要达到什么目的和权授予谁最恰当等都要通过全面分析做出计划安排，以避免随意地授予他人以权力。

三、绩效考核管理系统模块流程优化的约束条件举要

该系统模块的流程优化分析，必须以以下几个要求作为约束条件。并通过优化分析，保证达成这些要求。

（1）体系完整性要求。根据不同职系岗位的特点选择恰当的绩效考核方法，以保证对各级和各类员工的绩效评价都客观而公正，使绩效考核本身起到激励和引导员工进行意志行为选择的作用。

（2）公正性要求。在对履职人员的绩效评价过程中，不得掺杂考核评价人的任何主观偏见。严格地依照岗位履职条件要求，对其绩效进行评价。不允许把任何岗位履职条件要求之外的价值偏好强加于他，影响对他的绩效评价的公正性。

（3）公平性要求。强调绩效考核的实施必须事先确立标准，并保证标准的统一，避免事先没有评价标准和有多重评价标准的情况发生。评价标准是严还是宽，是高还是低本身并不重要。重要的是严宽和高低必须一视同仁，并且事先确定，以保证员工的绩效成绩与其实际努力和贡献相对应。

（4）客观性要求。对下属员工的绩效考核只能用事实说话，不能掺加考核人的主观臆断和猜测，给被考核人评定成绩必须有事实材料佐证。

（5）准确性要求。必须保证员工的绩效考核得分的横向可比性，使之能作为不同员工横向比较的依据。至少能准确地反映他们相对于岗位履职条件要求所作的努力在程度上的差别，以避免因为绩效成绩缺乏这种横向

可比性，而导致在任用选拔和酬赏依据上发生混乱。

（6）全面性要求。必须避免对下属员工的绩效评价以偏概全，防止因一日之过而忽略九日之功，因一日之荣而掩盖九日之差的片面评价，以保证对下属员工的履职评价能涵盖全过程和全部职责。

（7）全员性要求。对于每一个员工都必须进行绩效考核，在通过绩效考核确定员工为企业发展所做努力和贡献的同时，为员工从企业的发展中获得多种形式的利益满足确定依据。

（8）定期化要求。绩效考核必须对应员工薪资的发放时间和用人选拔周期定期进行，以保证为企业的留人和用人提供准确及时的依据。

图3－6 职责真的清清楚楚

四、薪酬福利管理系统模块流程优化的约束条件举要

该系统模块的流程优化分析，必须以以下几个要求作为约束条件。并通过优化分析，保证达成这些要求。

（1）依据全面性要求。企业的薪酬福利管理必须完整地体现企业共同的价值观念、企业发展本身的特点、企业发展所依赖的关键资源的性质和劳动力市场的供求关系的特点，并遵守国家的政策法规。

（2）发展适应性要求。员工薪酬总额的确定必须充分考虑同行竞争对手人均薪酬总额、企业在同行中的地位，以及企业核心竞争力的构成与员工整体的关系，以强化薪酬福利管理对企业发展的保障作用。

（3）差别性要求，员工薪酬结构的选择不能一刀切，采取一种统一的模式。必须根据不同职类岗位的特点确定不同职类员工的薪酬结构比例和薪酬各构成部分的核定方法，以保证薪酬福利管理的激励机制建设作用。

（4）公平性要求。员工的薪酬必须反映员工为企业发展所做的努力和贡献的差别，不同岗位员工之间的薪酬差异必须体现这种努力和贡献的差异。

（5）认同广泛性要求。员工薪酬体系的建立和薪酬福利管理制度的制定，包括员工基础工资、奖励工资、附加工资和福利保险的核定方法、核定依据和核定程序的确定都必须广泛征求不同层次及不同职类员工的意见，以最大限度地获得员工的认同。

（6）激励性要求。包括附加工资在内，员工薪酬的每一个构成部分都要与员工的岗位工作贡献相对应。不能设立和发放与岗位工作特点、努力程度和贡献大小没有直接关联关系的薪资项目，以保证薪酬福利管理在企业组织激励机制建设中能起到主导作用。

（7）支付规范性要求。薪资的支付必须满足及时支付、现金支付、足额支付、扣除事先约定和薪资预支担保五个原则要求①，以避免企业的薪酬投入因为支付问题而降低其激励作用的情况发生。

五、晋级任用管理系统模块流程优化的约束条件举要

该系统模块的流程优化分析，必须以以下几个要求作为约束条件。并通过优化分析，保证达成这些要求。

（1）公正性要求。对员工进行选拔晋级任用必须避免假公济私、裙带关系和拉帮结派活动的发生，以保证晋级任用人员的能力素质和对企业的忠诚度都充分高，足以满足岗位履职的要求。

（2）公开性要求。晋级任用活动的每一个程序和环节都必须公开化，避免暗箱操作。以通过公开性来保证公平性，从而通过公平性和公开性来强化晋级任用的激励机制建设作用。

① 舒化鲁．拥抱辉煌的六根魔杖——企业管理规范化实施方案．北京：中国人民大学出版社，2003 年 3 月．第 1 版．

（3）程序化要求。晋级任用管理的全部活动都必须有严密的程序进行控制，通过程序控制来保障公正性，进而保证晋级任用的每一个员工都能充分胜任岗位职责。

（4）渐进性要求。员工的晋级任用必须避免直升机式的跨级晋升，强调选拔晋级任用优秀人才也必须通过小步快跑的方式来晋级任用，以减少晋级任用上的失误。

六、决策参与管理系统模块流程优化的约束条件举要

该系统模块的流程优化分析，必须以以下几个要求作为约束条件。并通过优化分析，保证达成这些要求。

（1）广泛性要求。尽管决策参与是作为一种酬赏兑现给予员工的，但这种酬赏兑现却不需要成本投入。所以必须广泛运用，以通过这种不花成本的酬赏来激励员工并调动员工的积极性。

（2）层次性要求。企业的决策问题是分为多重层次的，对应于员工的决策参与也必须分为多个层次。高层、中层和基层三个不同的决策参与层次在参与面上会受到不同的限制，因而必须对应员工的绩效考核成绩进行安排；同时也要考虑到决策参与人的知识结构和决策能力。基层决策问题的参与面必须尽可能大，只要员工关注这相关决策问题并把自己的个人发展融入企业发展之中，就要为其提供决策参与的机会。

（3）制度化要求。决策参与活动的组织必须通过制度来规范其实施，也只有制度为其实施提供了依据，才能保持它在企业组织激励机制建设中的作用。

第九章

情感情绪管理流程优化分析实施操作提要

情感情绪管理系统包括情感融入管理流程及其子流程“三不”行为梳理公示管理流程和“三不”行为查处管理流程，以及情绪疏导管理流程及其次级子流程非正式组织活动支持管理流程和休闲集会组织管理流程，其规范化实施操作提要包括情感融入管理系统模块流程优化的约束条件举要和情绪疏导管理系统模块流程优化的约束条件举要。

一、情感融入管理系统模块流程优化的约束条件举要

该系统模块的流程优化分析，必须以以下几个要求作为约束条件。并通过优化分析，保证达成这些要求。

（1）普遍性要求。情感融入管理的实施不能区别对待，必须一视同仁，对于每一个员工都必须给予充分的尊重、信任和关怀；否则情感融入管理不仅不能达到提升企业组织的凝聚力和激发员工奉献精神的目的，还可能因为亲疏有别而分裂瓦解企业组织。

（2）制度性要求。要保证情感融入管理在企业管理之中发挥作用，就必须通过健全完善的制度来规范和稳定其实施，以保证这一活动的连续性并稳定其效果。

（3）榜样性要求。情感融入管理企业各级管理人员要带头实施，做榜样。只有各级管理人员都真诚地尊重、信任和关心下属员工，才能够形成员工对企业的爱的情感。而在任何一个企业组织中往往总是因为等级观念

的泛滥，造成了组织成员之间的差距和对立，降低了员工对企业的归属感。如果没有各级管理人员发挥带头作用消除等级观念，情感融入管理的实施也就不可能起到提升员工对企业组织团队及其同事爱的情感的作用。

（4）相互性要求。情感关系本身是一种相互关系，爱必须得到对方爱的回馈才能升华这种爱的情感。所以在情感融入管理的实施中，一方面要强化上司对下属的尊重、信任和关怀；同时又必须引导下属尊重、信任、关怀上司，以及引导同事之间相互尊重、相互信任和相互关怀。

图3－7 准确而客观的考核就是如此

二、情绪疏导管理系统模块流程优化的约束条件举要

该系统模块的流程优化分析，必须以以下几个要求作为约束条件。并通过优化分析，保证达成这些要求。

（1）平等性要求。任何一级主管都必须以平等的姿态与员工相处，只有平等的关系才能避免因为等级差别而引起的对立情绪的产生；同时各级主管只有经常与下属员工平等地沟通才能化解下属员工的不良情绪，并防止不良情绪的发生。

（2）广泛性要求。情绪疏导管理的实施必须普及到每一个员工，任何一个员工作为现实的人都不免受到心理情绪的影响，只有通过广泛的情绪疏导管理实施才能避免不良情绪由积累而导致总爆发给企业组织的运行造成冲击和影响。

（3）制度性要求。情绪疏导管理是一项常规性的工作，必须通过建立健全制度来保证其秩序和力度。

（4）差别性要求。每一个人的心理承受能力和情绪控制能力不一样，心理承受能力和情绪控制能力强的人往往能够通过自我调适来达到实现情绪发泄，恢复心理平静的目的。但对于缺乏这种能力的人，则必须通过疏导管理来帮助其化解心理情绪的影响，以恢复其心理平静。

（5）专门化要求。人的心理情绪不可能通过简单的指令消除，为此要求人们必须掌握心理情绪活动的规律。因此，可以定期举办相关心理学讲座，让各级管理人员都具备相应的专门知识。对于一些容易受到心理情绪影响的岗位，还必须聘请心理学专家提供心理情绪疏导管理指导，以避免这些岗位上的员工由于情绪问题而妨碍其工作的正常进行。

第十章

行为协调管理流程优化分析实施操作提要

行为协调管理系统包括计划协调管理流程及其子流程甘特图确定、计划偏差纠正、计划修改调整等管理流程，以及奖惩控制管理流程及其子流程决策贯彻效果统计分析、奖赏鼓励和惩罚纠偏等管理流程，其规范化实施操作提要包括计划协调管理系统模块流程优化的约束条件举要、奖惩控制子系统管理系统模块流程优化的约束条件举要。

一、计划协调管理系统模块流程优化的约束条件举要

该系统模块的流程优化分析，必须以以下几个要求作为约束条件。并通过优化分析，保证达成这些要求。

（1）前瞻性要求。计划协调是一种事前协调，所以计划所确定的活动内容、进程和效果必须建立在科学的预测分析基础上。不能在决策贯彻过程中通过试错的方式来实现这种协调，摸着石头过河往往是要付出代价的。

（2）责任性要求。贯彻落实决策的计划及预算的制定与核准必须与信息传递活动的责权分解同步进行，并把计划协调作为要分解的重要责任内容之一落实到具体的岗位角色个人，以避免没有计划和预算就盲目行动的事件发生。

（3）全面性要求。决策贯彻落实的事务工作都必须有从时间、地点和过程，以及方式上界定的协调实施计划，不能漏项，以保证计划协调的准

确性和有效性。

（4）参与性要求。计划协调工作的实施必须分层次，吸纳所有承担决策贯彻落实事务工作的责任人参与讨论。避免通过简单的指令来推动，以调动承担决策贯彻落实事务工作的责任人自我约束并主动地进行协调的积极性。

（5）科学性要求。计划协调的实现必须选择运用科学的方法分析论证，避免拍脑袋想当然地制定决策贯彻的计划和预算，以保证计划协调的严密性和准确性。

（6）适度性要求。制订的计划必须保证松紧适度，一方面要保证计划充分紧凑，以使企业资金的运用能在企业组织运行过程中获得充分大的效益；同时又必须适当留有余地，以使所制订的计划具有一定的弹性，从而避免计划刚性太大而导致协调无效的事件发生。

（7）权威性要求。在企业组织运行的现实中贯彻落实决策的计划和预算一经制订和核准，就必须保证执行。只要没有发生不可预料的事件，对任何违背计划行事的责任人都必须严厉查处，以避免有人擅自不执行计划而降低计划权威性的事件发生。

二、奖惩控制子系统管理系统模块流程优化的约束条件举要

图3－8 免费的午餐

该系统模块的流程优化分析，必须以以下几个要求作为约束条件。并通过优化分析，保证达成这些要求。

（1）有据性要求。无论奖励还是惩罚都必须有事先达成的共同约定作为依据，不能随意根据上司主管的偏好滥施奖惩，以保证承担决策贯彻落实事务工作的责任人在意志行为上的协调和统一。

（2）严肃性要求。奖惩的实施必须严肃认真，对照事先达成的共同约定该奖的一定要奖，该惩的一定要惩。真正做到赏不避仇，罚不避亲，为决策和决策制定机构树立权威。

（3）及时性要求。在决策贯彻实施过程中对做出特别努力和有特别贡献的奖励，以及对消极怠工和不负责任的行为的惩罚，必须在应该受到奖励和惩罚的事情发生后尽可能短的时间内兑现奖惩。只有这样才能保证这种奖惩对人的意志行为引导的激励作用，进而达到对员工行为协调管理控制的目的。决策贯彻落实后的总结性奖惩兑现也必须限定在一定的时间内，如一个月内完成。以避免让人们已经忘记了该奖和该惩的行为事件之后再重提奖惩，降低奖惩的激励引导作用的问题发生。

（4）公开性要求。奖惩的实施必须公开进行，是否该奖或该惩，一方面要让众人参与评判；另一方面又能经得起众人的评判，以达到通过奖惩来引导其他人的意志行为选择的目的。奖惩的实施尤其要避免暗箱操作；否则奖惩的实施就失去了外部监督，这也就不免变成少数人拉帮结派和打击异己的手段。

（5）人性化要求。尽管奖惩两个方面对于决策的贯彻落实，缺一不可，但要避免因为过多的惩罚而导致对立和对抗情绪的发生。因而必须把奖惩的重点放在奖上，以奖为主，以罚为辅。强调通过奖励引导人们进行意志行为选择，只有当不惩处就不足以纠偏的情况下才能根据事先达成的共同约定施予惩罚，以保证决策有效贯彻的同时提升企业组织的凝聚力。

第十一章

关系融和管理流程优化分析实施操作提要

关系融和管理系统包括劳资关系融洽管理流程、内部法律关系管理流程和工作质量提升管理流程等，其规范化实施操作提要主要包括劳资关系融洽管理系统模块流程优化的约束条件举要、内部法律关系管理系统模块流程优化的约束条件举要，以及工作质量提升管理系统模块流程优化的约束条件举要等。

一、劳资关系融洽管理系统模块流程优化的约束条件举要

该系统模块的流程优化分析，必须以以下几个要求作为约束条件。并通过优化分析，保证达成这些要求。

（1）知情权保障要求。定期，如每个季度向劳资双方通报企业组织运行相关方面的信息，使其了解企业组织运行的实际情况。

（2）理解性要求。定期和不定期的就劳资双方所关心的问题进行座谈沟通，及时化解已经存在或者可能存在的分歧和矛盾。对于员工，无论职位高低都必须给予充分的尊重和关怀，减少和消除对于员工，尤其是基层岗位员工的等级歧视。在企业组织内部媒体上定期刊发一些形式多样阐述投资者与作业人员相互依存关系的文章，以增强双方对自己利益的实现，以及对方的努力和贡献的依存关系的理解。

（3）责任性要求。企业经营领导人必须把融合劳资关系作为自己的一项基本职责，并通过定期或不定期的会议报告说明二者之间的依存关系。

使相互之间在充分理解的基础上认同和满足对方的利益，实现双赢。

（4）员工稳定性要求。员工在这劳资这对矛盾关系中处于弱势，他们往往不得不通过用脚投票来表达自己的意见。所以必须尽可能多地站在员工的立场上思考判断，在保障员工利益的基础上化解劳资矛盾，融合二者之间的关系，进而把员工的非正常流动率控制在一个较低的水平上。

（5）效益性要求。在企业组织内部消灭劳资关系激化的罢工事件，把因劳资关系紧张导致的停工损失降至为零。

图3－9 工作过程本身可能带来乐趣

二、内部法律关系管理系统模块流程优化的约束条件举要

该系统模块的流程优化分析，必须以以下几个要求作为约束条件。并通过优化分析，保证达成这些要求。

（1）合情合理要求。强调以仁、义、礼、智和信五大价值观念的理论为基础，以融和和结成相互之间爱的情感为目标进行自我约束，保证在内部环境活动主体之间的关系都符合中庸和谐的企业伦理关系要求。

（2）知法守法要求。通过对相关法律知识的宣传和培训，一方面让企业组织内部每个成员都明确自己的合法权益和应承担的义务，以及其他人所拥有的合法权力和必须承担的义务；另一方面，又保障企业组织内部关系管理活动都限制在国家法律和法规的范围之内。

（3）平等性要求。对于企业组织内部四类活动主体，必须平等对待，不得以任何理由歧视和打击其中任何一个方面，必须经常检查有无对处于弱势的作业人员存在歧视的违法行为。

（4）权利维护要求。及时用法律来协调和平息企业组织内部四类活动主体相互之间的矛盾，把企业组织四类活动主体相互之间矛盾的激化给企业发展带来的损失降至为零。

三、工作质量提升管理系统模块流程优化的约束条件举要

该系统模块的流程优化分析，必须以以下几个要求作为约束条件。并通过优化分析，保证达成这些要求。

（1）自主性要求。工作质量的高低主要取决于工作者的工作自主程度，越是能体现工作者的事业志向、兴趣爱好和专业特长的工作越会让工作者感到生命的价值和工作的乐趣。所以必须最大限度地创造条件，使其自主选择工作内容和工作方式，把事权交给员工个人。

（2）参与性要求。任何一个岗位员工都是主体性存在，越是充分体现其主体性就越能体现其人生价值。而又只有员工本人参与决策制定，使其意志意愿得到充分表达的活动，他才会感到是自己应该努力和最有积极性的活动。

（3）人际关系和谐要求。工作质量的高低与通过工作获得的经济收益大小并没有直接对应关系，相反与工作过程中的人际关系和谐程度正相关。员工之间友善亲切，相互关爱，在其他条件不变的情况工作质量会明显提供；反之则相反。所以消除员工之间持续的误解和矛盾，达成相互关系的和谐必须将规范化管理作为一个重要目标。

（4）制度化要求。在企业组织内部存在岗位工作分工是不可避免的，但必须避免把这种分工变成等级限制，因而必须有保障员工平等交流沟通和交际联络的制度安排。

（5）及时性要求。定期对员工的工作热情和兴趣爱好和人际关系状况进行统计调查分析，及时发现问题并及时采取措施，以消除员工内心的压抑和不满。

（6）领导榜样要求。工作质量的提升关键是一个观念问题，只有企业领导人和所有高层主管都准确把握人的主体性这一本质特性，尊重员工的主体性。并从自身做起，通过榜样的作用才能取得实效。

图 3－10　提升工作质量的关键是使人形成兴趣偏好

第十二章

保障服务管理流程优化分析实施操作提要

保障服务管理系统包括人身安全保障、生活保障服务、工作保障服务、行政事务服务等方面的管理流程，其规范化实施操作提要包括人身安全保障管理系统模块流程优化的约束条件举要、生活保障服务管理系统模块流程优化的约束条件举要、工作保障服务管理系统模块流程优化的约束条件举要，以及行政事务服务管理系统模块流程优化的约束条件举要等。

一、人身安全保障管理系统模块流程优化的约束条件举要

该系统模块的流程优化分析必须以以下要求作为约束条件，并通过优化分析保证达成这些要求。

（1）预防性要求。定期对安全隐患进行排查，及时发现并处理，以把安全事故处理在发生之前。

（2）全面性要求。按照国家安全标准配发安全防护设备，完善安全防护措施并定期检查设备的完好状况和措施的实施状况，以避免安全事故的发生。

（3）严密性要求。严格排查，仔细分析，不留安全死角，使每一个时段和每一个空间都有人对安全问题负责。

（4）反应及时性要求。当安全事故发生后限时做出反应，遏制事故的蔓延和扩张，以减少安全事故带来的损失。

（5）责任性要求。实行安全管理一把手工程，发生安全事故由单位第

一负责人承担全部责任。单位和部门员工只要有可能发现发生安全事故隐患的人都要承担连带责任，并且必须事先确定各种安全责任的承担方式。

（6）追溯性要求。对所有的安全事故，无论大小都要登记造册，按年度进行总结并提出书面总结分析报告。

二、生活保障服务管理系统模块流程优化的约束条件举要

该系统模块的流程优化分析必须以以下要求作为约束条件，并通过优化分析保证达成这些要求。

（1）保障性要求。不发生任何因为生活保障不及时或不充分而导致的员工工作热情的波动和工作效率下降的事件。

（2）全面性要求。定期征集员工的意见，了解员工工作期间的生活难题并根据企业的现实有计划地解决，保障员工工作不遭受任何形式的生活不便之忧。

（3）服务性要求。生活保障服务就是服务，承担工作保障服务及其管理具体工作的人员必须深入到员工工作场所进行调研并征求意见。以不断完善生活保障服务，提升生活保障质量。

（4）经济性要求。岗位员工工作得以正常进行所必需的生活保障条件项目，在内容、数量和质量上并不是越多越好，越高越好。任何超过必须的限制都是一种浪费，所以必须通过定期分析清理，消除这部分浪费。

三、工作保障服务管理系统模块流程优化的约束条件举要

该系统模块的流程优化分析必须以以下要求作为约束条件，并通过优化分析保证达成这些要求。

（1）保障性要求。不发生任何因为工作保障服务不及时或不充分而导致的工作低效、延误或停工事件。

（2）全面性要求。定期征集员工对工作保障服务的改进意见，提升工作保障服务的质量，以提升员工的工作效率。

（3）经济性要求。岗位员工工作得以进行所必需的客观物质条件项

目，在内容、数量和质量上并不是越多越好，越高越好。任何超过必须的限制都是一种浪费，所以必须通过定期分析清理调整核准标准。并监督配给实施，以消除这部分浪费。

四、行政事务服务管理系统模块流程优化的约束条件举要

该系统模块的流程优化分析必须以以下要求作为约束条件，并通过优化分析保证达成这些要求。

（1）计划性要求。对于决策的制定和贯彻的支持服务工作，必须在对决策的重要性和紧迫性的准确把握的基础上，计划协调所要完成的事务工作，以保证不同决策的制定和贯彻在时间上实现协调。

（2）及时性要求。为决策的制定和贯彻所提供的支持服务工作必须在需要时全面到位，不得因为任何形式的支持服务工作不到位，而延误决策的制定和贯彻活动的进行。

（3）经济性要求。对于投入在决策制定和贯彻支持服务上的人、财和物必须协调，使之作为一个整体，服务于决策的制定和贯彻。避免对应于企业组织高层机构，各自独立设灶支锅，造成重复投入的浪费情况发生。

（4）文件化要求。企业组织各级主管的行为活动必须有完整和准确的记录，并限定时间收集归档管理。

第十三章

市场开发活动管理流程优化分析实施操作提要

市场开发活动管理系统包括产品设计开发、渠道开发规划和渠道开发实施等方面的管理流程，其规范化实施操作提要主要包括产品设计开发管理系统模块流程优化、渠道开发规划管理系统模块流程优化、渠道开发实施管理系统模块流程优化、渠道开发跟踪管理系统模块流程优化，以及价格拉动开发管理系统模块流程优化等方面的约束条件举要。

一、产品设计开发管理系统模块流程优化的约束条件举要

该系统模块的流程优化分析必须以以下要求作为约束条件，并通过优化分析保证达成这些要求。

（1）人性化要求。要充分关注人们现实生活、工作和学习中的困难和不便，急人之所急，想人之所想，真正为人们消除这些困难和不便提供行之有效而又低成本的解决方案。

（2）经济性要求。产品设计时必须避免把客户不需要的产品效用和质量添加到其中，强加给客户，让客户支付不必要的代价。

（3）差异化要求。避免把客户当做平均化的抽象人对待，必须在严格地进行市场细分的基础上设计产品，以满足不同层次、不同年龄和不同类型的客户的需求。

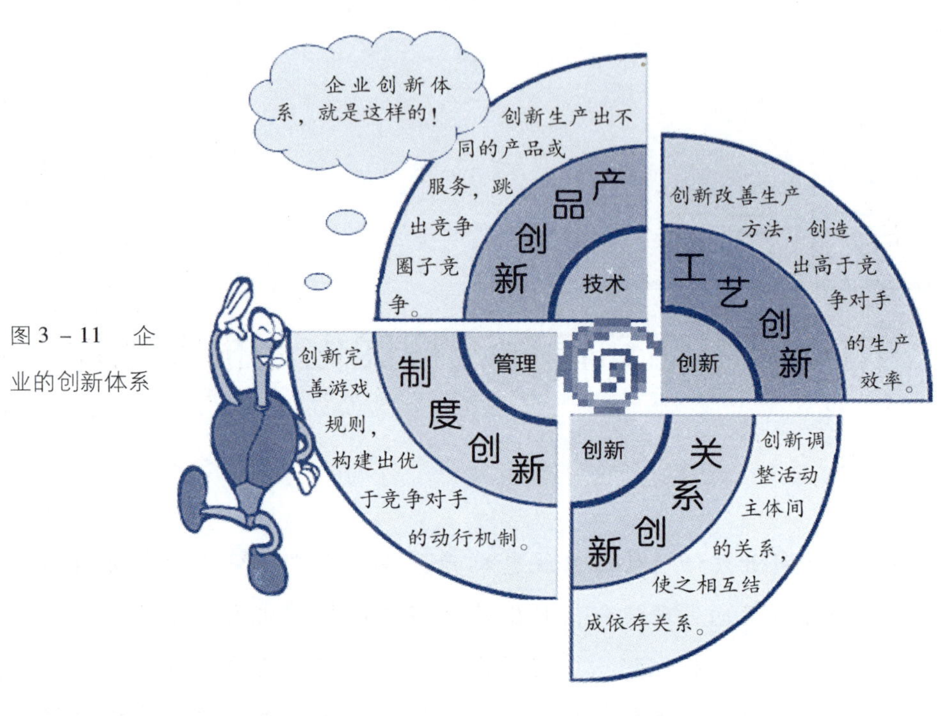

图3－11　企业的创新体系

（4）安全性要求。保证产品在为客户带来一定需求满足的同时，必须保障不会为其带来任何生理及心理上的伤害和财产上的损害。

（5）效益性要求。必须在分析预测客户愿意为产品支付代价的最大限额的范围内准确定位，保证所设计的产品能使企业获得高于平均利润的利润，尤其是要避免所设计的产品的成本投入等于和大于客户所愿支付的代价的情况发生。

（6）市场导向要求。必须严格基于尊重和方便客户的基础上对实现产品的途径进行搭配组合优化，避免不必要的高新技术的使用给产品使用带来不便，以及为了技术创新而进行的技术创新。

（7）客观性要求。根据企业所拥有的技术力量和所能投入的资金实际选择确定企业的产品创新开发战略，做到既不脱离现实，也不唯现实。以使企业能在现实的基础上突破现实，实现发展。

二、渠道开发规划管理系统模块流程优化的约束条件举要

该系统模块的流程优化分析必须以以下几个要求作为约束条件。并通

过优化分析，保证达成这些要求。

（1）科学性要求。渠道开发规划是在准确把握市场实际的基础上，根据市场营销规律对渠道组合和网点构建进行设计论证，以确定方案。其中的每一步工作都必须以客观实际为依据，在运用科学方法进行预测分析论证的基础上完成，以全面杜绝规划设计过程中的随意性和主观臆断行为。

（2）程序化要求。渠道开发规划设计的过程必须有完整的程序进行控制，先由上而下，确定指导思想。然后由下而上，分别拟订方案草案，并在层层论证分析的基础上汇总编制确定。

（3）数据化要求。要求在渠道开发规划设计的过程中必须用数据说话，每一个环节的论证都只能用数据比较说明，避免空洞的理论阐述带来的臆断和随意性。

（4）效益性要求。对不同渠道的有效性和可控性进行定期评估，并在评估的基础上不断优化，这种评估必须紧扣销售利润率和市场战略贯彻的有效性，以使渠道的优化组合建立在服务于企业组织运行效率和效益的改进和改善上。

（5）扁平化要求。要求减少渠道环节，让企业总部直接管理控制的渠道分支机构最大限度地增加。减少企业与市场客户沟通联络的中间环节，以避免信息传递失真和价值传送耗损。

（6）全面性要求。相对于企业的发展而言，渠道方式总是多多益善。只要能服务于市场开发目的渠道都要根据企业的实际情况广泛构建起来，条件暂时不具备的也必须有计划地创造条件构建。

（7）重心下沉要求。在同质化程度高的产品或服务的市场开拓上，只有充分保障终端客户，以及直接服务于终端客户的渠道工作点利益，才能实现企业的利益。保证客户上帝的地位，必须让上帝见到香火。为此要求渠道开发工作重心必须下沉到渠道末端，直接为终端客户和为渠道末端服务。

（8）逐渐升级要求。渠道传送什么直接体现了渠道本身的层次，传送产品是一级，传送管理是二级，传送价值是三级。在同质化程度高的产品或服务的市场竞争中，仅仅停留在传送产品层次上的渠道是不可能把市场开拓出来的。渠道管理必须向上升级发展，为此要求由传送产品向传送管理升级，然后向传送价值升级。

（9）广泛性要求。只要对于企业所经营产品或服务有潜在需求的客户有一定规模，就必须保证有渠道网点提供沟通联络支持。以逐渐渗透，积累和扩大市场份额。

图3－12　渠道不通，产品再好也没有用

三、渠道开发实施管理系统模块流程优化的约束条件举要

该系统模块的流程优化分析，必须以以下几个要求作为约束条件。并通过优化分析，保证达成这些要求。

（1）严格规划执行要求。要求渠道开发实施必须严格按照《渠道开发规划方案》进行，避免随意性。

（2）实事求是要求。在实施过程中发现规划方案中存在脱离实际的地方必须实事求是地根据实际情况调整，不能机械地照搬规划方案行事，以避免出现削足适履的错误。

（3）标准化要求。网点设立必须在实施程序、资金投入和网点形象上统一标准，并按统一标准组织实施。无论市场区域差别有多大，在网点设立上是具有可复制性的，标准化地实施可减少浪费并提升效率和效益。

（4）先易后难要求。在规划方案的贯彻实施过程中市场开发总会有难有易，为此要求为保证市场开发早见成效必须先易后难。即首先扩展市场占领地盘，开辟并巩固根据地后再攻坚。

（5）简化控制要求。有了科学的《渠道开发规划方案》，并要求严格贯彻实施，那么为保证实施操作少失误和资源投入不滥用的审核控制就必须简化。为此要求把这种审核层次减少到最低限度，由直接上司对规划方案的严格贯彻实施负责，即仅仅由其直接审核决定所属市场区域的渠道开发资源投入。

（6）责任明晰要求。规划方案由上而下和由下而上编制论证，渠道建设的各级人员都明确目标和标准，因而只要把责任具体到各个事务工作承担人即可保障实施的效果、效率和效益。

四、渠道开发跟踪管理系统模块流程优化的约束条件举要

该系统模块的流程优化分析，必须以以下几个要求作为约束条件。并通过优化分析，保证达成这些要求。

（1）依据严格要求。《渠道开发规划方案》、《客户沟通联络标准》和《市场开发计划》是巡视跟踪和考核的主要依据，渠道开发的巡视和考核必须严格以这三个依据为准组织。

（2）定期实施要求。巡视、考核和奖惩兑现必须定期举行，并保证实施频率恰当，以通过频率恰当的定期巡视和考核及时把握渠道开发情况并纠正偏差，以保证渠道开发从过程和结果两个方面实现可控。

（3）表单跟踪要求。渠道巡视实施必须有统一的表单作为跟踪工具，让巡视人在巡视过程中现场记录和跟踪问题，以此保证渠道巡视的效果。

（4）现场反馈要求。巡视跟踪必须在现场发现问题，现场核实及确定问题解决办法、思路及计划，避免走马观花式的渠道巡视。

（5）数据说话要求。无论是渠道开发实施的效果总结，还是渠道巡视实施都必须用数据说话。成绩要有市场效果数据说明，问题要有体现在数据上的事实。即使对于巡视人的巡视工作也要用数据考核，如一次巡视发现并解决了多少问题，并以《渠道巡视问题跟踪表》为准统计计算。

（6）激励及时要求。对应渠道开发的考核定期组织奖惩兑现，以通过

强化激励的及时性来强化奖惩激励作用，进而在不增加渠道投入的情况下提升渠道市场开发力度。

五、价格拉动开发管理系统模块流程优化的约束条件举要

该系统模块的流程优化分析，必须以以下几个要求作为约束条件。并通过优化分析，保证达成这些要求。

（1）计划性要求。企业的产品或服务的价格核定和调整必须有完整的市场战略规划指导下的价格策略及其具体实施的计划，不能让产品或服务的定价行为变成纯粹的市场跟风行为。

（2）科学性要求。产品或服务价格的核定和调整必须有建立在准确的价格弹性分析把握基础上的效益分析报告，以说明价格的变动能带来的市场份额的变化及销售利润变化情况。所开发的新产品的价格必须根据产品周期和整体市场推进规划选择确定产品或服务的价格定位，核定价格，以保证所开发的新产品或服务在市场成熟期之前能够得到投资补偿，避免在价格核定上的随意性行为。

（3）适应性要求。产品或服务价格的核定和调整必须服务于市场战略实施的需要，保证价格的核定和调整适应不同市场、不同渠道、不同目标客户和不同产品生命周期的特点和实际。

（4）统一性要求。产品和服务的价格尽管必须因行就市，但必须在企业组织内部有统一的定价指导原则，并保证服务于统一的市场战略的贯彻实施。

六、广告推动开发管理系统模块流程优化的约束条件举要

该系统模块的流程优化分析，必须以以下几个要求作为约束条件。并通过优化分析，保证达成这些要求。

（1）计划性要求。广告的实施必须有完整的方案，通过该方案的规划设计制订广告的投入和时间计划，并明确回答说什么、对谁说、怎么说、通过什么说和什么时候说的问题。

图3－13　渠道管理不当，渠道竞争力就会被挤压成零

（2）服务性要求。要严格广告为企业市场战略服务的观念，只能从企业市场战略贯彻需要的角度来制定广告决策并统一广告的策划和实施，以避免盲目无效的广告和目标单一的产品销售广告。

（3）程序性要求。广告的实施必须有完整的方案，并通过方案的设计和论证严格广告实施的程序，以避免和减少因为广告策划和操作上的随意性而造成的定位失误和投入无效。

（4）艺术性要求。广告要传播的信息要进行精炼，在表达形式上既要保证有充分高的艺术性，又要考虑广告受众的接受程度，使所发布的广告有充分高的感染力和品位匹配度。

（5）效益性要求。广告媒体和时段要优化组合，并有完整的投入和效果分析论证。对达不到计划效果的广告，必须及时调整并改进。统一广告策划和实施，完善年度广告实施计划和效果分析评估制度。在广告形式上要强化创新，以避免在高成本的明星广告上进行攀比。对于能通过产品、价格和渠道本身实现的信息传递，就要避免选用商业媒体做广告。

第十四章

品牌建设管理流程优化分析实施操作提要

品牌建设管理系统主要包括品牌整合、产品质量、公共关系、物质环境和社会环境等方面的管理流程，其规范化实施操作提要主要包括品牌整合管理系统模块流程优化、产品质量管理系统模块流程优化、公共关系管理系统模块流程优化、物质环境管理系统模块流程优化，以及社会环境管理系统模块流程优化等约束条件举要。

一、品牌整合管理系统模块流程优化的约束条件举要

该系统模块的流程优化分析，必须以以下几个要求作为约束条件。并通过优化分析，保证达成这些要求。

（1）战略性要求。品牌建设也是为企业发展服务的，品牌战略方案的规划设计和具体实施计划的制定都必须直接贯彻企业的不同发展阶段上的战略，使品牌建设本身成为企业发展战略的一个重要内容和落实发展战略的一个重要措施。

（2）计划性要求。品牌建设的实施，必须结合企业组织的运行，分系统制订计划，并通过计划来协调统一企业组织运行过程中各个环节上的工作，以保证企业组织运行的所有活动都在统一的品牌建设计划协调下进行。

（3）全员性要求。企业组织内部每一个员工的行为都会从不同的角度体现企业的形象，因而每一个员工都必须通过系统的培训。使其形成品牌意识，并自我约束，让自己的每一个行为活动都能为企业品牌价值的维护

和提升做出贡献。

（4）全面性要求。企业组织运行过程中的任何一项活动都必须与品牌价值的维护和提升联系起来，不能顾此失彼，为一时一事之利而导致企业品牌价值的贬损。

（5）发展性要求。品牌定位必须有发展的意识，不能过于拘泥于现实利益和现实条件的思考，必须把企业放在一个更远大的发展前景中进行定位。当品牌定位与企业已有发展和社会实际不相适应时，必须及时调整，以更新品牌定位和建设策略。

（6）创新性要求。品牌建设必须突出企业的个性特征，具有新意。不能人云亦云，落入他人窠臼。尤其是必须紧紧抓住社会公众和客户所关注的关键性问题予以诉求，以使品牌能成为企业组织与社会公众和客户进行信息沟通和获得认同的金光大道。

（7）效益性要求。品牌建设本身不是目的，它只是推动企业发展的一个重要战略措施。因而在品牌建设上既要量力而行，又要注重其投入回报，以使在品牌建设上的投入适应企业不同发展阶段和不同时期的实际。

图3－14　多握终端客户的手，渠道竞争力自然有

二、产品质量管理系统模块流程优化的约束条件举要

该系统模块的流程优化分析，必须以以下几个要求作为约束条件。并通过优化分析，保证达成这些要求。

（1）客户满意要求。直接以客户的满意为依据制定产品质量标准，避免用法定的质量标准来回击客户投诉的事件发生。

（2）全员参与要求。让全体员工都投入到保障产品质量、提升产品质量，以及为客户提供超值的产品和服务的活动中来，以保证充分满足客户的期望。

（3）过程控制要求。通过建立和完善过程控制标准，并严格实施，以保证企业物流营销系统过程中的每一个环节都严格控制在为客户提供满意产品的范围之内。

（4）持续改进要求。强调把国家法定质量标准仅仅作为一个最低的质量标准，不断寻求质量的改进和提升，以使客户获得更多的效用满足。

（5）领导责任要求。企业组织高层领导和对产品质量有直接影响的经营活动负责人都必须高度关注质量问题，并保证所属员工都按照工艺技术标准和产品设计标准组织现场作业。

三、公共关系管理系统模块流程优化的约束条件举要

该系统模块的流程优化分析，必须以以下几个要求作为约束条件。并通过优化分析，保证达成这些要求。

（1）计划性要求。有严格的公关工作计划，把公关投入，包括各种赞助纳入公关计划管理，避免公关投入的随意性。对具有公关作用的社会关系资源，有意识并有计划地进行开发。开发社会关系资源所投入的资金必须通过计划编制预算控制，并通过核算进行效果评估。

（2）效益性要求。企业经营活动的最终目的是赚钱赢利，获得社会公众的理解、认同和支持，也是服务于企业发展目的的。因此对公关的投入必须有对应的效益分析和投资回报论证，以保证公关活动对企业的发展起

到保障和支持作用。区别企业行为与慈善行为，企业捐助活动不是纯粹的慈善行为。因而必须严格与公关效果挂钩，以避免无效的捐助投入；区别企业组织捐助行为与员工个人捐助行为可鼓励员工多作慈善性的捐助，但企业不能随意把应由投资者和客户支配的财富随意捐赠。

（3）全员性要求。代表企业形象的不是花大价钱请来的影视明星，而是代表企业与社会公众等外部环境主体打交道的每一个员工，其的行为不可避免地会体现为企业的形象。因此在企业组织内部必须有定期的公关教育培训，以及相应的管理制度，以使每一个员工都能自觉地通过自己的行为来维护和提升企业形象。

（4）及时性要求。任何可能引起社会公众关注的活动都是有时效限制的，因此企业在参与上必须把握住时机，保证能充分获得社会公众的关注，增加社会公众的理解、认同和支持。即使通过汇报会和新闻发布会，报告和总结企业为社会公众利益的实现所做的努力和贡献，也必须在社会公众关注的兴趣点正指向其议题的时候举行。

四、物质环境管理系统模块流程优化的约束条件举要

该系统模块的流程优化分析，必须以以下几个要求作为约束条件。并通过优化分析，保证达成这些要求。

（1）目的性要求。企业物质环境的优化、美化和人性化也是为企业发展服务的，不能为了优化而优化，为了美化而美化，为了人性化而人性化。物质环境的优化、美化和人性化必须能体现企业文化的内涵，使之能承载企业的价值观念和经营理念。在企业物质环境的建设上保证能给人带来赏心悦目的感受，使员工和外来人员都能获得舒适和美的满足。

（2）人性化要求。环境是为人服务的，物质环境的设计和建设首先要保证方便人的工作和生活；其次是要有提升人的素质和修养的作用，即让活动于其中的人的素养能不自觉地得到提升。

（3）经济性要求。无论企业如何有财力，也不能把钱过多地花在这种环境的建设上。这种投入必须有效益评估，以保证其投入能为企业带来经济效益上的回报。

五、社会环境管理系统模块流程优化的约束条件举要

该系统模块的流程优化分析，必须以以下几个要求作为约束条件。并通过优化分析，保证达成这些要求。

（1）理解性要求。通过多种多样的形式定期与社区公众代表交流沟通，以争取社区对企业组织运行过程中的各类活动的理解。广泛征求社区对企业发展的意见，争取社区公众对企业发展的支持，至少要保证社区公众对企业发展不出难题。

（2）合作性要求。对政府相关部门所提出的要求，必须按照既定的要求内容，根据企业的实际积极给予响应；对于社区所组织的各种活动，必须积极参加，并给予力所能及的支持。

（3）计划性要求。社会环境的管理也要制订计划，并纳入企业发展战略之中统一部署。重点选择三五家有影响的社团组织，与之建立稳定的联系实现互动，以获得它们对企业发展的支持。有计划地与商务合作伙伴交流，定期自我检查分析与商务合作伙伴关系中的不利因素。消除任何有损合作伙伴利益的行为，以巩固和发展合作伙伴关系。

（4）责任性要求。明确把企业作为社会大系统中的一个子系统来定位，时刻牢记企业作为一个子系统对社会大系统的依存关系，并积极主动地为社区和社会的发展承担义务和责任。

第十五章

客户关系管理流程优化分析实施操作提要

客户关系管理系统包括目标客户定位管理流程、目标客户沟通管理流程、客户投诉管理流程和危机化解管理流程等，其规范化实施操作提要包括目标客户管理系统模块流程优化的约束条件举要、目标客户管理系统模块流程优化的约束条件举要、客户投诉管理系统模块流程优化的约束条件举要，以及危机化解管理系统模块流程优化的约束条件举要等。

一、目标客户管理系统模块流程优化的约束条件举要

该系统模块的流程优化分析，必须以以下几个要求作为约束条件。并通过优化分析，保证达成这些要求。

（1）计划性要求。必须根据企业发展战略和市场战略制订目标客户管理的详细实施计划，并通过预算和核算进行控制，以保证选择定位的目标客户与企业发展的实际相适应。

（2）差别性要求。对于潜在客户和老客户，必须根据其所能为企业发展带来的价值大小和成为企业现实客户的可能性大小，区分出无价值客户、一般价值客户和高价值客户，以及一般目标客户和重点目标客户。并分类建档管理，以保证抓住重点。

（3）规模性要求。保持足够大的目标客户群体，使所确定的目标客户与企业的产品销售量增长保持一定的比例，如将其比例限定在2∶1～3∶1之间。

图 3－15　品牌价值是企业员工创造出来的，不是营销策划吹出来的

二、目标客户管理系统模块流程优化的约束条件举要

该系统模块的流程优化分析，必须以以下几个要求作为约束条件。并通过优化分析，保证达成这些要求。

（1）差别性要求。对于目标客户，也必须根据其所能为企业发展带来的价值大小，分为一般目标客户、高价值目标客户和重点目标客户，并分别确定交流沟通实施方式和标准。

（2）计划性要求。与目标客户沟通的方式、规模和费用投入等都必须根据市场战略规划的要求拟订详细的计划，编制完整的预算后组织实施，以提升沟通的效果和效益。

（3）程序化要求。为节省沟通交流的投入，必须根据目标客户的分类分别确定沟通实施的程序，以通过程序化的实施提升效率。

（4）标准化要求。要求对不同类目标客户分别确定交流沟通的方式和投入标准，以通过标准化减少实施过程中的无效投入和浪费。

（5）效益性要求。要求对于投入相对较大的交流沟通方式，必须从严控制，以保证投入效益；同时把握住交流沟通的针对性，以减少和消除没有价值的信息交流浪费。

（6）责任性要求。对与目标客户沟通管理的每一项工作都必须有专门或兼职的人员具体负责，并定期提供重点目标客户和高价值客户的意见反馈和需求分析报告，以准确掌握企业所确定的这两类客户与企业之间关系的稳定性。对于导致已确定为高价值客户或重点目标客户的流失的人员和行为要给予查处，以明确原因，追究责任。

三、客户投诉管理系统模块流程优化的约束条件举要

该系统模块的流程优化分析，必须以以下几个要求作为约束条件。并通过优化分析，保证达成这些要求。

（1）方便性要求。有通畅的客户投诉渠道，保证使客户的任何不满和抱怨都有方便的渠道让他们表达，并能使企业准确、完整和全面地获得客户的不满和抱怨信息。

（2）及时性要求。对客户的不满和抱怨必须有明确、及时的反应和处理的具体的制度限定，以保证能在客户的不满和抱怨信息反馈给企业（企业的任何一个员工）后在约定的时间内做出回应处理，以避免积累增加客户的不满和抱怨。

（3）追溯性要求。对客户的不满和抱怨信息，要有详细和完整的记录，其内容包括不满或抱怨发生的地点、原因、责任人、回应时间、处理办法和处理效果等，以为明确责任和改进管理提供依据。对客户的不满和抱怨的处理必须有跟踪并限定在客户不满和抱怨处理后一定时间内，如三天内回访跟踪。以收集客户对处理的意见，并记录统计分析。

（4）完全性要求。对于客户的不满和抱怨，不能仅仅就事论事地分析应对，必须从根源上找出原因和彻底解决的办法和措施，以避免同类问题的重复发生。

（5）理解性要求。客户购买企业产品或服务的目的是为了获得效用满足，不是为了找气受。所以即使对方的不满和抱怨从企业的角度思考没有理由，也不能简单地回绝，必须从对方的角度思考。即在理解对方的基础上沟通解释，以保证化解对方的不满和抱怨。

四、危机化解管理系统模块流程优化的约束条件举要

该系统模块的流程优化分析，必须以以下几个要求作为约束条件。并通过优化分析，保证达成这些要求。

（1）及时性要求。对有损于企业形象和品牌价值事件的处理要有时间限制，以及时挽回影响，减少企业形象和品牌价值的损失；对于危及企业发展的危机事件在反应时间上必须确定按小时计算的应对要求，以保证及时平息事态发展，化解危机。

（2）预见性要求。定期调查分析对企业发展有威胁的危机事件，包括对企业形象和品牌价值存在潜在影响事件的引发因素和带有倾向性的行为和事件，并限期改正。与社会主导媒体建立友善关系，一旦发生危机事件，及时通过主导媒体与社会公众沟通对话。以消除误解，化解危机，避免危机事件被竞争对手所利用。

（3）全员性要求。必须通过教育培训让每一个员工都具有危机意识和危机应对知识，把任何非正常事件都上升到危机事件来思考和应对。以减少危机事件的发生，提升危机事件的应对速度，降低危机事件给企业的发展带来不利影响。

（4）责任性要求。对于导致危机事件的责任人必须在准确分析界定的基础上严厉查处并追究落实责任，以增加企业组织每一个成员保障企业组织运行安全和稳定的责任心。

第十六章

物料购配管理流程优化分析实施操作提要

物料购配管理系统包括采购谈判、采购履约、仓储运输、设备配给、材料配送和低值易耗品配送等管理流程，其规范化实施操作提要包括采购谈判管理系统模块流程优化、采购履约管理系统模块流程优化、仓储运输管理系统模块流程优化、设备配给管理系统模块流程优化，以及材料配送管理系统模块流程优化等约束条件举要。

一、采购谈判管理系统模块流程优化的约束条件举要

该系统模块的流程优化分析，必须以以下几个要求作为约束条件。并通过优化分析，保证达成这些要求。

（1）效益性要求。要尽可能广泛收集货源信息，至少要覆盖有影响的主要厂商，以“货比三家”来保障物料购配的效益。所需物料总量规模比较大，或者单项采购数量规模比较大时，必须通过招标形式来完成货源信息的收集和采购谈判等一系列的供货商选择工作。能集中采购的物料必须集中采购，以保证规模采购所能获得的折价效益；能稳定供货关系的必须稳定供货关系，以保证连续采购的供货折价效益。

（2）保障性要求。对供货商实行分级管理，一般要求分为三个层次，即能直接大量供货的主供货商、只是小批量供货的辅助供货商，以及作为下一步选择的后备供货商。当主供货商的供货发生问题时，由辅助供货商和后备供货商提供物料供给。一方面把供货商之间的竞争引入到供货履约

的监督中来，以保障供货质量和效益；另一方面避免发生任何形式的因物料购配导致的企业组织运行中断事件。

（3）稳定性要求。对于主供货商、辅助供货商和后备供货商的选择，必须根据供货质量、价格、信誉和供货商的发展前景预测等四方面，加权综合评价后选择。所选择的后备供货商必须在供货能力上保持一定的倍数限制，以绝对保证物料供给的可靠性。

（4）严密性要求。与供货商谈判商定物料供货协议草案，内容必须具体且严密。对物料的品类、型号、质量、数量、供货时间、交货地点、付款方式和验货程序等都必须明文界定，为供货履约提供方便。

二、采购履约管理系统模块流程优化的约束条件举要

该系统模块的流程优化分析，必须以以下几个要求作为约束条件。并通过优化分析，保证达成这些要求。

图3－16　品牌建设的关键是在客人看不见的地方讲卫生

（1）监督性要求。一方面要求选择灵活多样的形式，定期或不定期地收集市场供给信息，为审核和监督采购谈判提供依据；另一方面要求参与采购协议草案的审核，并直接承担签约的责任，以直接监督控制物料采

购谈判过程。

（2）责任性要求。验货和收货都必须有双方共同签字认同的记录，以便明确责任。对于性能和质量标准的核定具有一定技术性的物料，验货工作必须由懂行专业人员完成，以保证验货的质量。

（3）严密性要求。对验货人员及所验样品选择都必须通过编号保密，一方面避免供货商与验货员串通，进行私下交易，损害企业利益；另一方面避免使具体验货人员在复杂的人际关系面前为难。

（4）追溯性要求。与验货检测报告的样品相对应，能保留每个批次的样品的必须保留，以供复核。一旦验收的物料发生质量问题，可用于明确责任。对于供货的质量和数量按供货商分别登记，以为供货商的再选择提供依据。

三、仓储运输管理系统模块流程优化的约束条件举要

该系统模块的流程优化分析，必须以以下几个要求作为约束条件。并通过优化分析，保证达成这些要求。

（1）供给保障要求。物料的仓储运输是为企业组织运行服务的，因此必须保证在企业组织运行使用所需的时间点前送达到使用者手中，不能有任何延误。

（2）价值保全要求。要求物料在运输和仓储的过程中必须把物料的不变质、不损坏和不丢失作为一个重要的要求落实，以避免因此造成的损失。

（3）责任性要求。物料是构成企业资产的重要内容，在仓储运输过程中必须有人对其形态完好、不丢失和不损坏负责。并事先确定责任人的责任承担方式，把谁造成损失谁赔偿确立为一个重要原则贯彻落实。

四、设备配给管理系统模块流程优化的约束条件举要

该系统模块的流程优化分析，必须以以下几个要求作为约束条件。并通过优化分析，保证达成这些要求。

（1）经济性要求。对所需厂房、办公房、设备和设施选择自建，外购，或者外租的方式获得都必须在保障需要的前提下通过预算优化后决定，以在保证需求的情况下其投入最小化。

（2）保障性要求。一方面在供给上以生产经营所需为根据，确定其获得方式；另一方面与其使用单位和使用者协商检修保养办法，保证任何一个单位和部门都不会因为设备设施问题而中断生产经营。

（3）责任性要求。设备的供给必须有事先的程序标准控制，并通过程序标准来明确责任，通过程序控制来保证需要。

五、材料配送管理系统模块流程优化的约束条件举要

该系统模块的流程优化分析，必须以以下几个要求作为约束条件。并通过优化分析，保证达成这些要求。

（1）保障性要求。在生产经营现场刚好需要材料的时候，供给刚好所需的类型、型号和数量的材料。为便于现场管理，必须限定材料供给时间，如只能在使用时间之前 4 个小时内送达，不能提前，也不能推后。配送的材料由使用单位验收，验收时间必须在材料使用之前一定的时限内进行，为错误的纠正留有余地。

（2）责任性要求。材料入库后发生变质或耗损由仓库保管人员负责，材料出库发生丢失、损坏或贬值由下一接手人负责。材料的配送必须在与材料使用单位和部门协商并达成共识的基础上，事先确定材料配送的保障约定。即明确配送材料的类型、型号、数量、质量、时间、地点和交接方式，以明确材料的供收双方的责任。

（3）追溯性要求。材料的供收交接不仅要有事先的标准约定，而且要有完整的签字记录，以便于事后追查明确责任。

六、低值易耗品管理系统模块流程优化的约束条件举要

该系统模块的流程优化分析，必须以以下几个要求作为约束条件。并通过优化分析，保证达成这些要求。

（1）责任性要求。对低值易耗品至少要分为一次性和非一次性使用品两大类，以分别落实其使用责任人和补偿责任人。严格低值易耗品的领用管理，每次领用实施签名登记管理，并将所领用的低值易耗品的总价款汇总记入使用单位、部门或岗位角色个人的成本账户，以保证其补偿责任的最终兑现。

（2）效益性要求。低值易耗品的采购计划必须严格按照使用单位提出的需求量在从紧控制的原则指导下编制，选择确定恰当的采购批量，至少使规模采购的价格优惠与其资金占用和库存管理所带来的费用实现平衡。低值易耗品的具体使用单位必须分别根据自己的实际建立使用管理控制制度，以最大限度地减少浪费。

（3）方便性要求。低值易耗品的使用量不确定，并且分散，在领用上要保证使用者能及时且方便地获得。领用程序要在保证不浪费的情况下尽可能简化，避免让使用者在这种低值易耗品的领用上花费不必要的时间和精力。对于低值易耗品的管理要有弹性，采购和供给可分单位进行的由各个单位自己负责，以便于单位进行使用控制。只有当集中采购的价格性能比明显高于单位和部门分散采购的价格性能比时，才有必要实行集中采购和供给。

（4）保障性要求。低值易耗品也是岗位角色完满履行职责，做好工作的一个外部条件之一，其管理必须保障各个岗位不能因为它的供给不及时而影响职责的履行。

第十七章

现场作业管理流程优化分析实施操作提要

现场作业管理系统包括作业组织、现场设备、备件备料、人机关系和现场环境等的管理流程，其规范化实施操作提要包括作业组织管理系统模块流程优化、现场设备管理系统模块流程优化、备料备件管理系统模块流程优化、工艺流程管理系统模块流程优化、现场人机关系管理系统模块流程优化，以及现场环境管理系统模块流程优化等约束条件举要。

一、作业组织管理系统模块流程优化的约束条件举要

该系统模块的流程优化分析，必须以以下几个要求作为约束条件。并通过优化分析，保证达成这些要求。

（1）计划性要求。现场作业必须严格按照订单要求制订作业计划后实施，以保证在订单限定的时限内完成生产和服务作业。

（2）标准化要求。作业组织管理的每一个环节都必须有标准化的流程和操作规程控制，员工上岗前必须全面熟悉流程和规程内容并在考试合格后才能正式上岗。

（3）严密性要求。现场作业是一个完整的过程，为保证不同岗位和不同作业单位严密配合，以避免打乱和中断作业过程，必须在工艺流程管理系统模块的运行所确定的规范标准的基础上制定细致严密的作业流程标准和操作规程，不给员工留下任何随意行事的空间。

（4）效率性要求。现场作业过程必须最大限度地简化，以通过简化现

场作业过程来保障现场作业的质量的稳定性和效率。

图3－17　品牌的核心价值以诚信和责任为基础

二、现场设备管理系统模块流程优化的约束条件举要

该系统模块的流程优化分析，必须以以下几个要求作为约束条件。并通过优化分析，保证达成这些要求。

（1）保障性要求。现场设备实行有计划的维护保养，保证设备使用率和完好率达到事先确定的计划要求，以避免不顾设备投入效益的拼设备行为发生。

（2）效益性要求。完善日常维护保养制度，通过日常维护保养及时发现和消除设备所存在的潜在细小问题，以避免让小问题演化成大故障之后检修排除。对设备检修进行科学计划，把设备检修安排在生产任务相对较松的期间进行。

（3）责任性要求。把设备维护保养日常化，让每个工班利用一定的时间对设备进行维护保养。对设备操作规程实行连带责任制，相互监督，以保证员工严格按照规程操作设备。同班工人对同事的设备操作相互检查，发现违规现象及时纠正。发生违章操作导致设备损坏后果，除了直接操作者要承担责任外，可以发现问题的同班工人也要承担一定的连带责任。

（4）技能控制要求。对设备操作实行严格的先培训后上岗制度，达不到设备操作技能要求的绝对不能允许上岗。

三、备料备件管理系统模块流程优化的约束条件举要

该系统模块的流程优化分析，必须以以下几个要求作为约束条件。并通过优化分析，保证达成这些要求。

（1）保障性要求。通过统计分析，使材料、在加工件、设备配件和辅助件的现场存放量刚好达到满足现场作业循环连续所需的水平。

（2）标准化要求。对材料、在加工件、设备配件和辅助件的存放、调用和维护必须制定控制标准，并通过控制标准来保证其保管和调用的方便。

（3）秩序性要求。现场存放的材料、在加工件、设备配件和辅助件必须存放有序，以保证现场作业活动的方便和作业环境的整洁。

（4）责任性要求。严格材料、在加工件、设备配件和辅助件的损坏和丢失赔偿制度，作业现场配置的这些物料发生非使用损坏和丢失必须有人承担赔偿责任。对现场存放的材料、在加工件、设备配件和辅助件必须有具体的人负责管理，并负责登记和统计使用和循环量。

四、工艺流程管理系统模块流程优化的约束条件举要

该系统模块的流程优化分析，必须以以下几个要求作为约束条件。并通过优化分析，保证达成这些要求。

（1）保障性要求。保持工艺流程控制的严密性，通过工艺流程控制的严密性来保障产品技术标准和工艺技术标准的实现，保障产品质量及生产效率的稳定和提升。

（2）渐进性要求。不断地对工艺流程进行改进和创新，挖掘生产设备

的利用效率和潜能，以保证单位时间的产能稳步提升。

（3）创新性要求。在充分研究论证的基础上通过工艺流程的创新来实现生产设备及其组合的创新改造，以提升生产设备的技术等级。

（4）经济性要求。改进创新工艺流程必须以经济效益为最终评价标准，避免对提升生产效率和产能没有作用的无意义创新。

五、现场人机关系管理系统模块流程优化的约束条件举要

该系统模块的流程优化分析，必须以以下几个要求作为约束条件。并通过优化分析，保证达成这些要求。

（1）效率性要求。让一个人能操作和看护尽可能多的设备，以保证劳动投入的最低化。充分发挥作业人员的主观能动性，并对机器设备的运行效率制定标准后进行控制，以保证其稳定和提升。

（2）人性化要求。严格树立人使用机器的观念，在生产线和作业设备的设计和布置上消除让作业人员不适和不便的设计。

图3－18　通过售后服务强化与客户的情感交流是成功的一大秘密

（3）连续性要求。充分考虑现场作业的连续性，使作业过程通过空间

和时间的连接最大限度地减少在加工件的时间停留和空间转运，以及模具的更换，以降低在产品加工过程之外的时间浪费。

（4）现场主导要求。对于生产线、作业设备和辅助设施的设计、布置和配置必须让作业人员参与。并在保证设备设施效率的情况下充分听取他们的意见，以充分体现作业人员相对于设备设施的主体地位。

六、现场环境管理系统模块流程优化的约束条件举要

该系统模块的流程优化分析，必须以以下几个要求作为约束条件。并通过优化分析，保证达成这些要求。

（1）整理管理要求。在保证作业现场没有多余备料、备件的基础上，保证所有必备物料各有定位，存放整齐。

（2）清理管理要求。在作业现场不存在杂物和废料等任何不需要的物料，现场存放的物料都是必不可少的。

（3）清扫管理要求。作业现场，包括地面、墙面、机身、柜面和桌面没有垃圾和粉尘。

（4）净化管理要求。作业现场没有油污、水污、异味、噪音和辐射等有害人体健康的污物和污染存在。

（5）美化管理要求。作业现场赏心悦目，没有任何让人心绪不宁和烦乱不快的东西存在。

（6）持续性要求。有定期进行现场整理、清理、清扫、净化和美化的制度安排，并定期检查监督落实这些工作，保持作业现场满足整理、清理、清扫、净化和美化管理的要求。

第十八章

产品销售管理流程优化分析实施操作提要

产品销售管理规范化实施操作提要包括促销吸单管理系统模块流程优化的约束条件举要、谈判签约管理系统模块流程优化的约束条件举要、订单跟踪管理系统模块流程优化的约束条件举要、产品配送管理系统模块流程优化的约束条件举要、销售服务管理系统模块流程优化的约束条件举要，以及销售控制管理系统模块流程优化的约束条件举要等。

一、促销吸单管理系统模块流程优化的约束条件举要

该系统模块的流程优化分析，必须以以下几个要求作为约束条件。并通过优化分析，保证达成这些要求。

（1）服务战略要求。促销吸单只是企业整体经营过程中的一个环节，必须在企业整体发展战略和市场战略贯彻需求的框架内组织。在其实施方案的设计和论证过程中，必须做出对于企业整体发展战略和市场战略贯彻落实的作用和意义说明。

（2）效益性要求。促销吸单活动的组织必然要投入费用，活动带来的销售利润的增加能否弥补活动投入既要独立预算分析，也要在企业整体发展战略和市场战略贯彻需求的框架内论证，以避免得不偿失的事情发生。

（3）时机把握要求。促销吸单活动组织只有在时机恰当时，才能事半功倍；否则可能事倍功半。为此必须通过制定完善计划来保证，尤其是年度计划和三五年的中期计划。并且要随机应变地抓住即刻发生的机遇，既

不能随心所欲，也不能固守计划。

（4）协调性要求。市场是一个有机整体，作为直接服务于企业整体发展战略和市场战略贯彻的市场活动的促销吸单活动必须统筹兼顾且协调行动，不能顾此失彼，因而任何促销吸单活动方案的设计论证都必须进行单位部门及战略实施的协调分析。

（5）严密性要求。这不仅要求活动方案的设计论证和组织实施要严密，而且要求所传递的信息要经得起推敲。不能有失实，不能有夸张，不能有让竞争对手提出质疑的任何漏洞；否则可能反被竞争对手利用，不仅达不到贯彻企业整体发展战略和市场战略，增加销售的目的，反而会让竞争对手坐享渔人之利。

二、谈判签约管理系统模块流程优化的约束条件举要

该系统模块的流程优化分析，必须以以下几个要求作为约束条件。并通过优化分析，保证达成这些要求。

（1）及时性要求。客户的购买选择意愿往往是多变的，竞争对手也是无孔不入的。所以在客户形成购买选择意愿之后必须在尽可能短的时间内完成签约谈判工作，把客户的购买选择意愿固定到订单合约上。

（2）诚实无欺要求。要求与客户交流，所传递的信息必须准确无误。向客户做出的承诺必须是切实能兑现的，没有对所提供产品或服务效用的夸大，以及对企业产能、技术能力和装备水平的夸张。

（3）互利共赢要求。对客户绝不能一次性地挤干榨尽，必须在保证客户利益的基础上来实现企业的利益，在达成互利共赢基础上谋求长远合作和客户口碑。这就要求在谈判的过程中站在客户的立场思考，为其提供可能进一步购买的理由。

（4）团队协同要求。要求企业组织的各个方面都必须参与订单的评审，即使无法组织评审会的订单现场评审，技术、物供、生产和财务也都必须通过现代通信技术准确地传递自己的评审意见。不给销售业务人员设坎，也不做损害企业利益的不负责任的认定。

三、订单跟踪管理系统模块流程优化的约束条件举要

该系统模块的流程优化分析，必须以以下几个要求作为约束条件。并通过优化分析，保证达成这些要求。

（1）严密性要求。分解订单所限定的产品或服务的生产和提供过程，梳理产品生产或服务提供组织的线索，并且制定产品生产或服务提供组织图必须严格而细密。保证环环相扣，不留下任何可能延误订单履约的漏洞和空隙。

（2）计划性要求。对订单所限定的产品或服务的生产提供涉及企业组织多方面的人员和多方面的资源，必须通过精密的计划事先控制和协调。

（3）责任性要求。对于产品或服务的生产和提供过程中的责任单位和责任岗位必须有落实责任方法来控制责任主体的意志行为，以保证责任主体切实履行责任。为此要求必须事先明确责任承担方式，以通过责任承担方式的明确把责任主体的行为相对稳定地固定在责任的履行上。

（4）保障性要求。一旦与客户正式签订订单，订单也就对企业构成了一种严格约束。企业组织上下也就必须以订单为中心，保证其实现。为此要求不仅要有计划协调和责任控制办法，而且相对于可能出现延误订单履约问题的环节必须制定事先控制的保障办法，以保证订单按时按质履行。

（5）表单化要求。订单跟踪必须通过标准化的表单进行，把跟踪过程事先明确在表单上，并依照表单进行进程和责任跟踪。

（6）连贯性要求。一个订单必须有一个人自始至终负责跟踪工作，以通过跟踪主体的统一来保障跟踪过程的连续和统一，进而达成保证跟踪效率和效果的作用。

（7）信息化要求。企业已完善 ERP 信息系统的可直接通过该系统跟踪；否则必须借助现代信息技术来实施跟踪，以提升跟踪效率和效益，进而在此基础上完善企业的信息系统建设。

四、产品配送管理系统模块流程优化的约束条件举要

该系统模块的流程优化分析，必须以以下几个要求作为约束条件。并通过优化分析，保证达成这些要求。

（1）保障性要求。产品配送是履行产品交货义务，而交货又有时间和地点限定，所以这一系统模块的第一位的要求就是保证把订单中所限定的产品按照订单要求的时间和地点送达。在该系统模块中这一要求不满足，其他要求的满足就失去了意义，至少是降低了价值。

（2）效益性要求。在达成保障性要求的前提下减少物流配送的投入，降低销售费用。为此要求从运输路线、运输工具，到自有配送能力与第三方物流的资源整合，或物流公司的选择都必须认真规划设计和组合。并强化对物流配送过程的跟踪，不仅把物流费用降到最低，也把运输过程中的损耗降到最低。

（3）计划性要求。规划设计和组合必须通过严格的计划实施，通过计划事先优化协调。无论是大批量的，还是小批量的产品配送都必须拟订完整的计划方案后组织实施。

（4）责任性要求。在产品进入物流运输及在不同物流公司或不同运输工具的转接过程中都必须明确交接责任，让产品在物流配送过程中发生的大小损失都有明确的单位或个人为之承担责任。

五、销售服务管理系统模块流程优化的约束条件举要

该系统模块的流程优化分析，必须以以下几个要求作为约束条件。并通过优化分析，保证达成这些要求。

（1）全面性要求。对于产品的购买、使用和维修和保养必须做出明确承诺，并全面兑现。对产品性能、质量、技术参数的内涵、工艺技术特征和发展现状，以及产品发展趋势和发展变化的进程等诸多方面的信息都必须全面介绍，不得故意误导客户。

（2）诚实性要求。所介绍的信息必须准确无误，并通俗明白。尤其要

避免夸大自己产品的性能和质量，以误导客户的购买选择的行为。对产品的使用、维修和保养承诺必须准确，保证能兑现多少就承诺多少。实事求是地介绍产品生产供给的实际，不允许仅仅为了企业的短期利益而欺骗客户。

（3）直观性要求。对所介绍的信息要尽可能采取实物和图示的形式，做到通俗易懂。避免使用让人不理解的专业术语，以保证客户真正理解所介绍的产品信息的真实内涵。

（4）人性化要求。把客户当做值得尊重的个人对待，并充分考虑到不同客户的实际需要和情感需要，杜绝发生对客户不尊重、不信任和不关心的行为。

（5）平等性要求。对于潜在客户可从企业发展的角度分辨客户价值的大小，但当其成为现实的客户后就必须一视同仁地给予尊重，不允许有任何形式的歧视行为发生。

（6）效益性要求。售前、售中和售后服务究竟要做些什么，做到什么程度必须与企业品牌战略和市场战略紧密地联系起来分析确定。并且在制定详细规划后通过和预算决算控制，以保证其投入效益。

（7）责任性要求。在这种服务过程中的每个环节上的活动都必须有具体的人员承担相应责任，保证服务中的任何一个环节发生客户不满都有具体的人及时予以应对处理。以消除不满，并且有具体的人承担造成客户不满的责任。

（8）确定性要求。根据产品的性能特征制定明确具体的送货服务、交货服务、使用指导和维修，以及保养服务标准，并明确地与客户沟通承诺。对服务承诺必须有定期检查落实的管理制度提供保障，以避免只承诺不兑现的误导和欺诈行为发生。

六、销售控制管理系统模块流程优化的约束条件举要

该系统模块的流程优化分析，必须以以下几个要求作为约束条件。并通过优化分析，保证达成这些要求。

（1）整体性要求。销售控制管理必须时时从市场战略整体要求的角度思考问题，不能拘于一时一地的得失。要有发展的眼光，能及时从调节控

制过程中发现推进市场战略加速实现的机遇。

（2）计划性要求。对于各个区域市场和各个渠道上的产品和服务销售活动，严格根据市场战略规划制订计划进行控制。就特定区域和特定渠道分析，不唯销售收入的增长而定功过，以保证市场销售活动严格地服务于市场战略的实施。

（3）效益性要求。销售计划的制订必须紧紧盯住市场战略的销售利润，并根据市场战略的销售利润调整计划，以充分保证产品销售活动的效益。这里的效益不仅仅是销售利润，市场战略的有效贯彻也是一种效益。

（4）预见性要求。对于可能发生的违背市场战略规划的销售行为，进行事先的分析预测，并采取预防措施，以避免这类违背市场战略规划行为的发生。

第十九章

财产防损管理流程优化分析实施操作提要

财产防损管理系统包括盗损防减、物损防减、灾损防减和资产盘存等的管理流程，其规范化实施操作提要主要包括盗损防减管理系统模块流程优化的约束条件举要、物损防减管理系统模块流程优化的约束条件举要、灾损防减管理系统模块流程优化的约束条件举要、资产盘点管理系统模块流程优化的约束条件举要等。

一、盗损防减管理系统模块流程优化的约束条件举要

该系统模块的流程优化分析，必须以以下几个要求作为约束条件。并通过优化分析，保证达成这些要求。

（1）预防性要求。完善防控设施和管理制度，定期排查防控设施和管理制度的完好性和贯彻情况。及时发现漏洞，及时补救，把盗窃事件和职务犯罪堵在发生之前。

（2）全面性要求。对可能发生盗窃事件和职务犯罪的各个活动环节必须全面给予关注，并采取能有效避免的预防措施。对于已经发生的案件无论大小都必须给予查处，不让有任何侥幸之心的盗窃和贪占行为得逞。

（3）严密性要求。对于接触财物的活动都必须有程序控制管理和必要的监控设施，并定期和不定期地排查分析，不留死角。

（4）反应及时性要求。盗窃案件和职务犯罪事件一经发生必须限期破案处理，以最大限度地挽回损失。

（5）责任性要求。盗损防减责任直接落实到各个单位、部门和岗位个人，在哪里发生的损失就由哪里的主管承担主要的赔偿责任。

（6）追溯性要求。对所有的盗窃案件和职务犯罪事件，无论大小都必须登记造册。按年度进行总结并提出书面总结报告，分析减少其发生的途径与办法。

图3－19 安全是发展的基础

二、物损防减管理系统模块流程优化的约束条件举要

该系统模块的流程优化分析，必须以以下几个要求作为约束条件。并通过优化分析，保证达成这些要求。

（1）责任明确要求。财物损坏无论发生在运输、库管、陈列和加工过程中的哪一个环节上都必须能明确具体的责任人。

（2）损失赔偿要求。无论什么财物，一旦发生损坏造成损失必须有人赔偿。尤其是履职不当造成的损失必须全额赔偿，以强化财物经手人员的责任。

（3）全面性要求。无论损坏财物的大小，只要有损失发生就必须查处，并明确责任人赔偿损失。

（4）主管分责要求。下属员工工作失误造成的财物损坏都与直接主管平时管理不严和培训不到位有关，因此直接主管至少要承担20%的损失赔偿责任。

三、灾损防减管理系统模块流程优化的约束条件举要

该系统模块的流程优化分析，必须以以下几个要求作为约束条件。并通过优化分析，保证达成这些要求。

（1）预防性要求。定期排查灾害防预设施和安全隐患，及时发现并及时处理。保证防预设施有效，及时排除隐患。

（2）全面性要求。全面按照国家安全标准配给防火、防洪、防震、防雷和防风设施，并且每周全面检查一次设施的完备状况和措施的有效性。对于暂没有彻底排除的安全隐患登记造册，落实监控责任人。

（3）严密性要求。严格排查并仔细分析，不留安全死角，使每一个时段和每一个空间区域都有人对安全问题负责；建立安全管理值班制度，保证每一个时间段和每一个空间区域都有安全值班人员。

（4）反应及时性要求。当灾害事故发生后必须限时做出反应，以扼制事故和灾害造成的损失蔓延。

（5）责任性要求。实行安全管理一把手工程，发生安全事故，单位第一负责人要承担连带责任。

（6）追溯性要求。所有的安全事故无论大小都要登记造册，按年度总结，并提出书面总结报告分析减少其发生的途径与办法。

四、资产盘点管理系统模块流程优化的约束条件举要

该系统模块的流程优化分析，必须以以下几个要求作为约束条件。并通过优化分析，保证达成这些要求。

（1）真实性要求。要求盘点所有的点数和资料必须是真实的，不允许作弊或弄虚作假，掩盖漏洞和失误。

（2）准确性要求。财物盘点中无论是大件，还是小件都必须准确

无误。

（3）完整性要求。企业的所有财物无论存在什么地方，都必须定期盘点，以保证对企业财物把握的准确性。

（4）计划性要求。盘点的组织必须事先计划，并保证按计划实施，以避免随意性给企业经营过程造成不必要的干扰。

第二十章

资产监控活动管理流程优化分析实施操作提要

资产监控活动管理系统包括记账监控管理流程、预算监控管理流程、核算监控管理流程、税务缴纳管理流程等，其规范化实施操作提要包括记账监控管理系统模块流程优化的约束条件举要、预算监控管理系统模块流程优化的约束条件举要、核算监控管理系统模块流程优化的约束条件举要，以及税费缴纳管理系统模块流程优化的约束条件举要等。

一、记账监控管理系统模块流程优化的约束条件举要

该系统模块的流程优化分析，必须以以下几个要求作为约束条件。并通过优化分析，保证达成这些要求。

（1）完整性要求。企业组织运行过程中每一项活动的每一个方面的投入和产出都必须有完整的记录，以保证准确地把握企业每一分钱的资产存在形态和空间。

（2）客观性要求。任何记录都必须实事求是，严格按照经营活动的事实真相进行记录，不允许有任何形式的弄虚作假。

（3）规范性要求。记账和算账必须严格按照国家的会计法规实施，保证其清楚规范。使任何一个会计师都能明了，并能衔接其工作。不允许独创记账方式，以避免因为让人看不明白而导致监督控制力度降低的事件发生。

（4）服务性要求。记账本身不是目的，而仅仅是为企业组织运行过程的管理控制服务的。所以必须树立服务的观念，主动为企业组织运行过程

的管理控制实施提供方便。

（5）责任性要求。有完整的责任控制制度，对于任何形式的违法、违规行为都要有事先确定的责任界定和追究惩处办法。

图3－20 成本管控的关键环节——责任和预算

二、预算监控管理系统模块流程优化的约束条件举要

该系统模块的流程优化分析，必须以以下几个要求作为约束条件。并通过优化分析，保证达成这些要求。

（1）全面性要求。每笔投资无论大小都必须有事先的投入产出预算和效益分析，企业预算监控管理制度的完善保障项目投资过程的控制有章可循。

（2）效益性要求。在预算编制过程中必须有明确的收益回报控制警戒线，投资的任何一个项目都必须通过其预期回报预算。即将可预期的回报通过贴现折算成现值计量，以确定其效益。

（3）可行性要求。为投资项目所做的预算必须有历史资料和经验依据提供支持，以保证预算的可行性。

（4）完整性要求。进入预算的项目内容必须涵盖项目投入和产出的每一个细类资源和产出收益；除了其运用不会导致其价值减少的信息资源和社会资源之外，都必须折算成资金投入和现金产出计算。

（5）准确性要求。必须避免项目投入资源在不同的项目之间流转，进而避免同一资源在预算中重复使用；同时也必须避免项目产出收益的重复计算，以保证项目预算的准确性。

（6）责任性要求。对于造成不可行的无效预算，包括资源投入超预算一定比例，如5%以上；产出低于预算一定比例，如5%以上必须事先确定责任追究办法，以提升和保障预算编制的质量。

三、核算监控管理系统模块流程优化的约束条件举要

该系统模块的流程优化分析，必须以以下几个要求作为约束条件。并通过优化分析，保证达成这些要求。

（1）全面性要求。对于资金使用效果，有全面而严格的核算监控管理。对于企业组织运行过程中的每一个活动的投入和产出，都必须进行核算分析，包括直接的资源投入、间接的资源投入、现实的现金收入、可预期的现金收入、其他诸如社会美誉价值的增值等非现金收益，以及诸如社会关系资源的积累等经营资源的增值等。

（2）准确性要求。核算必须在完整地收集原始活动记录的基础上进行，既不能有漏项，也不能有重复计算。对于可预期的未来收益，必须通过贴现转化为现值进行计算，以保证其核算的准确性；对于非经济收益的社会美誉价值增值等，必须通过它对品牌价值的贡献来估算确定收益；对于诸如社会关系资源的积累收益，也必须通过对企业发展的潜在贡献来估算确定收益。

（3）责任性要求。必须有人对核算的准确性和真实性负责，对于弄虚作假的行为要严格查处，并事先确定惩处的办法。

（4）咨询性要求。强化核算为企业经营管理服务的功能，由算账评价经营效果提升到对经营管理提供建设性措施办法建议的咨询服务高度上来。

四、税费缴纳管理系统模块流程优化的约束条件举要

该系统模块的流程优化分析，必须以以下几个要求作为约束条件。并通过优化分析，保证达成这些要求。

（1）合法性要求。依法纳税，不存在任何形式的偷税、漏税和骗税等非法行为。

（2）效益性要求。在国家税法允许的情况下，根据企业收入和支出的特点和规律，设计合理的纳税方案，以降低企业税负。并保证严格执行国家的税务法规，不发生任何因为税费缴纳管理失当而蒙受的税务罚款损失。积极支持国家税务部门的工作，争取税务部门对企业的纳税指导和税收优惠。

（3）及时性要求。按时纳税，保证应缴税费款及时缴纳到账。

第二十一章

成本控制管理流程优化分析实施操作提要

成本控制管理系统包括物料成本控制、作业成本控制、营销费用控制、管理费用控制和资金费用控制等的管理流程，其规范化实施操作提要，包括物料成本控制管理系统模块流程优化、作业成本控制管理系统模块流程优化、营销费用控制管理系统模块流程优化、管理费用控制管理系统模块流程优化，以及资金费用控制管理系统模块流程优化等的约束条件举要。

一、物料成本控制管理系统模块流程优化的约束条件举要

该系统模块的流程优化分析，必须以以下几个要求作为约束条件。并通过优化分析，保证达成这些要求。

（1）预算核算要求。必须有完整的采购成本费用分析，即通过对材料及设备等物料的采购过程和物料本身的供货价格进行综合分析，寻求以充分低的成本和费用获得相应的物料。必须有在成本分析基础上的成本计划和目标控制方案的制订和实施，也必须有建立在成本计划和目标控制基础上的完整预算，并通过预算控制每个环节上的成本费用的形成。必须有完整的采购、仓储和运输分项费用核算，并对照预算和计划分析成本控制的力度，以及尚可改进的空间和措施。

（2）程序控制要求。对物料采购过程必须制定完整的程序规范，并保证活动过程公开透明，以避免采购活动的行为主体损害企业利益。物料的采购、仓储和运输必须有在活动细分基础上的程序控制，为每个环节上的

成本责任界定和落实提供依据。

（3）责任性要求。采购过程中的每一个环节都必须有明确而详细的活动记录，以方便对照程序和预算要求确定责任人。对于超预算的投入必须有原因分析和责任人界定；对成本责任的追究必须事先明确界定其承担方式，不能让责任人只用空话来承担责任。

（4）全员性要求。要求在物料采购配送过程中承担一定活动的人员都必须参与进来，共同探索降低物料成本的措施与办法，以避免由上而下的一刀切式的控制而造成不良影响。

二、作业成本控制管理系统模块流程优化的约束条件举要

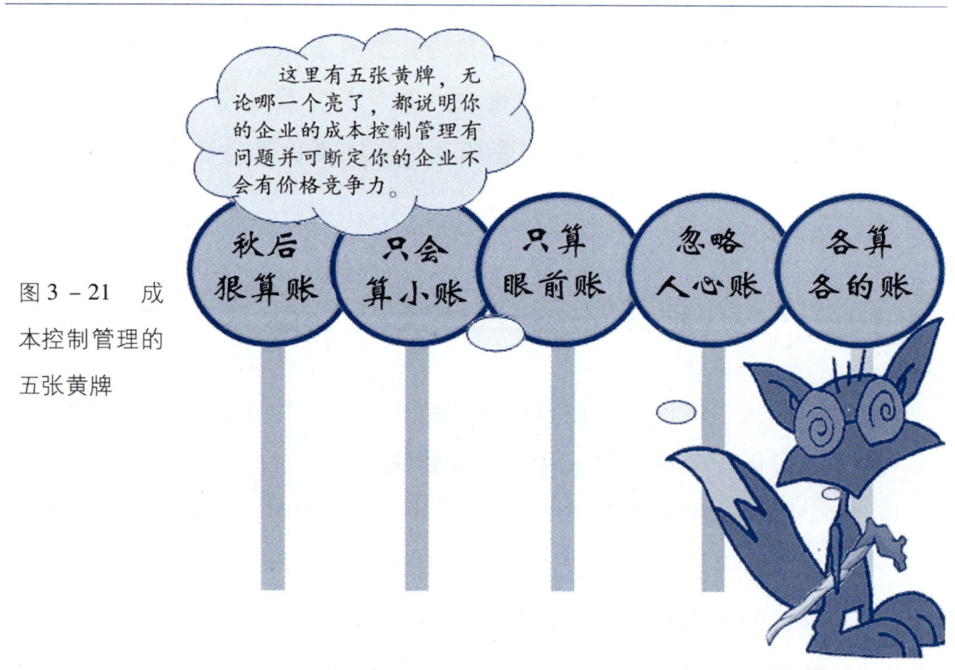

图3－21　成本控制管理的五张黄牌

该系统模块的流程优化分析，必须以以下几个要求作为约束条件。并通过优化分析，保证达成这些要求。

（1）预算核算要求。现场作业成本的形成过程必须严格预算，对现场作业的成果必须严格核算，通过预算核算在成本不断降低的基础上进行分类细化目标控制。

（2）全面性要求。在现场作业过程中发生的所有投入无论是有形的，

还是无形的，是直接形成的，还是间接发生的都必须纳入到作业成本的控制管理中来，不能缺少任何一个方面。

（3）科学化要求。定期对成本形成过程进行分析，包括对原材料投入、厂房设备折旧补偿、原材料及能源耗费、现场作业人工费等各种成本费用、在整个作业成本中的比例，以及相互关系进行分析，并在这种分析的基础上选择运用能降低成本费用的工艺技术。

（4）责任性要求。有完整的成本控制管理制度，使每个员工都有成本意识和成本责任感。有成本形成过程中的投入耗费的完整记录，以用于对照目标定额和预算明确分析界定责任，每项成本都有具体的责任人为之承担补偿责任。无论大小成本的投入都必须确定补偿办法，以保证投入有产出，浪费有人赔偿。

（5）激励性要求。对降低成本贡献大，即所耗费的成本低于目标定额和预算的有系统完整的奖励措施，包括具体的物质奖励和精神奖励，以保证成本责任人有充分高的成本节省意志驱动力。

（6）程序化要求。有建立在完整的现场作业过程分析基础上的程序分解管理机制，并通过这种程序分解管理机制为成本责任单位和具体责任人进行成本控制提供科学的办法和措施。

三、营销费用控制管理系统模块流程优化的约束条件举要

该系统模块的流程优化分析，必须以以下几个要求作为约束条件。并通过优化分析，保证达成这些要求。

（1）计划性要求。任何营销活动都必须有完整的投入计划和预算，以通过计划和预算实现前瞻控制。营销费用的科目细类有明确的界定，并对营销费用中的广告费、人工费、样品费和销售服务费等不同费用之间的比例在科学分析的基础上事先确定控制目标，以避免支付的随意性而导致失控。

（2）责任性要求。严格按照所确定的费用控制计划和预算定额落实责任，超定额支出而不能通过为客户增加价值满足以实现补偿的必须有具体的责任人为之承担补偿责任。

（3）制度化要求。有完整的营销费用投入的计划、预算、审查和核算

制度，以控制超计划定额和投入预算的费用列支；有完善的责任管理制度，以保证营销费用每一细目的支出都有人为之承担责任；有健全的责任落实激励兑现制度，以使每一个员工都重视费用的节省。

四、管理费用控制管理系统模块流程优化的约束条件举要

该系统模块的流程优化分析，必须以以下几个要求作为约束条件。并通过优化分析，保证达成这些要求。

（1）结构优化要求。对管理费用的控制必须在科学分类的基础上进行，以通过分类优化比例结构，保证每一部分投入的边际效益趋于相等来降低管理总费用的比例。

（2）计划性要求。有管理总费用在企业收入中的比例控制计划、分类比例控制计划和改进目标，并有在计划基础上的目标定额预算。

（3）责任性要求。严格按照所确定的费用控制计划和预算定额落实责任，发生超定额支出而又不能说明其投入效果补偿的必须有具体的责任人为之承担补偿责任。

（4）制度性要求。管理费用的列支必须事先确定范围、额度和程序等内容的管理制度、支付审核制度和节省奖励制度，以强化管理费用投入的内、外部监督和激励实施。

五、资金费用控制管理系统模块流程优化的约束条件举要

该系统模块的流程优化分析，必须以以下几个要求作为约束条件。并通过优化分析，保证达成这些要求。

（1）预算核算要求。有资金筹集费用率和资金使用费用率的目标控制计划，对筹资和投资过程中的费用通过目标控制计划管理。对资金的融入和使用所必须投入的费用有建立在筹资和投资项目实施过程分析基础上的分类细目预算，并对每笔资金的筹集和投入都有分项目和分费用科目的核算。

（2）程序性要求。筹资和投资实施过程必须建立完整的控制程序，每

一步活动都要有价值贡献说明。以消除筹资和投资实施过程中的无效活动，通过消除无效活动来降低费用投入。

(3) 制度化要求。筹资、投资活动是集中由企业领导人和高层主管承担的，如果没有严格的制度控制，其费用投入活动承担者也就必然随心所欲，甚至造成费用投入攀比而形成浪费。因而必须有制度明确限定筹资和投资的费用比例，以及费用支出范围、项目和额度标准。

(4) 责任性要求。超预算的筹资和投资费用投入必须有能令人信服的理由，其理由不能令人信服者，花费必须由花费者自己承担。

第二十二章

财务控制管理流程优化分析实施操作提要

财务控制管理系统包括筹资管理流程、投资管理流程、收入管理流程和资产流动性管理流程等，其规范化实施操作提要主要包括筹资管理系统模块流程优化的约束条件举要、投资管理系统模块流程优化的约束条件举要、收入管理系统模块流程优化的约束条件举要，以及资产流动性管理系统模块流程优化的约束条件举要等。

一、筹资管理系统模块流程优化的约束条件举要

该系统模块的流程优化分析，必须以以下几个要求作为约束条件。并通过优化分析，保证达成这些要求。

（1）计划性要求。有与企业发展战略规划和年度目标相对应的筹资管理计划，对资金需求有相对准确的预测。并根据预测制订资金组织计划后遵照实施，以保证不发生任何可能导致损失的资金短缺事件。

（2）风险管理要求。必须有对应于企业负债风险和经营风险的筹资方案设计论证，使企业的负债与企业创造现金流量的能力在时间上准确地对应起来，以避免因为负债风险而引发的企业生存危机。

（3）效益性要求。最大限度地实现筹资渠道的多样化，并对每个筹资渠道定期进行评估。以准确把握筹资渠道的可得性、风险性和成本费用率，并实现在这三项指标平衡基础上的优化组合。

（4）保障性要求。能有效地保证企业组织运行的资金需求，保证不发

生因资金短缺而导致的既定投资项目运行的延误和中断，这是最基本的要求。如果在保障上发生任何问题，则必须追究筹资管理负责人的责任。

二、投资管理系统模块流程优化的约束条件举要

该系统模块的流程优化分析，必须以以下几个要求作为约束条件。并通过优化分析，保证达成这些要求。

（1）效益性要求。不仅是要求企业投资项目的选择必须紧紧盯住企业四大价值的增值积累目标的实现，而且成规模的企业必须把实业投资和金融投资进行优化组合。使实业投资和金融投资二者实现互补，平衡余缺，以提升投资回报率。

（2）适度集中要求。在实业投资上必须避免无效的多角化经营而导致的投资分散。

在所进入的行业只要还有市场发展空间，自己企业又没有在这个行业中取得不可改变的市场地位，或者存在明显的竞争软肋受到对手攻击，则不能在实业投资上轻易地进行多角化。

在实业投资上的多角化必须考虑事业项目的关联关系，以获得事业项目的关联效益。

（3）计划性要求。投资管理的实施必须有事先确定的投资总回报最大化管理目标和具体实施计划。

对不同的投资有事先的设计和组合，以此来减少资金的闲置；同时又保证企业资产的一定流动性。

（4）预算核算要求。要求选择投资项目必须有预算，实施过程中必须通过预算控制。并按项目进程对应进行阶段性核算，项目结束后必须有严格的综合核算。

（5）程序化要求。投资项目的选择和实施，必须有完整而严格的程序控制，并保证每一个投资项目的选择和实施都严格按照程序实施，以避免投资活动的随意性造成失误。

图3－22 成本控制管理规范化的八大原则

三、收入管理系统模块流程优化的约束条件举要

该系统模块的流程优化分析，必须以以下几个要求作为约束条件。并通过优化分析，保证达成这些要求。

（1）制度性要求。有明确具体的收入中间滞延的最大时间限制，使停留在中间环节上的收入和时间最小化；有完整的现金收入回笼控制体系，使现金收入的挪用和携款潜逃等非法行为都难以得逞。对收支分开进行控制，严格收支管理两条线制度，以避免现金收入发生中途截留和占用。

（2）计划性要求。有对收入预测预算基础上的计划控制，使收入现实地形成之前就纳入管理控制范围，并督促实现。以减少收入形成后在财务控制管理系统之外停留的时间，避免中间占用。

（3）责任性要求。对现金收入的结转和呈送实行责任控制，对于违规行为必须及时查处。有完整而准确的现金运动记录，以保证违规行为能及时发现，并能准确地界定责任人。

（4）时限性要求。不仅销售收入必须限时解缴进入企业银行账户，而且任何形式的非现金资产转化为现金收入之后也都必须限定时间，如四小时之内进账入库。

四、资产流动性管理系统模块流程优化的约束条件举要

该系统模块的流程优化分析，必须以以下几个要求作为约束条件。并通过优化分析，保证达成这些要求。

（1）计划性要求。有在对企业组织运行的资金运动规律的分析把握基础上的资产流动性管理计划，尤其是要有与企业组织运行所需现金与现金流量创造能力平衡的管理计划。以使筹资融入的现金和经营创造的现金加总，在任何一个时点上都能与企业组织运行所需的现金流量达成平衡。

（2）效益性要求。在保证把资产流动性控制在与企业组织运行的现金流量需求相适应的前提下，减少没有收益或者收益低微的高流动性资产的过多占用。对具有流动性的资产进行多元化组合，使资产流动性需要通过多元化的形式保证满足，并使非盈利性现金资产的存量最小化。

（3）制度化要求。企业资金流动性结构的规划、设计和优化，以及资金形态的转化都必须有成文制度从程序、额度和责任上对企业资金流动性管理过程、数量标准和责任落实办法进行界定，以保证管理控制的力度。

第二十三章

审计控制管理流程优化分析实施操作提要

审计控制管理系统包括财务会计审计、人力资源审计、无形资产审计、品牌资产审计、管理行为审计和经营决策审计等的管理流程。其规范化实施操作提要包括财务审计控制管理系统模块流程优化、人力资源审计管理系统模块流程优化、无形资产审计管理系统模块流程优化，以及品牌资产审计管理系统模块流程优化等约束条件举要。

一、财务审计控制管理系统模块流程优化的约束条件举要

该系统模块的流程优化分析，必须以以下几个要求作为约束条件。并通过优化分析，保证达成这些要求。

（1）及时性要求。定期对企业会计报表和账目进行核查，以及时发现违法违规行为，查证事实、落实责任并挽回损失。对来自不同方面的检举材料及时做出反馈，在限定的期限内对所检举的事件进行调查核实，并根据事件的大小在尽可能短的时间内做出结论。

（2）效益性要求。明确区别企业组织运行过程中必需的社会交际与违法营私行为，为企业组织运行提供财务纪律监督保障；同时对财务违法违规行为的损失追回率必须有量的限定。

（3）求实性要求。强调用事实说话，在收集到足够证据之前绝不妄下结论。既不能冤枉任何一个好人，也不能放过任何一个违法乱纪的人。

（4）严肃性要求。财务会计审计是消除财务违法违规行为的重要保障

措施，在实施的过程中必须严肃认真，必须避免因为财务审计人员与财务控制管理人员之间的私人关系等因素而导致财务审计功能作用的降低和丧失事件的发生。

（5）责任性要求。对于审计过的财务管理部门或岗位，一旦有未被审计出来的违法违规行为被揭露并得到了查证核实，承担审计工作的人员要负连带责任。即使没有徇私舞弊行为，也要以失职行为论处。

（6）追溯性要求。对所审计和查证的问题，无论大小都要登记造册。并在年度末提出书面总结报告，为防范财务违法违规措施办法的完善服务。

二、人力资源审计管理系统模块流程优化的约束条件举要

图3－23 管理财务不是简单地管住钱袋子

该系统模块的流程优化分析，必须以以下几个要求作为约束条件。并通过优化分析，保证达成这些要求。

（1）定期进行要求。要求把人力资源切实当做企业有形资产的一个部分进行管理，每年定期进行审计，以确保企业人力资源的积累和发展起到推动和促进企业发展的作用。

（2）责任性要求。审计发现的人力资源流失问题必须查清原因，明确责任并限期更正。发现企业发展所需人才流失是由于主管个人行事作风原因所致，除了提出限期改正建议外，对于我行我素的人必须给出处罚建

议，以落实责任。

（3）咨询性要求。人力资源审计与财务会计审计不同，它不是以挽回损失为主要目的，而是以发现问题和纠正行为为目的。审计报告必须以改进完善建议为主要内容，以便于改进人力资源的管理，提升积累发展人力资源的效率和效益。

（4）强制监督要求。通过审计发现的问题，以及对应提出的解决办法和措施只要合理并有效，企业最高决策机构就必须无条件地批准强制实施。对于任何形式的抵制行为都必须对应其性质进行行政处罚，以确保人力资源审计的监督控制作用。

（5）全面性要求。人力资源审计内容包括人流组织系统的方方面面，其工作也必须对应全面实施审计，不能随意取舍。更不能缺少任何一个方面，进而保证人力资源审计的作用效果。

（6）针对性要求。除了每年定期进行人力资源审计之外，必须根据企业发展的实际组织人力资源的专项审计，以及时发现问题、分析问题和解决问题。

（7）救补性要求。对于刚刚发生或可能发生的人力资源流失事件，人力资源审计要及时介入。分析评估并提出建议，挽回和避免人力资源流失损失。对于已经发生但还有可能挽回的人力资源流失损失，必须通过人力资源审计的介入纠正不当做法，联络刚刚流失的人才把韩信追回来。

三、无形资产审计管理系统模块流程优化的约束条件举要

该系统模块的流程优化分析，必须以以下几个要求作为约束条件。并通过优化分析，保证达成这些要求。

（1）全面性要求。在无形资产所包括的四大类中审计实施不能忽视任何一个方面的内容。

（2）合法性要求。保证企业无形资产的积累发展和运用没有违法违规的事件点存在，以通过合法性保证企业无形资产积累发展的稳定和运用的效益。

（3）责任性要求。对于无形资产管理运用过程造成价值流失损失和非法侵占损失必须明确责任人，落实责任，以避免同类事件重复发生。

（4）正误性要求。对所发现的无形资产流失和被侵占事件必须提出强有力的措施，保证错误的更正和资产价值的追回。

（5）准确性要求。对于无形资产价值的审计评价必须有科学的方法，以保证评价的准确性。

（6）发展性要求。无形资产审计与财务会计审计不同，不是简单的正误问题。而是要求从发现的问题中找到改善管理、提升效益的措施办法，以实现无形资产积累发展速度，以及运用效率和效益的提升。

四、品牌资产审计管理系统模块流程优化的约束条件举要

该系统模块的流程优化分析，必须以以下几个要求作为约束条件。并通过优化分析，保证达成这些要求。

（1）全面性要求。品牌资产以商标和企业名称为载体，但运营涉及企业组织运行的所有方面。其审计必须从品牌资产价值的积累发展的角度。对企业组织运行的所有活动进行审查，分析其相对于品牌资产影响作用的性质和大小并列成清单统筹协调。

（2）发展性要求。品牌资产审计管理的目的是推动和促进企业品牌建设，积累发展企业品牌资产的价值，所以必须以发现、分析和解决问题为主线，为此要求必须把寻求和论证提高企业品牌资产运营水平的办法措施放在首位。

（3）约束性要求。强调这一活动不能是清谈，必须在发现和分析问题，找到解决问题的办法措施基础上强制性地付诸实施。让所有的借口靠边，用行动来为企业品牌资产价值的积累发展作贡献。

（4）效益性要求。品牌资产属于资源性资产，相对于社会其本身没有价值。它的增加并没有对应的社会福利的增加，而仅仅是拥有它的企业会从中获得收益。所以品牌资产的运营必须把效益放在首位，必须对品牌建设投入和品牌资产价值维护投入进行预算和核算。并与其所带来的收益进行比较，至少要保证其长期效益与短期效益的平衡。

（5）责任性要求。对于品牌资产运营过程中造成企业品牌资产价值贬值或流失损失的事件必须分析确定具体责任人，并落实责任。

（6）制度化要求。企业品牌资产的运营必须通过内部控制度的健全完

善来保证其有效性和合理性，因而品牌资产审计必须把内部控制度的健全完善及其有效贯彻作为审计的重点，进而推动和促进品牌资产运营管理制度的健全完善。

五、管理行为控制管理系统模块流程优化的约束条件举要

该系统模块的流程优化分析，必须以以下几个要求作为约束条件。并通过优化分析，保证达成这些要求。

（1）全面性要求。管理行为体现在企业组织运行中每个方面的每个细节上，为此就要求对企业组织运行的现行管理行为方式方法的审查和评价必须全面覆盖，不能漏掉任何一个方面。

（2）发展性要求。管理行为审计管理的目的是推动和促进企业整体管理效益和管理水平的改善和提升，对所审查发现并确认为低效、不合法且不合理的管理行为方式方法不必追究责任人，没有必要做秋后算账式的处罚。能够促使其对自己的管理行为方式方法的低效、不合法且不合理的认知，并积极改正即可。

（3）约束性要求。审计报告建议，企业最高决策机构必须组织讨论，不能批准的要有不批准的理由；否则这一工作就失去了应有的意义。

（4）责任性要求。对于低效、不合法且不合理的管理行为方式方法必须列入清单，最高决策机构批准清单时必须一同颁布违背惩处措施，发现列入清单的管理行为方式方法有重复发生的事件必须严肃追究责任。

（5）制度化要求。为避免管理行为方式方法选择运用上的随意性，管理行为审计必须把管理行为方式方法选择运用的制度化和标准化实施作为重要的审查评价内容。以此促进企业管理的实施由不稳定的强权式的行政指令管理，向建立在游戏规则基础上的规范化管理过渡。

（6）紧盯细节要求。管理行为方式方法存在于管理实施的每一个细节中，仅仅有原则上的把握是不够的，必须盯住细节。从细节中发现问题，联系细节审查评价管理行为方式方法的有效性、合法性和合理性。

（7）授权实施要求。管理行为责任人在企业组织内部位高权重，管理行为审计活动的开展必须以企业组织常设权力机构——董事会的名誉授权

进行；否则这种审计必然有名无实，无法起到提升企业管理水平及管理效率和效益的作用。

六、经营决策审计管理系统模块流程优化的约束条件举要

该系统模块的流程优化分析，必须以以下几个要求作为约束条件。并通过优化分析，保证达成这些要求。

（1）授权实施要求。经营决策责任人在企业组织内部权重位高，经营决策审计活动的开展必须以企业组织最高权力机构——股东大会的名义授权进行；否则这种审计必然有名无实，无法起到提升经营决策科学化程度和决策效果的作用。

（2）全面性要求。经营决策结果由经营决策过程形成，因此，要求不仅仅是通过会计报表和账目所反映的事实计算效益效果，更重要的是深入到经营决策的全过程中去从决策信息收集、决策方案设计论证到决策最后拍板制定都要全面审查评价。

（3）发展性要求。经营决策审计管理的目的是推动和促进企业经营决策过程科学化水平的提升，通过决策过程科学化水平的提升来改善和提升经营决策效益效果。而不是秋后算账，追究以往低效、不合法且不合理经营决策的责任人。只要责任人没有徇私舞弊，就不必进行这种责任追究。

（4）约束性要求。企业最高决策机构必须组织讨论审计报告建议，不能批准的要有不批准的理由；否则这一工作就失去了应有的意义作用。

（5）责任性要求。对于低效、不合法且不合理的经营决策行为必须列成清单，并且最高决策机构批准清单时必须一同颁布违背惩处措施，发现列入清单的经营决策行为有重复发生的事件必须严肃追究责任。

（6）制度化要求。为了保证经营决策过程科学化的实现，以利于科学的经营决策制定程度，必须统一制定管理制度和行为标准。因此必须把这种管理制度和行为标准的健全程度，以及贯彻落实的完整性作为审查评价的重要内容。

图3－24 会计工作绝不是简单地记账

第二十四章

外部法律关系管理系统模块流程优化的约束条件举要

外部法律关系管理系统模块的流程优化分析，与本篇第十一章“关系融和管理规范化实施操作提要”有一定的对应关系，但鉴于其所起作用的特殊性，故单列一章加以分析。

该系统模块的流程优化分析要求以关系维护要求、道德约束要求、知法守法要求、权益维护要求、规范性要求和效益性要求等作为约束条件。

该系统模块的流程优化分析，必须以以下几个要求作为约束条件。并通过优化分析，保证达成这些要求。

（1）关系维护要求。强化以维护和发展企业组织整体与企业组织外部环境活动主体之间良好关系为目的，把维护二者之间的良好关系作为努力的方向，避免因为不必要的法律诉讼导致冲突和矛盾的升级。

（2）道德约束要求。强调以中华民族的传统道德观念——仁、义、礼、智、信五大价值观念为基础进行自我约束，保证与外部环境活动主体建立的相互关系都经得起道德规范的批判，不存在任何失德和违理行为。

（3）知法守法要求。让每一个员工都明确企业组织运行过程中各类活动的法律要求，不做任何有违国家法律法规的事。

（4）权益维护要求。运用法律手段解决与企业组织外部环境活动主体所发生的矛盾，在保证企业组织外部环境活动主体不受损害的情况下，使得自己的合法利益得到维护。

（5）规范性要求。严格审查与企业组织外部环境活动主体结成的各种关系，规范需要签署的法律文件，保障所有的法律文件都没有任何不合法的疑点存在。

（6）效益性要求。在进行法律诉讼之前必须对可能的收益，包括经济损失的社会影响的挽回进行预测分析判断，只有当忍让损失大于诉讼收益才能诉诸法律。不能赌气斗恨，为所谓的义气而让企业组织整体利益受损。

第四篇

运行流程管理规范化实施的方法

本篇详细介绍了流程结构管理、流程活动管理和流程组织管理的方法，包括价值目标分解分析法、价值贡献估价分析法、价值关联点数计算分析法、流程分析的多级展开方法、与信息系统对接的流程标准拟订方法和流程组织管理实施的方法。

为弥补哈默博士等流程管理理论和方法创建人所忽略的流程组织管理问题，本篇分析介绍了基于系统模块的流程管理职责的单位部门分配、岗位流程工作标准拟订、系统模块流程工作责任的班会展板跟踪和定期考核跟踪，以及与之配套的薪点工资计算等一系列具体操作实施方法。

第一章

流程结构管理实施的方法

价值目标分解分析法是流程结构管理规范化的重要实施方法之一，其主要内容涵盖企业组织运行的活动对应价值目标的关系，即直接价值活动、价值保障活动和价值监管活动；企业组织达成发展目标的价值项，即销售收入、社会美誉和关系和谐；企业组织运行过程中必须做的努力，即零浪费、零事故、零矛盾和零抱怨。

流程结构管理规范化实施的方法主要有价值关联关系分析法、目标功能树系统分析法和价值目标分解分析法。价值关联关系分析法目标功能树系统分析法已在《企业规范化管理系统实施方案·决策制定管理》第三篇和《企业规范化管理系统实施方案·组织架构管理》第四篇中做过分析讨论，这里不再赘述。

价值目标分解分析法是在分析确定企业发展的价值项目之后从达成企业发展价值项目标的角度进行分析，把企业组织运行的活动对应价值目标的关系分为如下三类。

（1）直接创造企业发展价值的直接价值活动。

（2）为直接价值活动提供支持和条件，使之得以顺利进行的价值保障活动。

（3）对直接价值活动和价值保障活动进行监督、调控和管理，以保证其活动效率效益的价值监管活动。

三类价值活动作为一个整体服务于企业发展价值目标的达成，企业性质不同，企业发展的价值项也就不完全相同；企业所在行业不同，其直接价值活动就会明显不一样，价值保障活动也会对应直接价值活动有其特点。但价值监管活动在所有的企业都几乎一样，所不同的仅仅是其侧重点不同。下面以一个市级供电公司的案例，介绍价值目标分解分析法。

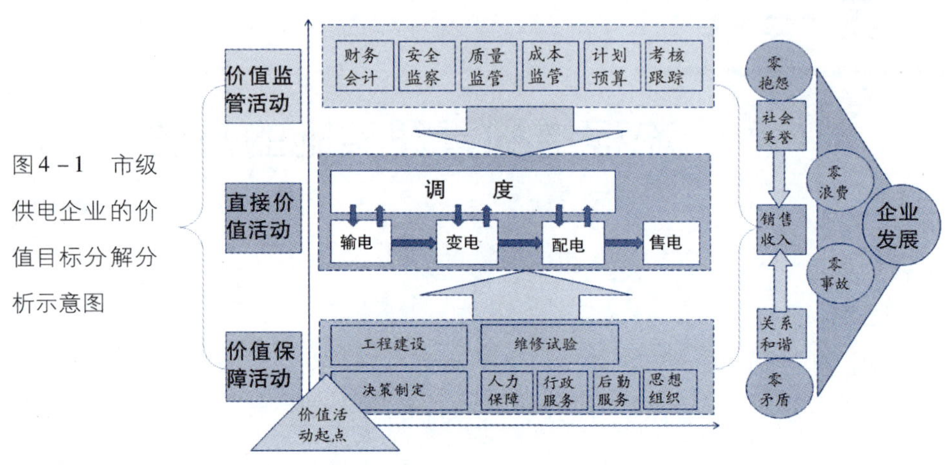

图4－1　市级供电企业的价值目标分解分析示意图

该市级供电公司达成发展目标的的价值项有如下三个。

（1）销售收入。这是企业发展的基础和发展的实现，这一企业中的销售收入为售电和电力配送工程建设收入，二者构成该企业的全部收入来源。

（2）社会美誉。这是企业发展的依据，支撑企业销售收入的实现和持续发展。这个企业的销售收入不靠它支撑，因为供电行业是高度垄断的行业，在其所辖范围内消费者没有选择供电服务的余地。电力配送工程建设业务与供电服务关联，消费者选择的余地也不大。但该企业是一个国有企业，承担有一般民营企业所没有的社会责任，所以社会美誉也就成为其一个重要价值项。

（3）关系和谐。这是前两个价值项的支持项，其内容是企业发展利益关联主体相互之间没有矛盾冲突，都全力服务于前两个价值项的实现。在这个企业中和谐的内涵主要是管理人员和下属员工的关系，以及员工与员工的关系。作为垄断性的国有企业，其他利益关联主体及其相互之间的关系不会有重大矛盾。

以通过上述三个价值项达成企业发展的目的，企业组织运行过程中必须在如下四个方面的努力。

（1）零浪费。这一努力是保证企业发展实现利润的重要途径，不消除浪费，销售收入都消耗掉了，没有利润也就没有发展的经济基础。

(2) 零事故。这一努力是保全企业资产价值，在这个企业，因为行业关系这一努力就显得更为重要。安全问题不仅关系到企业资产价值的保全，而且关系到地方社会经济发展的稳定。

(3) 零矛盾。这一努力直接服务于关系和谐价值项，不努力消除矛盾，和谐也就无以实现。

(4) 零抱怨。这一努力直接服务于社会美誉价值项，企业发展的四个外部利益关联主体有抱怨，企业的市场也就不免萎缩，生存的空间也就必然被挤压。这个企业因为是国有垄断的性质，所以企业发展的四个外部利益关联主体的不满不会导致企业生存危机，但发展受阻是必然的。

三个价值项和四个努力还仅仅是理清了发展的思路，如何发展则必须通过三类价值活动实现，在例中三类价值活动的内涵如下。

(1) 直接价值活动：包括调度、输电、变电、配电和售电。

(2) 价值保障活动：分为两个方面，一是物质保障，包括工程建设和维修试验；二是组织运行，包括决策制定、人力保障、后勤服务、行政服务和思想组织。

(3) 价值监管活动：包括财务会计、安全监察、质量监管、计划预算、成本监控和考核跟踪。

三类价值活动中每一个活动都可细分，如图4－2～图4－4所示。

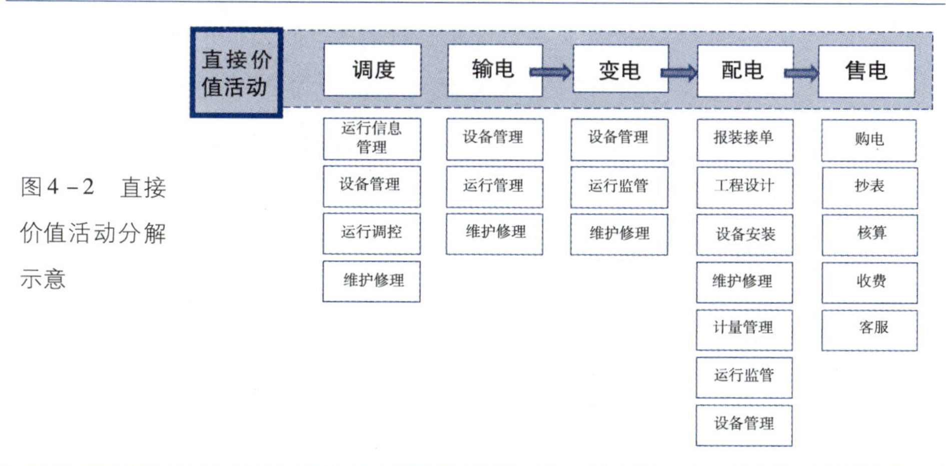

图4－2 直接价值活动分解示意

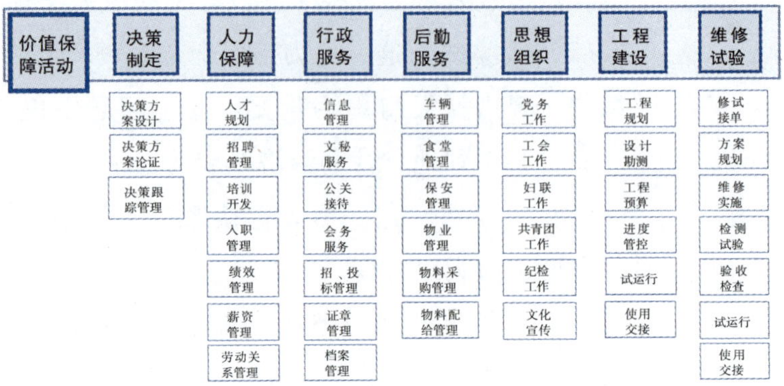

图4－3　价值保障活动分解示意

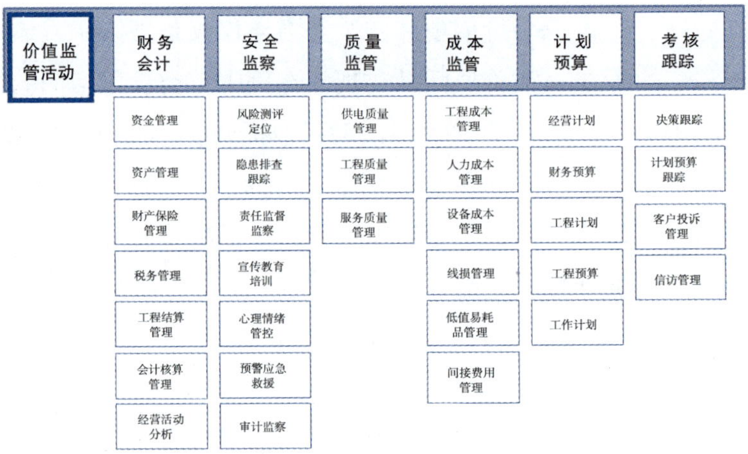

价值保障活动

决策制定	人力保障	行政服务	后勤服务	思想组织	工程建设	维修试验
决策方案设计	人才规划	信息管理	车辆管理	党务工作	工程规划	修试接单
决策方案论证	招聘管理	文秘服务	食堂管理	工会工作	设计勘测	方案规划
决策跟踪管理	培训开发	公关接待	保安管理	妇联工作	工程预算	维修实施
	入职管理	会务服务	物业管理	共青团工作	进度管控	检测试验
	绩效管理	招、投标管理	物料采购管理	纪检工作	试运行	验收检查
	薪资管理	证章管理	物料配给管理	文化宣传	使用交接	试运行
	劳动关系管理	档案管理				使用交接

图4－4　价值监管活动分解示意

价值监管活动

财务会计	安全监察	质量监管	成本监管	计划预算	考核跟踪
资金管理	风险测评定位	供电质量管理	工程成本管理	经营计划	决策跟踪
资产管理	隐患排查跟踪	工程质量管理	人力成本管理	财务预算	计划预算跟踪
财产保险管理	责任监督监察	服务质量管理	设备成本管理	工程计划	客户投诉管理
税务管理	宣传教育培训		线损管理	工程预算	信访管理
工程结算管理	心理情绪管控		低值易耗品管理	工作计划	
会计核算管理	预警应急救援		间接费用管理		
经营活动分析	审计监察				

三类价值活动示意图中每一个细项活动还可细分，如果将其作为一个整体定义为一级流程，那么每一个活动的展开细项就构成一个二级流程，在此基础上的细分则构成三级流程。如果再细分，则构成四级流程，一个企业和流程结构就由此梳理分析确定了。

为保证三类价值活动紧盯企业发展的价值目标不偏移，在其流程细分的过程还必须理清四个努力的思路。即通过追珠图分析确定努力方式方法，图的下面部分是分析确定的达成目标的必有措施；上面是要努力克服的阻力，即必须避免和消除的问题。如图4－5～图4－8所示。

图4-5 零浪费努力思路示意

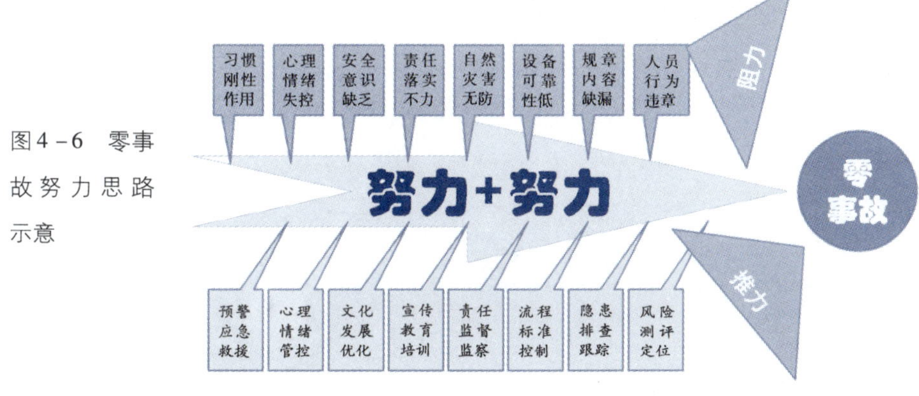

图4-6 零事故努力思路示意

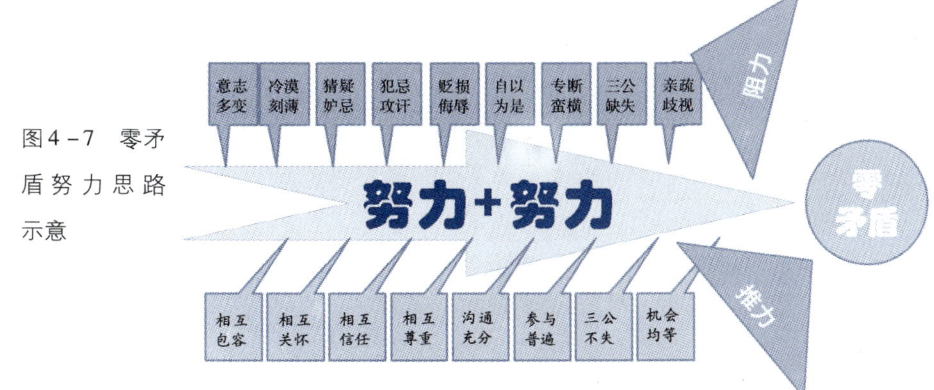

图4-7 零矛盾努力思路示意

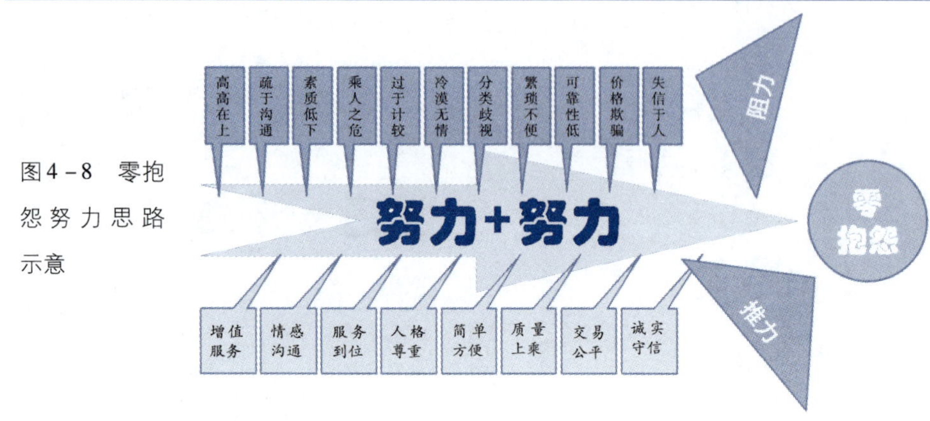

图4-8 零抱怨努力思路示意

第二章

流程活动管理实施的方法

流程活动管理的3项任务即对现有工作过程进行流程梳理、流程活动分析，以及流程优化、改造和再造。流程活动分析包括流程起点和终点分析、流程活动的价值分析、流程活动的内容分析、流程活动的效果分析、流程活动的效率分析，以及关键和瓶颈活动分析，其中流程活动的价值分析的两种方法是成本导向分析法和时间导向分析法。

一、流程活动管理的三项任务

运行流程管理规范化的重点是流程活动管理，即通过这一工作来保证流程的每个活动都有充分的价值贡献。其工作任务重点包括三个方面，一是对现有工作过程进行流程梳理；二是流程活动分析；三是流程优化、改造和再造。

1. 对现有工作过程进行流程梳理

这一工作即将企业内部现有的行事方式运用流程图的形式予以描绘，以转化为运行流程管理形式。一般企业在引进流程管理这一管理技术之前都没有流程管理的概念，企业内部的各项工作也都不是按流程方式组织的。所以要进行流程化管理，首先必须运用流程管理技术描绘企业组织运行过程中的所有活动。以实现管理思路和转换，让人们从流程的角度来观察分析企业组织运行过程中的现有行事方式。即必须将现有的行事方式依原有的状态，按照流程管理技术要求进行描绘。

这项工作要解决如下两个方面的问题。

（1）让员工对所做的工作形成流程组织的意识，并按照流程的方式思考。

（2）让员工明确把握流程化管理与以往职能等级管理的差别，能够用流程的效益观念和效果观念来分析以往的行事方式，并加以改进。

2. 流程活动分析

这一工作是运用流程分析方法分析确定现有工作的效率和效果，并分析确定以往行事方式中的合理性与不合理性内容。保留以往有效的行事方式，改善提高缺乏效率的行事方式。在没有对已有行事方式进行流程分析之前，承担工作的人都会认为其行事方式是最佳的。当通过把已有的行事方式运用流程描述和流程分析之后，都会很容易地发现以往行事方式的效率和效益漏洞。

流程活动分析的目的就是发现问题，并找出解决问题的办法，企业管理效益的提高必须从发现问题开始。企业规范化管理的目的就是提升效率和效益，而要达成这一目的，首先必须分析找出问题的原因之所在。选择何种分析对运行流程的方法成为关键，现有的流程再造分析，更多的是用时间导向分析方法。该方法主要对流程活动的时间耗用进行分析，即对流程活动的时间耗用这一维度进行设计和再造。企业组织运行的效率与时间相关，但效益就不仅仅是一个时间问题。如果不能找到更有效的分析方法，也难以保证运行流程优化再造的成功。

3. 流程的优化、改造和再造

通过流程分析，我们发现以往行事方式中存在多个没有效率和效益的浪费问题。发现问题的目的是要解决问题，对现有运行流程进行优化、改造和再造成为运行流程管理规范化的重要一环；否则仅仅把现有的行事方式以流程的形式描绘出来是远远不够的。尽管这样也可以通过保证新聘员工进入特定岗位之后在很短的时间内熟悉自己的工作，明确自己的职责，在一定程度上提升企业的管理效益。虽然仅此一点已经可以使运行流程管理规范化工作的意义得到证明，但更大的作用必须面向客户价值的满足和企业发展价值增值的目标。通过对活动的价值贡献分析找出没有价值贡献或者价值贡献过低的活动，对流程进行改造和再造，以消除没有效益和低效益的活动投入浪费。

二、流程活动分析的六项内容

流程活动分析是流程活动管理工作的关键内容，既包含对流程效率和效果的检验，也包含为流程改造和再造提供依据。流程活动分析的内容主要是如下六项。

1. 流程起点和终点分析

分析流程的需求和对需求满足，回答以下三个问题：

（1）这一流程活动是由什么引起的？

（2）这一流程活动的完成要有一些什么投入？各自的要求是什么？

（3）这一流程活动的下传交接点在哪里？

2. 流程活动的价值分析

分析流程活动与其目标达成推进作用，并对这一流程活动能为流程目标的达成在哪个方面做出贡献，以推动流程目标达成的问题进行回答。

3. 流程活动的内容分析

界定流程所包含的活动内容，这一分析要求思考并回答以下一些问题。

（1）整个流程包括哪些活动？

（2）活动承担主体的条件要求是什么？

（3）完成活动的客观条件是什么？

（4）完成活动的直接投入有多大？

（5）活动的标准要求是什么？

（6）由谁来评价活动标准的达成情况？

4. 流程活动的效果分析

流程活动的效果分析是流程活动的有效性分析，即界定流程活动与流程目标的联系，要求反复思考并回答以下一些问题：

（1）这个流程活动达到了标准要求吗？

（2）为什么没有达到标准要求？

（3）如何改进这一流程活动的效果？

（4）是否可以通过其他流程活动来达到这一流程活动目的？

（5）代替这一流程活动的流程活动相比这一流程活动的优势何在？

5. 流程活动的效率分析

流程活动的效率等于流程活动投入与流程活动为流程目标达成的贡献之比，效果是强调做正确的事，效率则是强调正确地做事，流程的效率分析要求反复思考并回答以下一些问题。

（1）流程的这一活动所投入的人、财、物能从客户价值满足和企业发展价值的增值中得到补偿吗？

（2）如果取消这项活动，会给客户价值满足和企业发展价值增值带来损失吗？

（3）这项活动还有更简便的完成办法吗？即有无其他投入较少而又能达到或者基本达到现有流程活动效果的新办法？

（4）这一活动能与前一步活动或者下一步活动合并吗？合并之后会在多大程度上降低原有的效果？

（5）活动的目前承担角色恰当吗？能转换为一个投入低（支付工资少）的角色来承担吗？

6. 关键和瓶颈活动分析

在一个流程的诸多活动中总有一个或几个起着主导作用的活动，即这特定运行流程的关键活动，整个流程的效率和效果直接由其制约。通过这一分析，就是要让人们抓住主要矛盾和矛盾的主要方面，从而获得事半功倍的效果。这一分析要求反复思考并回答以下一些问题。

（1）在这个流程中的哪项活动投入的费用最高并占用的时间最长？

（2）它刚好是起主导作用的关键活动吗？

（3）在这一流程中哪项活动容易发生梗塞？导致这一梗塞的是设备原因、人力原因，还是方法原因？

（4）造成梗塞的瓶颈活动能否通过分解和简化化解？

（5）能否投入更多的资源，包括人力资源和设备资源转化为并行模式活动以化解这一瓶颈活动？

分析回答上述问题后也就设计构建出来了新流程。

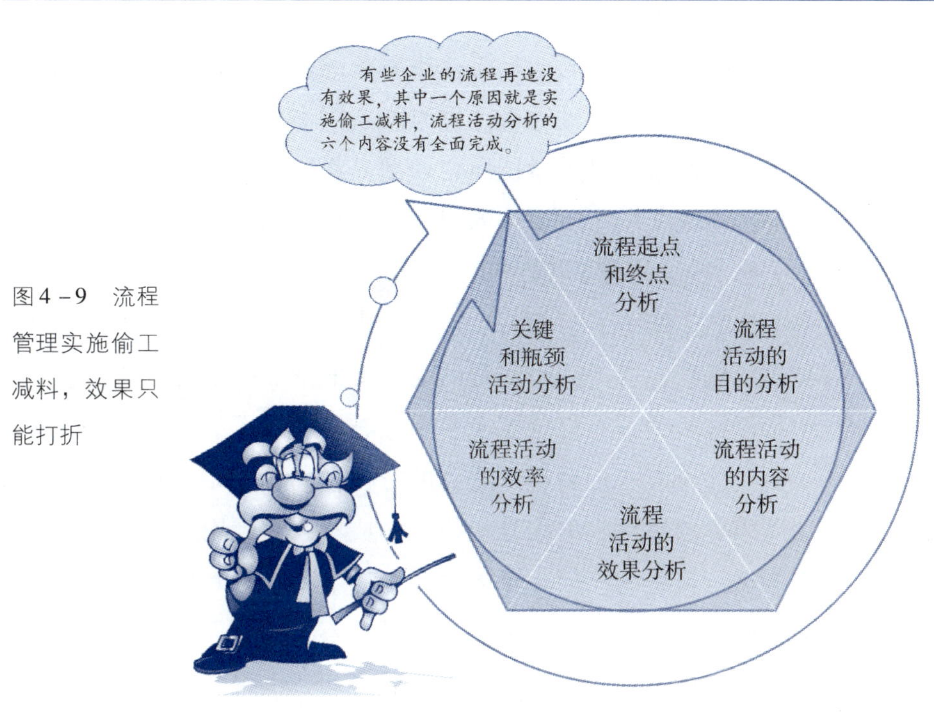

图4－9 流程管理实施偷工减料，效果只能打折

三、流程活动价值的分析方法

流程活动价值的分析方法是运行流程管理效果好坏的一个重要影响因素，运行流程管理能否达到预期的目的和效果，往往与选择的流程活动价值的分析方法直接相关。

流程活动价值的分析的方法通常有如下两种。

（1）成本导向分析法。通过对流程每个活动的成本投入情况进行分析以识别导致资源投入增加或成本上升的因素，进而通过改造和再造活动设计以降低成本，其要求是必须保证该项活动所承担的功能作用能全面完成。

（2）时间导向分析法。通过对流程每项活动所花时间的长短进行分析，以识别关键活动和瓶颈活动，进而通过对活动所需时间的降低并缩短处理来降低产品生产周期、定单交货周期和市场反应周期等。

在这两种分析方法中，前者是把成本投入作为稀缺资源配置使用优化；后者则是把时间占有作为稀缺资源配置使用优化。

这两种方法本身不存在孰优孰劣的问题，相对于不同的运行流程，却有不同的结果。有的运行流程所服务的目标就是要通过降低成本来提高效益。在其中一分一秒地来计算时间占用本身意义会很小。尽管时间在任何时候和在任何情况下对任何企业而言都是一个有限的资源，但这种资源最终都会体现在企业所投入的成本的增加或减少上。

有的运行流程所服务的目标就是争取时间，缩短时间的占用也就是效率的提高。缩短了时间占用也可能直接减少成本投入，并且还意味着抓住更多的机会，这类运行流程的时间价值就显得更为重要。

但这两种方法都忽视了一个问题，即投入的成本或者占用的时间与这项活动的价值——活动所服务的目标之间的关系分析。如果脱离了流程活动所服务的目标，单纯分析投入的成本或者占用的时间就失去了意义。

运行流程的任何一个活动都是为了直接或者间接地服务于企业发展价值增值，如果运行流程中的相应活动不具备企业发展价值增值的作用，这个活动即使不投入成本，也不占用时间，也仍然是没有意义的。当然这只是一种假设，在世界上没有不占用时间和不投入成本的活动。

因此流程活动分析必须把流程活动与所服务的目标之间的联系放在首位考虑，即流程分析应以价值贡献为核心，并结合所投入的成本和所占用的时间分析。

笔者通过实践探索，首创了两种新的分析方法，一是价值贡献估价分析法；二是价值关联点数计算分析法，后面将分别介绍。

第三章

价值贡献估价分析法

价值贡献估价分析法通过对运行流程的每一个活动的投入所能够带来的企业两类价值——企业客户价值和企业发展价值的估价来量化分析流程的每一个活动的意义和价值，并在此基础上进行流程的改造和再造设计，以使运行流程实现优化的一种方法。

流程活动投入包括如下三类。

（1）人力时间。可用活动承担者的人工费用折算数表示。

（2）物力的占用。即所占用的设备数量和资金数量，可用设备折旧和资金利息表示。

（3）财力耗费。即这项活动过程所花费的人力和设备之外的投入，包括财耗、能耗、交际费用和办公费用等。

很显然，活动的投入比较容易精确地估算，并且当活动结束之后还可以准确地核算。

但流程活动的价值贡献，即这个活动所带来的企业客户价值和企业发展价值的增值却往往很难准确估价。因为流程活动与客户价值及企业发展价值之间的关系不是直接对应的，往往要通过多重环节才能实现，从而使这种估价无法精确地计算。不过，我们可以通过对这种活动的作用方式的区分做出相对的估价，即通过区分直接价值增值作用和间接价值增值作用估价。运用这种方法也有助于把这种流程活动的价值贡献在量化估价上，向前推进一步。

在这里，有价值的还不在于对这种活动贡献价值量的准确估价，而在于提示人们进行这种思考并在这种思考之后做出定量和定性两个方面的判断。这样可以让人们有相对更强烈的价值增值观念，从而真正消除非增值活动，提高流程活动的效率。如果不要求人们从量上思考，仅仅是做一个定性的有或无界定，则往往很难分析、分解并化解高投入低增值的活动。

一、价值贡献估价分析法实施的 12 个要点

价值贡献估价分析法的实施要点，可归纳为以下 12 个方面。

（1）分析确定所分析流程的引起原因，是谁并为什么提出了这项流程的需求？目的在于明确该运行流程的目标要求，或者叫“价值目标”。

（2）界定所分析运行流程的活动，并明确每个活动之间的先后顺序和联系，目的在于理顺流程内部各项活动之间的关系。

（3）对每个活动的承担主体、完成地点和所需时间进行界定，目标在于确定每项活动的具体责任和责任人。

（4）描绘运行流程图，用直观的形式把运行流程的活动内容、承担主体、前后顺序和交接联系表示出来。

（5）分析估价每个活动的成本投入，包括人工成本、设备成本、耗费成本三大项，目的在于找出所分析流程中的主导活动，即投入人工成本、设备成本和耗费成本最多的活动。

（6）分析每个活动的具体价值内容，即找出每个活动所服务的客户价值内容和企业发展价值内容，并说明这种价值活动是直接实现还是间接实现并分别用不同的符号予以表示。

（7）估价每个活动的价值贡献额，即通过分析说明每个活动能为客户价值和企业发展价值所能作出贡献的具体数量。

（8）就活动的投入与对应的价值贡献额进行比较，将其价值贡献额明显小于其投入成本的活动单列出来，以确定再造设计的重点。凡是价值贡献额小于成本投入的活动都是得不偿失的活动，必须最大限度地给予改造。

（9）对单列的活动进行特别分析，没有这项活动会不会影响整个流程目标的达成。如果取消了这项活动仍能够保证流程总目标的达成，则说明可以取消。即它在原有的流程中是被人为地赘加进来的，因而必须剔除。

（10）将不能取消的单列活动进行合并处理，或者与前一步活动或后

一步活动合并。如果不能剔除，说明它在整个流程目标达成上能够起到一定的作用，只是价值贡献不高，且效率过低。因而必须寻求提高其效率的办法，包括合并处理。

（11）转换既不能取消又不能合并的单列活动的承担主体、运用设备和材料投入，以降低其投入。如果这项单列活动既不能取消又不能合并，说明有其独立存在的理由。之所以它的价值贡献额会少于其投入成本，或是估价有误，或是完成方式不当，或是其价值还没有被客户和企业所发现。对于这类活动就只能通过调整承担主体降低人工费用，简化设备投入和降低消耗，使其投入能接近或者低于其价值贡献额。

（12）对流程进行优化、改造和再造设计，并勾画出流程图。

二、价值贡献衰减计算法

价值贡献估算可采用价值贡献衰减计算法。

价值贡献衰减计算法通过将直接可能的价值贡献分步核减计算，使价值贡献作用每通过中间假设媒介转换一次其价值贡献减半一次。即对价值贡献作用的形成每增加一次假定其价值贡献减半一次计算，估算公式为：

$$E = 2^{-n}O$$

式中 E——价值贡献估算值。如果活动与活动之间没有联系，其值为0。

n——活动与活动目标之间要经过的假设中间媒介阶数。它是说明特定活动的实现与最终要达到的目标之间的距离。一般而言，如果活动与活动目标没有联系，则其取值为∞。

O——活动目标的效果值。它一般根据活动所涉及的单位、部门大小及其效益总额来估算。比如：原销售收入为5000万元，估计这一活动目标可使它增长10%，那么，O等于$5000 \times 10\% = 500$万元。

这个计算公式的原理很好理解。比如，有一亩良田，如果自种，可每年创造1000元的收益。现因某种原因不能直接耕种，而要转租他人，则其收益计算大体减半；如果必须通过中间人转租，则其收益必须减少一定比例。任何一项活动的价值贡献作用也均如此。

比如像永祥集团这样有7000多人、销售收入20多亿元且利润1亿多元的企业，如果每位员工的积极性和创造性都能得到充分发挥，每年就可能增加 10% 的效益，计 2 亿元的销售收入和 1000 万元的利润（投资回报），前提如下：

①要让每位员工的积极性和创造性；

②充分发挥出来；

③企业就必须有；

④健全的激励机制，因而必须有；

⑤科学的绩效考核办法，并且必须有；

⑥公正客观的；

⑦绩效考核，并且必须有；

⑧……

每一个带圈的数字都表示有与所示数相同阶数的中间媒介假定，因此以投资回报这一企业发展价值为例来计算：

在①阶时，价值贡献大约为 $2000 \times 2^{-1} = 2000 \div 2$；

在②阶时，价值贡献大约为 $2000 \times 2^{-2} = 2000 \div 4$；

在③阶时，价值贡献大约为 $2000 \times 2^{-3} = 2000 \div 8$；

在④阶时，价值贡献大约为 $2000 \times 2^{-4} = 2000 \div 16$；

在⑤阶时，价值贡献大约为 $2000 \times 2^{-5} = 2000 \div 32$；

在⑥阶时，价值贡献大约为 $2000 \times 2^{-6} = 2000 \div 64$；

在⑦阶时，价值贡献大约为 $2000 \times 2^{-7} = 2000 \div 128$；

在⑧阶时，价值贡献大约为 $2000 \times 2^{-8} = 2000 \div 256$。

三、价值贡献估价分析法的两个优点

价值贡献估价分析法的两个优点如下。

（1）可为流程活动的投入产出提供一个近似的量化比较

运用价值贡献估价分析法对运行流程进行分析改造和再造最关键的是对运行流程的每步活动的具体价值进行分析，活动的价值贡献大小是决定这项活动去、留并或简的决定性因素。凡是没有价值提升作用或者价值提升作用较小的活动，都必须能简则简且能并则并。

（2）不必强调对每项活动细分至基本活动为止

如果必要，甚至将一些小型流程可以当做一个流程活动来处理，从而使流程活动的划分不必细之又细。如果分析诸如订单处理和生产加工等流程，最好的方法是时间导向分析法，并必须把流程的活动细分至最基本的不能再细分的活动为止。而运用价值贡献估价分析法则对罗兰所定义的战略流程和保障流程进行分析再造，活动线条粗一些也完全不会影响其分析效果。罗兰也认同这一点，所有保障流程活动的描绘都应该尽可能简单。

四、秦池的广告策划实施流程的活动分析

为了便于读者准确地掌握和运用这一方法，现以秦池的广告策划实施流程这例做一分析。

1. 秦池的广告策划实施流程的活动分解

秦池的广告策划可以说是没有流程的，但我们仍可以分析其在1996年11月8日的标王竞标过程中的做事过程。把厂长姬长孔从决定参与年度标王竞标，到标王桂冠到手中间的活动视为该广告策划实施流程的相应活动。那么秦池的广告策划实施流程可以分解为以下一些活动。

（1）厂长姬长孔分析中央电视台黄金时段标王竞标的需求，上一年竞标成功使销售收入和利税都分别增长5倍以上，分别达到9.8亿元和2.2亿元。如果竞标再次成功，则意味着再分别增长5倍，即分别达到49亿元和11亿元，拿出1/3～1/2的利税参与竞标就是值得的。

（2）厂长姬长孔及秘书赴京落榻梅地亚中心。

（3）厂长姬长孔与参与竞标的对手私下接触，估算竞标得胜的投标数额。

（4）厂长姬长孔偶来灵感，即按照自己的手机号码确定投标数额，并电话请示地方政府获得竞标资金的经济支持。

（5）厂长姬长孔投标。

（6）标王桂冠落到厂长姬长孔手中。

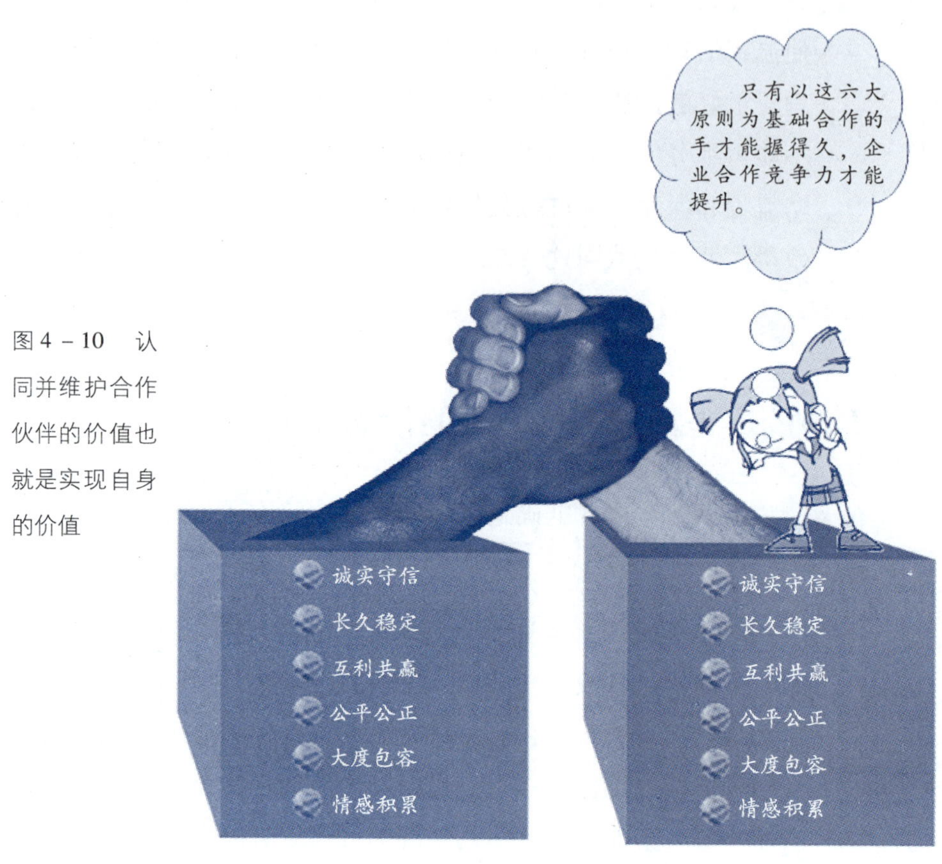

图 4－10 认同并维护合作伙伴的价值也就是实现自身的价值

2. 在活动需求分析上厂长姬长孔的三个错误

从这一系列的活动看，整个流程只有一个人完成，即厂长姬长孔。在标王竞标分析上的活动描述是笔者从心理角度做分析之后所作的猜测，这个内容厂长姬长孔自己并未谈及，但他讲过，“上一年我们每天开进中央电视台一辆桑塔纳，开出一辆奥迪。今年要每天开进一辆奥迪，开出一辆加长大林肯。”从厂长姬长孔这个话中可以看出其算账的思路。

在这个活动需求分析上，厂长姬长孔一人独断，实际上犯了如下 3 个分析错误。

（1）没有标王作用效果递减这样的基本常识，第一次夺得标王已经扩大了知名度。让人了解了秦池，从而让一个小厂的产品一下被全国消费者认同，实现了销售收入和利税都上涨 5 倍以上的好业绩。但再一次当标王还能给消费者带来什么更多的信息？如果没有，则不会有什么广告效果。最多只能是业绩有所上升，递减比率必然会大于 50%。

（2）高额投标给消费者带来的心理负面影响，这是姬厂长从未料想到的。广告费最终得由消费者掏腰包，而消费者所需要的仅仅是产品效用本身。有限的广告为其提供一个选择的根据，对消费者还有一定的价值。但超出这个限额，那就是厂家要慷消费者之慨，消费者却不愿别人代他做花钱的决策。

（3）自我生产能力限制，如果按照预计的销售收入能够实现，生产能力的限制如何突破？贴牌生产、外包生产或者勾兑贴牌，这会不会遭到消费者的抵制？一般而言，一个知名品牌通过收购兼并或者贴牌生产来实现品牌延升，当消费者还不认同这一点之前，这一行为本身就意味着有很大的风险。如青岛啤酒通过兼并收购，在全国各地有数十家啤酒厂归入其麾下，青岛啤酒就不敢贸然地都打上青岛啤酒的牌子，道理就在于此。

厂长姬长孔的第一步活动失误，后面的活动随之全部失误，他对投标数额的估算实际上是在一定要拿下标王的思路指导下进行的。为了稳操胜券，他选择了一个大约1/3的预计利税收入竞标。至于具体数字的确定就无所谓了，按照自己的手机号码确定投标数额传出去又还会增添几分传奇。

3. 秦池标王竞标策划实施流程活动的价值贡献衰减估算

下面我们对于姬长孔整个竞标策划实施活动通过价值贡献作用衰减法来做一估算。任何广告都有一个销售期望值，如果是一个自己新开发的创新产品，其广告的价值贡献作用远比已有产品好得多。并且价格也只是大体相当，那么这个产品的市场总容量都是其期望销售值。如果该广告的价值贡献额仍要遵循中间媒介假设衰减的规律，则需要如下假设。

①广告设计得充分动人。

②广告的传播覆盖了其所有潜在客户。

③所有潜在客户接收到关于其产品的。

④所有信息后。

⑤没有任何怀疑或发生任何误解。

⑥客户对其同类产品没有形成自己独特的偏好。

⑦没有发生任何其他让客户购买不便的事。

满足以上七个假设，其广告价值贡献估算值才会与市场总容量相等；

否则只有当模仿的近似产品大量涌入市场之后，才会使广告效果达到这所有假设的要求，但这时大片的市场却早已归他人所有了。

这里的假设阶数为7个，如果市场总量为10亿元，那么：

达到第⑦阶假设要求，其价值贡献估算值只会有100000万元$\times 2^{-7}=100000\div 128=721$万元。

达到第⑥阶假设要求，其价值贡献估算值只会有100000万元$\times 2^{-6}=100000\div 64=1562$万元。

达到第⑤阶假设要求，其价值贡献估算值只会有100000万元$\times 2^{-5}=100000\div 32=3125$万元。

达到第④阶假设要求，其价值贡献估算值只会有100000万元$\times 2^{-4}=100000\div 16=6250$万元。

达到第③阶假设要求，其价值贡献估算值只会有100000万元$\times 2^{-3}=100000\div 8=12500$万元。

达到第②阶假设要求，其价值贡献估算值只会有100000万元$\times 2^{-2}=100000\div 4=25000$万元。

达到第①阶假设要求，其价值贡献估算值只会有100000万元$\times 2^{-1}=100000\div 2=50000$万元。

如果新上的产品不是全部创新产品，仅仅是在某个方面有特色，那么这个广告的价值贡献估算值又会发生很大差距。假如市场总容量仍为10亿元，原有9家颇知名的品牌产品。你的加入增至10家，每家的平均期望销售额也就是1亿元。假如你能分到10%的市场份额，你的广告还必须满足以上七个假设之外再加如下三个假设。

（1）你的产品特色真正为人们偏爱。

（2）其价格有优势，至少与他人持平。

（3）其他厂家没有发起广告攻势。

如果你的广告满足了以上七个假设，而不满足这三个假设，则广告价值贡献估算值也就是6250万元。

如果广告宣传的产品没有特色，但是厂家品牌有足够的影响力，新进的产品又与原有的产品相关联，可以在品牌上实现一定程度的拓展，并且有支持它的市场网络。这样你的广告价值贡献估算额才可能是6250万元；否则这加进的四个假设会使你的广告价值贡献估算额降低到6250万元$\times 2^{-4}$万元，即391万元。

按照这个思路，我们完全可以估算出秦池在夺得标王后的广告价值贡献估算值。

假如当时的同类白酒的总市场容量为1200亿元，而具有成规模的酒厂大约有60家。秦池得到1/60，也就是20亿元。

如果厂长的思考合理，方案实施得有效果，并得到生产上的支持，这样加上前述11个假设，总共为14个假设。这样计算如下。

（1）第一步活动的价值估算值就等于20亿元 $\times 2^{-14}=20$ 亿元 $\div 16384=12.2$ 万元。

（2）第二步活动的效果又增加了一个假设——赴京投标活动顺利，其价值贡献估价值为6.1万元。

（3）第三步活动的假设数与前一假设数持平，减去了一个假设，但又增加了一个假设——与竞标得到的信息都准确。所以其价值贡献估算值与第二步活动持平，为6.1万元。

（4）第四步活动的假设数与第二步仍是持平，减去了一个假设，又增加了一个假设——得到地方府有效的财政支持，其价值贡献估算额同样为6.1万元。

（5）第五步活动的假设数比第三步减少一个，与第一步活动持平，其价值贡献估算额为12.2万元。

（6）第六步活动的假设降为10个，即从前面分析的11个假设中减去了一个。因为标王到手，意味着广告的覆盖面不存在问题，其价值贡献估算额为20亿元 $\times 2^{-10}=20$ 亿元 $\times 1/1024=195.3$ 万元。

4. 秦池标王竞标策划实施流程活动的投入—效益分析

秦池酒厂的酒没有特色，无法另外为客户提供八个价值中的任何一个方面。如果能增加一个方面，则可起到倍乘的效果。也就是说，如果能另外增长一个假设条件的满足，即乘以2。增加两个，即乘以 2^2，以此类推，至 2^8。秦池广告的产品不具有倍乘的价值作用，其具体计算如表4－1所示。

表4－1 秦池标王竞标策划实施流程活动的投入—效益分析

活动编号			1	2	3	4	5	6	合计
活动成本估价单位（元）			100	4000	50	10	50	3．2亿	320004210
比较情况说明									
企业客户价值	舒适								
	方便								
	安全								
	便宜								
	持久								
	快乐								
	个性								
	自豪								
企业发展价值	交易	n	14	15	15	15	14	10	
	收益	贡献估价单位（万元）	12. 2	6. 1	6. 1	6. 1	12. 2	195. 3	238

就上表所做的分析，秦池的广告决策流程需要大加改进，在原有流程中造成净亏损3. 1762亿元。也就是说，秦池再次夺得标王花3. 2亿元的广告费，实际上只会新增加销售收入238万元的价值贡献。秦池夺标之后带来秦池酒三个月的热销，一个季度销售4个多亿元，与上年同比翻了一番多。但这个热销仅仅是中间商哄抬起来的，他们认为秦池二次成为标王，就一定会带来消费者对秦池酒的多倍需求的增加，所以大量进货。但消费者并不这样看，结果是全年销售收入仅完成了6. 5亿元。之所以没有净增长，相反还下降了近1/3，是因为秦池没有力量把广告坚持到底。到年中时，秦池已意识到问题的严重性，自动终止了广告。至于对秦池的广告决策实施流程如何再造，现在讨论已没有意义，在此不再赘述。

第四章

价值关联点数计算分析法

价值关联点数计算分析法是将流程内的每一个活动相对于企业的两大类价值——企业发展价值和作为基础价值的客户价值共12个因素的所有正面影响作为一个价值关联点统计计算。这种价值关联点越多，则越说明这个运行流程中的特定活动的价值作用越大。这里的价值关联点分析不再区分直接价值活动和间接价值活动，而是把所有最终都能够贡献于企业12个价值因素的作用点都归纳出来。

一、价值关联点数计算分析法操作的七个要点

从秦池广告实例分析，读者可能感觉到价值贡献估价分析法似乎操作起来很复杂，尤其是要通过价值贡献作用衰减法来分析界定每一步活动的具体的价值贡献额必须需要从这步活动开始一直到达到所寻求的目标。要界定中间包括多少个阶层级别的假设，其分析是非常细致的工作。稍不留意就可能漏掉一个阶层级别的假设，从而使这种量化的界定的准确性降低。尽管笔者在介绍这种方法时已明确说明所量化的价值贡献额本身的精确度并不是十分重要，只要对所有流程都采取同一标准分析，其结论并不会受到这种量化的精确度的影响，但操作相对比较复杂这一点却毋庸讳言。

不过我们可以略去价值贡献衰减计算法对每步活动的价值贡献的具体数额进行估算这一相对较复杂的工作，而仅仅分析活动的价值关联，通过

计算这种价值关联点数来确定其价值贡献的大小。从而可以大大简化这一方法的操作，这也就是价值关联点数计算分析法。

图4－11 信誉也是价值，而且是最重要的价值

其操作要点有如下七个方面。

（1）明确界定工作流程的每步活动的内容，尤其注意将活动之间的界限分割清楚，以避免对同一活动重复计算其价值关联点。

（2）仔细分析流程的每一项活动，并分别判定其与企业客户价值的八个要素和企业发展价值的四个要素的关联作用。

（3）每个活动与价值要素的关联可从多个层次分析，由最直接的关联作用到难以一眼看出的间接关联作用；同时要注意既不能漏掉这种关联点，也不能夸大这种关联点。因为世界本身是普遍联系的，任何两个事物之间都可以通过中介建立联系。在做这种分析时，要注意将不可能的假设从中剔除。也就是说，使那些依赖于不太现实的假设使活动和价值要素建立联系的中介定义为一种没有价值的关联点。因为这种不现实的假设使活动与价值要素之间形成了一个屏障，阻碍了二者的联系，或者说使这种联系成为不可能。为了保证其分析的相对准确度，则中间假设达到和超过十个层级的，则不再视为有价值关联作用。

（4）价值关联点分为正向价值关联点和负向价值关联点，前者是指这项活动本身给企业的 12 项价值要素带来的提升作用；后者是指这项活动不仅不会给企业的12项价值要素带来提升作用，相反还会有降低减少作用。

（5）累积计算活动与企业发展价值要素存在的关联点，正负两类价值关联点加总，负向价值关联点是对正向价值关联点的一种抵扣。只有累计计算下来的正向价值关联点越多，才说明这项活动的价值贡献量越大。

（6）比较不同活动之间价值关联点的多少，如果活动投入的成本大，而且能够获得的价值关联点又相对较少，这项活动就是值得分析和调整的活动。

（7）运行流程的优化必须表现为投入成本总量的减少或者价值关联点的增加，即在价值关联点不变的情况下减少了成本投入，或者在成本投入不变的情况下增加了价值关联点。如果没有满足这个条件或者相反，那么这个流程的改造或再造就是毫无意义的工作。

二、价值关联点数计算分析法运用举例

为了便于理解，仅就如何分析确定流程活动与企业发展价值要素的关联点问题举例说明。笔者在2001年购买了三心公司的一台46L激光打印机，回家装上后发现不仅噪音大，而且有漏墨现象。当即与经销商联系申请退机或者换机。好不容易经销商才同意换货，但换回来的打印机又有一个新问题，即打字少笔画。一页文档打印下来，有几百个字的笔画不全。笔者又与经销商联系申请退货，开始被拒绝，后用了将近三个月的时间才把货款退回。现将这个流程勾画如下来，做一个分析。

1. 流程活动描述

三心公司的退货流程经过了26步活动才完成。

（1）客户发现打印机漏墨，经销商在购买时口头承诺一周内发现质量问题可以换货或退货，客户向经销商提出换货或退货的申请。

（2）三心公司产品经销商审核退换货理由，索要由三心公司地区技术服务站提供的问题检验证明，并说这是三心公司的统一要求。

（3）客户打电话申请三心公司在该地区的技术服务站派人来检验产品问题，并提供问题检验证明。

（4）地区技术服务站回话拒绝提供此证，退货期内由经销商负责。

（5）客户将货送回产品经销处请教处理办法。

（6）经销商与地区技术服务站电话联系，请提供产品问题检验。

（7）客户搬回打印机等待技术服务站派人检验。

（8）地区技术服务站派人对产品问题进行检核，并认定问题。

（9）经销商做换货处理，为客户换了一台同型号的打印机。

（10）客户换回同型号产品后发现打字少笔画，电话申请经销商退货处理。

（11）经销商驳回申请，让其与地区技术服务站联系。

（12）客户与地区技术服务站联系处理办法。

（13）地区技术服务站驳回退货申请，让经销商自行处理。

（14）客户与三心热线联系请求解决办法。

（15）三心热线电话回复已与地区技术服务站联系过，由它派人修理。

（16）客户等待地区技术服务站人员上门修理。

（17）地区技术服务站人员上门修理，问题无法解决，与三心中国公司联系。

（18）三心中国公司与三心集团总部联系寻求解决办法。

（19）三心集团总部回复说可能是驱动程序有问题，通过因特网传送驱动程序。

（20）技术服务站重新安装驱动程序，问题仍没有解决，承诺再换货。

（21）客户对三心公司彻底失去信心，不愿接受再换货的处理。

（22）地区技术服务站与三心中国公司联系退货处理，并带走客户的打印机和购货发票。

（23）三心中国公司与三心集团总部联系退货处理。

（24）三心集团回话公司从不退货，退货要等待高层经理批准。

（25）三心集团高层经理批准退货。

（26）地区技术服务站退回客户的货款。

2. 描绘流程图

整个流程描绘如图 4－12（a）、（b）所示。

3. 流程活动分析

在上述 26 步活动流程中三心集团相关单位和部门承担的有 13 项，其产品经销商承担的 4 项。经销商有自己独立的利益，做有损客户价值的事是可以理解的，但三心公司自己的单位和部门的 13 步活动的价值就值得分析计算。为了简明一些，仅就这 13 步活动加以分析。

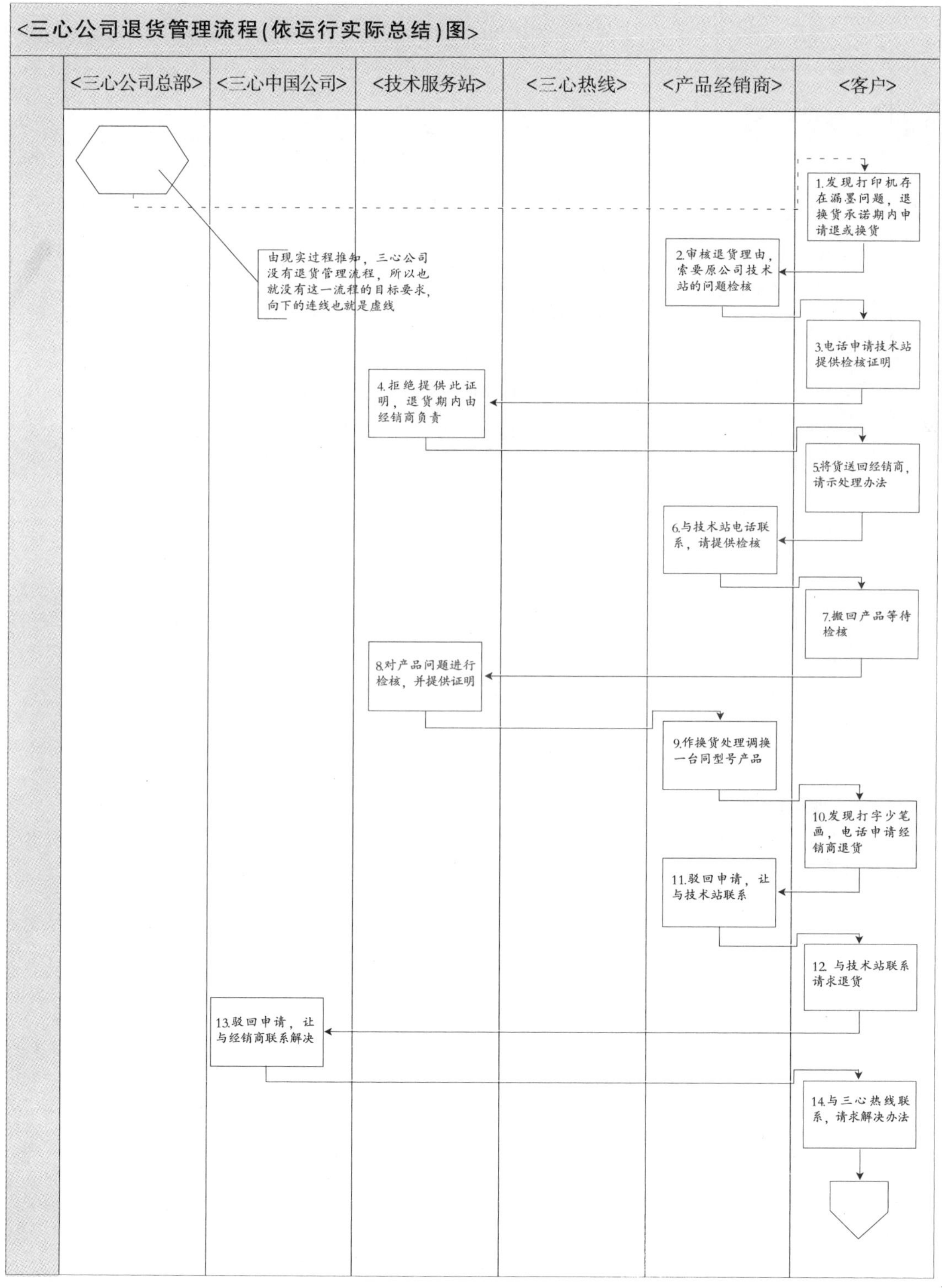

图 4－12（a） 三心公司换货退货流程

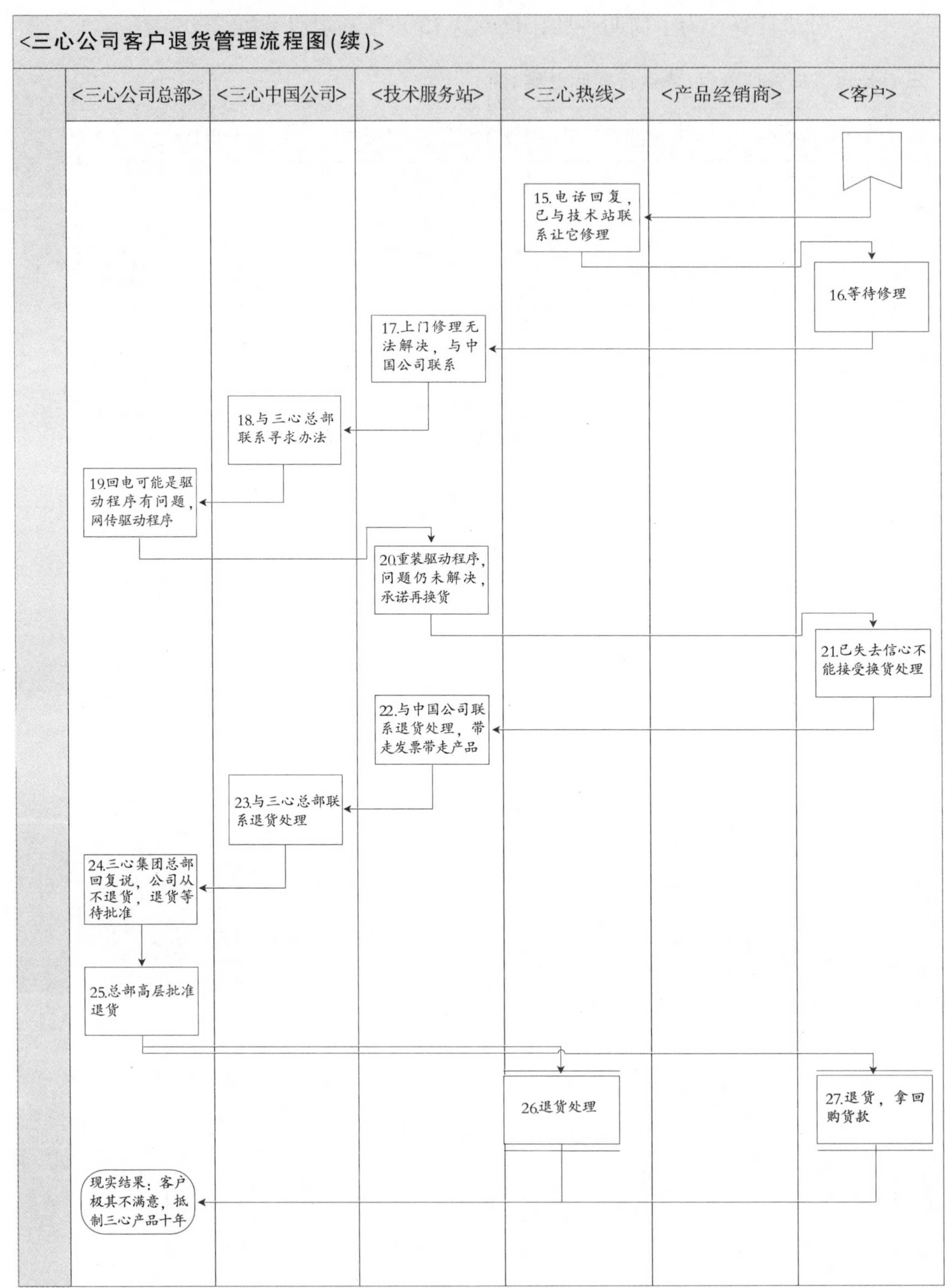

图 4－12（b） 三心公司换货退货流程

（1）第 4 步：地区技术服务站回话，拒绝提供此证，退货期内由经销商负责。这一步的活动的投入成本为人民币 10 元，其正向价值关联点仅有一项，即节省公司支出，提高投资回报；其负向价值关联点有如下五项：

- 给客户带来不便。
- 让客户多花了钱。
- 让客户不快乐。
- 损坏了公司的声誉。
- 因为损害了客户而增添了公司的风险。

（2）第 8 步：地区技术服务站派人对产品问题进行检核，并认定问题。这步活动的投入成本为 40 元，其正向价值关联点仅有一项。即通过检验避免客户无事生非，节省公司支出，提高投资回报；其负向价值关联点有一项，即给客户带来了不便，让客户等待过久。

（3）第 13 步：技术服务站驳回退货申请，让经销商自行处理。这一步活动的投入是 10 元，其正向价值关联点仅有一项；通过把责任推给经销商，为公司节省支出，提高投资回报；其负向价值关联点有如下五项。

- 给客户带来不便。
- 让客户多花了钱。
- 让客户不满。
- 损坏了公司的声誉。
- 因为损害了客户价值，而增添了公司的风险。

（4）第 15 步：三心热线电话回复已与技术服务站联系过由其派人维修。这一步活动投入成本 10 元，其正向价值关联点有如下三项。

- 安慰了客户，缓解了客户的不满。
- 为公司节省了支出，因为维修比退货损失要小，提高了投资回报。
- 为公司的声誉进行了一些补救。

其负向价值关联点有如下两项。

- 给客户带来不便，让客户继续等待。
- 让客户多花了钱。

（5）第 17 步：技术服务站人员上门维修，问题无法修理，与三心中国公司联系退货处理。这一步活动投入成本是 50 元。其正向价值关联点仅有如下两项。

- 降低了客户的不满。
- 挽回了部分公司声誉。

其负向价值关联点有如下两项。

- 退货降低了公司的交易收益。
- 减少了公司的投资回报。

（6）第 18 步：三心中国公司与三心集团总部联系寻求解决办法，这步活动的投入成本是 30 元。其正向价值关联点有一项，即可能为公司节省支出，因为拖延退货时间有可能让客户放弃退货的要求；其负向价值关联点有如下五项。

- 给客户带来不便，要让客户继续等待。
- 让客户多花了钱，买了打印机不能用，不得不外出打印。
- 让客户不满，使客户感到三心公司官僚主义严重，管理效率低。
- 损坏了公司的声誉，让人感到不敢再与三心公司做买卖。
- 因为损害了客户价值而增添了公司的风险。

（7）第 19 步：三心集团总部回复可能是驱动程序有问题，通过因特网传送驱动程序。这步活动的投入成本为 50 元，其正向价值关联点有一项，即避免退货，为公司节省支出并提高投资回报率；其负向价值关联点有五项。

- 给客户带来不便，仍让客户继续等待。
- 让客户多花了钱，买了打印机不能用，不得不外出打印。
- 让客户不满，使客户感到三心公司做业务是能拖就拖，能赖就赖。
- 又损坏了公司的声誉，让人感到不敢再与三心公司做买卖。
- 因为损害了客户价值而增添了公司的风险。

（8）第 20 步：技术服务站重新安装驱动程序，问题仍没有解决。承诺再换货，这一步活动的投入成本是 50 元。

其正向价值关联有如下两项。

- 让客户降低了不满情绪。
- 坚持换货不退货，可为公司减少损失。

其负向价值关联点有如下四项。

- 给客户带来不便，要让客户继续等待。
- 让客户多花了钱，买了打印机不能用，不得不外出打印。
- 损坏了公司的声誉，让人感到不敢再与三心公司做买卖。
- 因为损害了客户价值而增添了公司的风险。

（9）第 22 步：地区技术服务站与三心中国公司联系退货处理，并带走客户的打印机和购货发票。这一步活动的成本投入是 20 元，其正向价值关联点有一项。即缓解了客户的不满，毕竟向问题的解决迈出了实质性的一步；其负向价值关联点有如下五项。

- 给客户带来不便，要让客户继续等待。
- 让客户多花了钱，买了打印机不能用，不得不外出打印。
- 又损坏了公司的声誉，让人感到不敢再与三心公司做买卖。
- 退货会减少公司交易收益。
- 要给公司带来损失，降低投资回报。

（10）第 23 步：三心中国公司与三心集团总部联系退货处理，这步活动的投入成本是 30 元。其正向价值关联点有一项，即可能为公司节省支出，因为拖延退货时间有可能让客户放弃退货的要求；其负向价值关联点有如下五项。

- 给客户带来不便，要让客户继续等待。
- 让客户多花了钱，买了打印机不能用，不得不外出打印。
- 让客户不满，使客户感到三心公司组织运行不顺，管理效率低下。
- 又损坏了公司的声誉，让人感到不敢再与三心公司做买卖，真正是能拖就拖，能赖就赖。
- 因为损害了客户价值而增添了公司的风险。

（11）第 24 步：三心集团回话公司从不退货，退货要等待高层经理批准。这步活动的投入成本是 30 元，其正向价值关联点有如下两项。

- 可能为公司节省支出，因为拖延退货时间，仍有可能让客户放弃退货的要求。
- 可稳定客户的情绪，虽让等待，但毕竟是给客户带来的希望。

其负向价值关联点有如下四项。

- 给客户带来不便，要让客户继续等待。
- 让客户多花了钱，买了打印机不能用，不得不外出打印。
- 进一步损坏了公司的声誉，让人感到三心公司仍在拖且仍在赖。
- 因为损害了客户价值而增添了公司的风险。

（12）第 25 步：三心集团高层经理批准退货，这步活动的投入成本是 80 元，其正向价值关联点有如下两项。

- 退货审批把关可减少客户的无理退货要求，为公司节省支出。
- 降低了客户的不满，让客户感到问题总算有一个了结了。

其负向价值关联点损坏了公司的形象，不足 3000 元的问题产品退货还要总部高层经理人批准，让人感到三心公司只对自己的钱袋子负责，不对客户负责。

（13）第 26 步：地区技术服务站退回客户的货款，这步活动的投入成本是 2500 元，其正向价值关联点有如下两项。

- 降低了客户的不满，不愉快的问题最后总算得到了解决。
- 挽回了公司部分声誉，三心公司最终还是会对客户负责的。

负向价值关联点有如下两项。

- 退货直接给公司造成交易收益损失。
- 减少交易收入，又会使投资回报降低。

三心公司换货退货流程活动的投入—效益分析，如表 4－2 所示。

表 4－2　三心公司换货退货流程活动的“投入—效益”分析

活动编号			4	8	13	15	17	18	19	20	22	23	24	25	26	合计
活动成本估价单位（元）			10	40	10	10	50	30	50	50	20	30	30	80	2500	2910
价值关联点汇总			－4	0	－4	1	0	－4	－4	－2	－3	－4	－2	1	0	－25
企业客户价值	舒适	正向关联														
		负向关联														
	方便	正向关联														
		负向关联	◇	◇	◇	◇		◇	◇	◇	◇	◇	◇			10
	安全	正向关联														
		负向关联														
	便宜	正向关联														
		负向关联	◇		◇	◇		◇	◇	◇	◇	◇	◇			9
	持久	正向关联														
		负向关联														
	快乐	正向关联				◆	◆			◆	◆		◆	◆	◆	7
		负向关联	◇		◇			◇	◇			◇				5
	个性	正向关联														
		负向关联														
	自豪	正向关联														
		负向关联														

续表

企业发展价值	交易收益	正向关联														
		负向关联					◇								◇	2
	投资回报	正向关联	◆	◆	◆	◆		◆	◆	◆		◆	◆	◆		10
		负向关联					◇				◇				◇	3
	风险价值	正向关联														
		负向关联	◇		◇			◇	◇	◇		◇	◇			7
	社会美誉	正向关联				◆	◆								◆	3
		负向关联	◇		◇			◇	◇	◇	◇	◇	◇	◇		9

说明：

通过上面的分析，我们发现在三心的退换货管理流程中投入的成本数量是很低的，但获得的企业发展价值却是25个负值的价值关联点。也就是说花的钱虽然不多，但却不但没有给企业带来任何价值增值，而且还给企业造成相当大的潜在价值损失。这明显是得不偿失的，这种运行流程必须给予全面改造。

三、价值关联点数计算分析法的优缺点分析

1. 价值关联点数计算分析法的优点

价值关联点数计算分析法相比价值贡献衰减计算法的优点如下。

（1）在操作上明显要简单得多，找到流程活动对于企业12个价值要素的关联联系要比找出这种联系的中间假设阶数容易得多，因为假设阶数很容易被遗漏。

（2）对流程中的每一个活动都做相对于企业12个价值要素的正负两个方面的价值贡献分析，虽然不能直接界定贡献的价值量的大小和造成的负面影响的大小，但可以提供一个仍是量化比较准确的价值贡献计量数。

2. 价值关联点数计算分析法的局限

该分析法的局限是只能提供一个在价值上不能定量的比较，即无法把比较的内容直接量化为企业的销售收入或者利润，让人感觉到最后得出的分析结果没有价值贡献衰减计算法那样直观。

两种方法可以有针对性地选择实用，需要明显确定运行流程的价值的就可以选择价值贡献衰减计算法；反之可选择价值关联点计算法。

第五章

流程分析的多级展开方法

流程分析多级展开是强化过程管控必由之路，是流程结构管理和流程活动管理之间的交叉点，是把高层流程分解成多级下层流程的过程，以求把一定流程活动细化为一个流程的分析。本章主要讲述流程分析多级展开的思路、流程分析多级展开分析的一般程序、四级流程图描绘分析优化调整程序、四级流程标准拟定程序，以及四级流程标准优化修改程序。

一、流程分析多级展开的思路

流程分析多级展开是把高层流程分解成多级下层流程的过程，是把一定流程活动细化为一个流程的分析，是强化过程管控的必由之路，所以可以说它是流程结构管理和流程活动管理之间的交叉点。

就流程结构管理而言，流程分析必须对应于企业组织运行四流系统中相应的系统模块进行。企业组织运行四流系统中相应的系统模块是在对企业组织运系统分析的基础上确定的，而企业组织运行的系统结构又是与企业组织运行综合性大流程的结构对应的。所以基于系统分析基础上企业组织运行四流系统的系统模块可直接作为流程优化分析的起点，但必须进一步展开。把系统模块的流程定义为三级流程，那么进一步展开来就是四级和五级流程。但这并不是说要把所有的三级流程的所有活动都进行四级和五级流程分析，而是仅仅根据需求确定。如果只有把三级流程的活动具体化，展开到四级流程才能保证流程活动承担岗位把工作做到位，则必须进行四级流程分析。如果这样还不能保证流程活动承担岗位把工作做到位，则必须进行五级流程分析。

运用价值目标分解分析法进行流程结构管理所确定的三级流程，与运用价值关联关系分析法目标功能树系统分析法进行的四流系统分析所确定的系统不是直接对应关系，但都可作为多级细分的起点。也就是说，即使不进行流程化管理，运行流程管理也必须分析到三级流程。

四级流程分析是对三级流程中的流程活动加以展开，细化流程活动的内容，使之成为一个更完善的流程；五级流程分析是对四级流程中的流程活动加以展开，细化流程活动的内容，使之成为一个更完善的流程。不过要控制到动作的流程就不再是管理流程，而是岗位工作流程。管理规范化解决的是管理问题，所以一般不进行五级以下的流程分析。如果要进行五级以下的流程分析，也仅仅进行岗位工作流程分析。岗位工作流程，是对岗位职责履行过程控制标准的一种分析界定，所以岗位工作流程分析，对提升岗位职责履行效果具有明显作用。一般而言，只有当岗位职责的履行没有过程控制则不足以保证职责履行效果，并且其工作过程又能方便地跟踪监督时，才有必要进行这种分析界定，无法跟踪监督的标准制定出来了也没有意义。

多级流程的展开分析方法完全一样，下面仅介绍由三级向四级展开分析的方法。

二、流程分析多级展开分析的一般程序

四级流程分析的思路和方法与三级流程大体一致，所不同的仅仅是三级流程分析的依据是相应系统模块管理规范化实施操作提要。流程活动目标可直接对应于系统模块功能作用的归纳概括确定，流程活动可直接对应于系统模块的事务工作内容分析确定；四级流程却只能从三级流程中得到一个流程进程的说明，流程活动目标、流程活动内容必须联系实际分析确定。如果是通过价值目标分解分析法确定的三级流程，那么相应四级流程的分析的思路和方法就完全一样了。

图4－13 流程多级展开的示意

四级流程和三级流程分析要运用流程图描绘分析方法，和流程标准拟定分析方法，并且也是先梳理后优化，其操作程序分析如下。

（1）根据需要把对应三级流程中的一个流程活动确定为四级流程，首先确定流程名称，然后展开分析。

（2）对应所确定的四级流程名称所对应的三级流程活动，就企业现行的行事方式方法，以及可想象得到的应该有的恰当行事方式方法归纳梳理，使之成为由一系列的工作构成的流程活动。

（3）就每一个流程活动的现在承担岗位或可想象得到的更为恰当的承担岗位进行分析，确定每一个流程活动的承担岗位。

（4）对应三级流程中所限定的活动标准和与流程活动目标之间的关系分析确定四级流程活动目标，并对应确定为共同上司对这一流程活动承担岗位的要求，即确定四级流程的起点。

（5）对应流程活动承担岗位的共同上司的要求，把应该能达成的目标以流程活动效果的形式作为流程的终点界定下来。

（6）从左到右，由上而下，由流程活动的主体承担岗位到辅助承担岗位排列流程活动责任主体的顺序。

（7）界定活动之间的关系，把在同时进行并且紧密关联的活动确定为并行活动，并加上并行模式符号。

（8）根据时间顺序连线，把对应三级流程中相应的流程活动分解细化的事务工作以直观的流程图描绘出来。

三、四级流程图描绘分析优化调整程序

（1）确定流程优化讨论的参与人，与三级流程一样，主要包括流程活动承担岗位代表和直接上司、活动承担岗位的共同上司，以及流程分析专家。

（2）把梳理确定的四级流程图发给每个优化讨论参与人，让其提前阅读并对照定稿的三级流程图和流程标准进行分析思考，理清线索。把可以进一步合理化、有效化和简单化的地方找出来，确定优化的内容和方向。

（3）确定流程优化讨论会议的时间地点，在正式通知后让参与人确认。

（4）由流程活动承担岗位共同上司主持讨论会，首先由该四级流程所属系统模块流程管理的归口牵头主管就流程图所界定的事务工作在活动内容、方向目标、相互关系和责任主体上的具体内容进行讲解。

（5）全体参与人就流程图所描绘界定的事务工作在活动内容、方向目标、相互关系和责任主体进行讨论，分别提出优化调整意见，由流程分析专家作出说明解释并讨论确定调整的作用意义和方式。

（6）就优化调整意见进行确认，当四个方面的参与人都认定应该如此时直接把优化调整意见确定下来，并对流程图现场进行修改。

（7）如果仅仅是因为流程活动承担岗位拘于习惯的作法提出的不同意见，而对流程活动关系的合理性、可行性和有效性没有任何提升作用，则由流程活动承担岗位直接上司主管和共同上司现场拍板确定。

（8）对照对应系统模块管理规范化的标准要求分析确定该四级流程优化调整是否达成其标准要求，如果没有，则进一步优化调整，直到全部达到标准要求为止。

（9）对优化调整过的四级流程图进行定稿处理，包括对流程图的格式和形状的调整美化。

四、四级流程标准拟定程序

（1）复制优化定稿的四级流程图中的流程活动，转换成文字形式的描绘。

（2）对应每一个四级流程活动承担岗位界定每一个流程活动的承担主体，并把它转换成流程活动的主语，让流程活动成为其谓语。

（3）对四级流程活动进程中所包含的活动细节进行分析，明确流程活动进程中包含的是一个单一的活动细节，还是一组活动细节。

（4）对流程活动进程中仅仅包含一个单一活动细节的内容，进行文字描绘，用具体、明确且方便考量的用语进行说明。

（5）对流程活动进程中包含有多个活动细节的流程活动进程进行分解，有几项活动细节就分解成几个流程活动，然后分别把每一个流程活动用具体、明确且方便考量的用语进行说明。

（6）逐项分析，确定这一流程的活动内容、方向目标、相互关系和责任主体四个方面的具体内容是否达到了具体、明确和方便考量的要求，有没有抽象的、模糊的、概括的用语。

（7）对抽象、模糊且概括的用语进行改写，转换为具体、明确且方便考量的用语。

（8）梳理文字逻辑关系，修补存在的逻辑漏洞，完成说明文件的拟订。

五、四级流程标准优化修改程序

（1）确定流程优化讨论的参与人，要求与流程图描绘分析优化讨论参与人一致。

（2）把优化定稿的四级流程图和拟订的四级流程标准发给每个参与人让其提前对照阅读，寻找问题，确定优化的内容和方向。

（3）确定流程分析优化讨论会议的时间地点，在正式通知后让参与人确认。

（4）由四级流程活动承担岗位的共同上司主持讨论会，首先由该四级流程活动所属系统模块工作归口牵头主管就流程标准所具体明确界定的事务工作在活动内容、方向目标、相互关系和责任主体上的具体内容进行讲解。

（5）全体参与人就四级流程标准所界定的事务工作在活动在内容、方向目标、相互关系和责任主体上的合理性、可行性和有效性进行讨论，分别提出优化调整意见，并由流程分析专家作出解释说明；同时讨论确定调整的意义作用和方式。

（6）就优化修改意见进行确认，当四个方面的参与人都认定应该如此时直接把优化修改意见确定下来，并对流程标准现场进行修改。

（7）如果仅仅是因为流程活动承担岗位个人感到难以达成所界定的标准要求，应由流程活动承担岗位上司及共同上司拍板确定，然后通过组织培训，统一思想和提升履职能力来解决达标困难问题。

（8）对优化调修改的流程标准进行定稿处理，包括对行文的修饰规整。

第六章

与信息系统对接的流程标准拟订方法

随着信息化技术的发展和普及，企业管理的实施与信息化技术运用越来越密切。众多的企业早已开始努力探索把流程标准固化到企业组织运行的信息系统中去，以借助于信息技术减少管理实施的人际关系影响，并提升管理效益。ERP 技术是这一努力的典范，其运用除了在财务、采购和销售等几个通用程度比较高的系统中取得了比较好的效果外，更多的是流程标准与信息系统对接不上，运行不畅。其中有一个重要原因是没有解决好流程标准与信息系统对接问题，本章就这一问题加以解答。

一、与信息系统对接的流程标准必须回答的问题

与信息系统对接顺畅吻合的流程标准必须以如表 4－3 所示的表单形式回答以下问题。

（1）活动编号是什么：回答该项活动在流程中的顺序问题。

（2）活动内容是什么：回答该项活动做什么的问题。

（3）活动成果形式是什么：回答该项活动会以什么样的成果检验活动完成与否的问题。

（4）活动主责岗位是什么：回答该项活动主要责任主体是谁的问题。

（5）活动支持岗位是什么：回答该项活动的配合支持责任主体是谁的问题。

（6）活动下接岗位是什么：回答该项活动完成之后其成果向下传给谁

的问题。

（7）资源支持是什么：回答做好该项活动需要什么样的客观条件支持的问题。

（8）数量标准是什么：回答该项活动工作的数量范围什么的问题。

（9）质量标准是什么：回答该项活动工作做好的标准是什么的问题。

（10）完成时间是什么：回答该项活动必须在何时完成的问题。

（11）完成地点是什么：回答该项活动应该在何处承担完成并交接的问题。

表 4－3　流程标准表

×－×－×－×：××××流程标准										
目标要求										
上接流程名称				上接流程编号			上接流程主责部门			
活动编号	活动内容	活动成果形式	活动主责岗位	活动支持岗位	活动下接岗位	资源支持	数量标准	质量标准	完成时间	完成地点
流程运行预期效果										

二、与信息系统对接的流程标准实例

下面是笔者为一个中央企业做顾问服务时的一个实例，这是一个相对比较复杂的流程，这一流程标准的拟订方法可推而广之。为了让读者全面了解其思路，首先看看如图 4－14（a）、（b）所示的流程。

1. 流程图实例

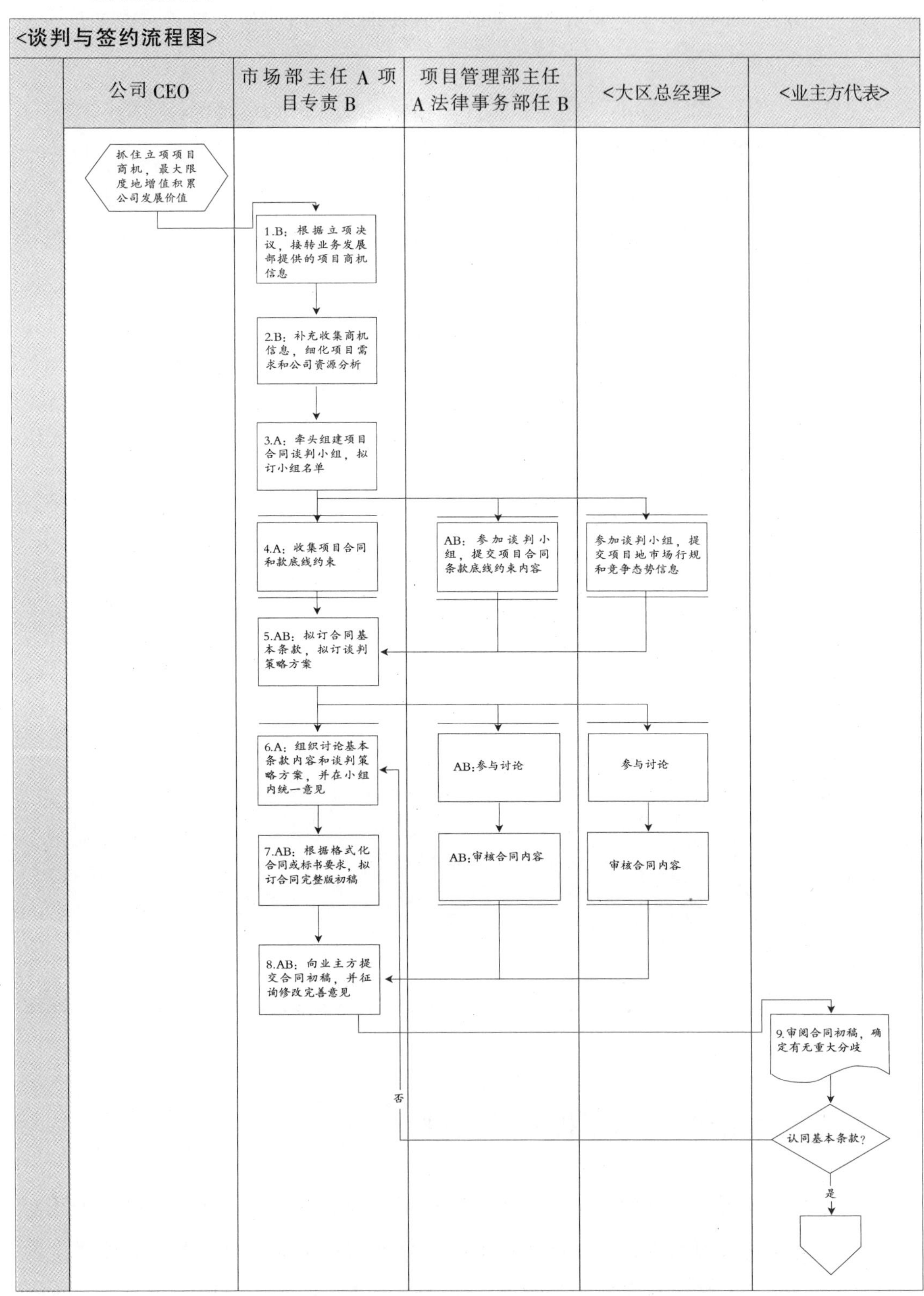

图 4－14（a） 案例：谈判与签约的流程

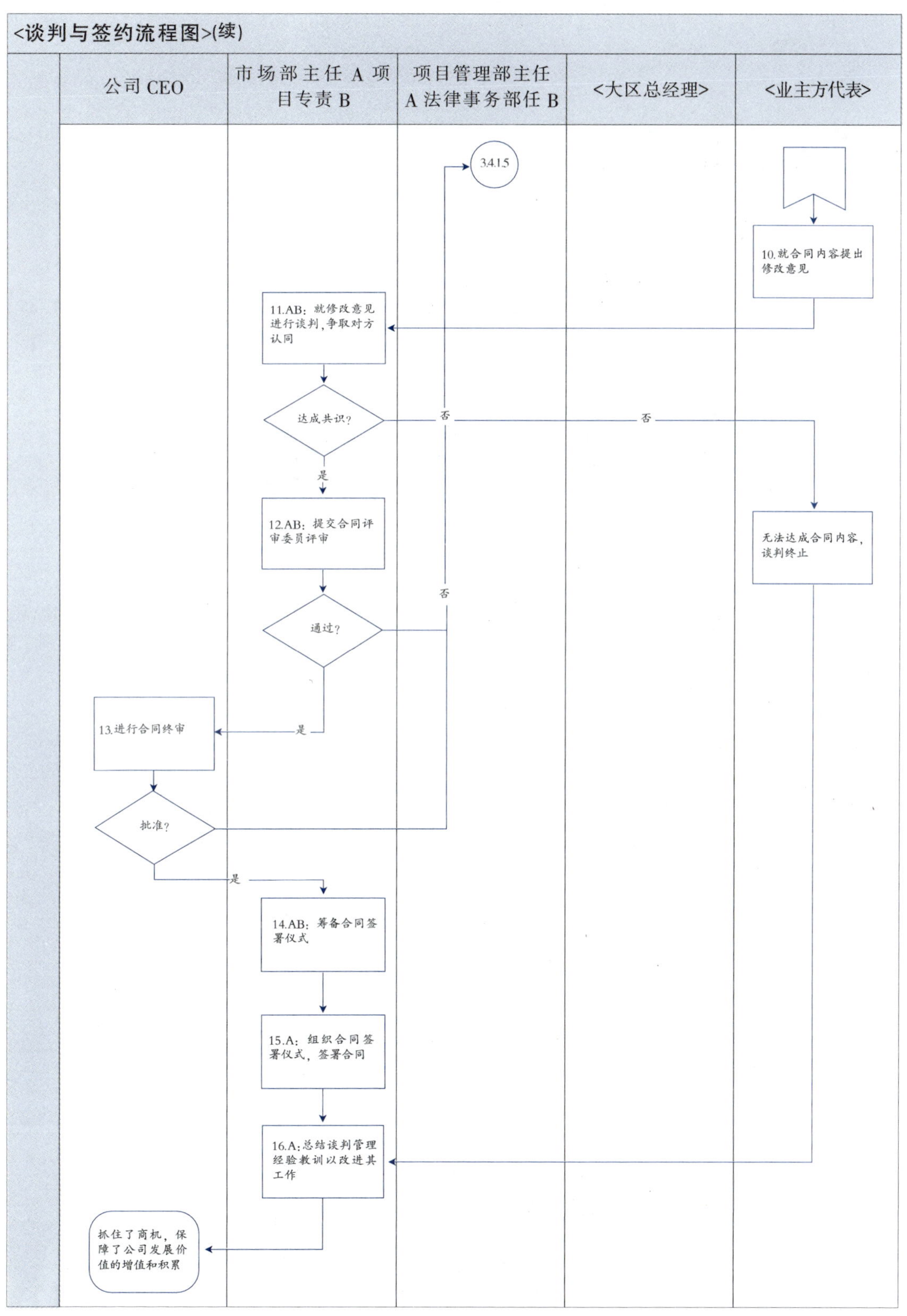

图 4-14（b） 案例：谈判与签约的流程

2. 流程标准实例

表 4－4 案例：谈判签约管理流程标准

目标要求		抓住所有立项项目的商机，把每一个商机都转化为对公司发展具有积极作用的现实业务，并且保证风险可控和在控，以最大限度地增值积累公司经济效益和品牌价值。								
上接流程名称		立项管理流程		上接流程编号		3－3－6		上接流程主责部门		营销管理部
编号	活动内容	活动成果形式	活动主责岗位	活动支持岗位	活动下接岗位	资源支持	数量标准	质量标准	完成时间	完成地点
1	根据立项决议，接转业务发展部提供的项目商机信息	项目商机登记表	市场部项目专责	无	本岗位	电话和计算机	发展转来的所有内容	无漏失，无错误	转来当天	岗位办公室
2	补充收集商机信息，细化项目需求和公司资源分析	商机分析报告	市场部项目专责	无	市场部主任	电话和计算机	已登记全部商机	商机信息无误，需求量化，公司资源分析对应全面	登记后两周内	岗位办公室
3	牵头组建项目合同谈判小组，拟订小组名单	项目合同谈判小组成人员建议名单	市场部主任	市场部项目专责	项目部和法律部主任，大区总经理	电话和计算机	已完成商机信息分析报告的项目	人员组成全面符合专业要求，并且专业水平够用	登记后三天内	岗位办公室
4	收集项目合同条款底线约束	项目合同条款底线约束清单	项目部、法律部主任，大区总经理	项目部和法律部主任，大区总经理	市场部主任	电话和计算机	被邀请参与的所有项目	内容没有遗漏，界定无歧义	名单正式确定后一周内	岗位办公室

续表

5	拟订合同基本条款，拟订谈判策略方案	合同基本条款清单和谈判策略方案设计报告	市场部主任和市场部项目专责	本部门对应专责	本岗位、项目部和法律部主任，以及大区总经理	电话和计算机	已汇集合同条款底线约束内容清单的项目	条款内容没有遗漏，策略所针对和问题和对应办法预设及可能效果必须罗列清楚	名单正式确定后三天内	岗位办公室
6	组织讨论基本条款内容和谈判策略方案，并在小组内统一意见	合同基本条款及谈判策略方案定稿文本	市场部主任	合同谈判小组所有成员	同上	会议室及会议交流设备	已有合同基本条款，拟订谈判策略方案草案的项目	不同意见得到全面表述，在讨论的基础上达成共识	方案草案提交后一周内	公司驻地
7	根据格式化合同或标书要求，拟订合同完整版初稿	合同完整版初稿	市场部主任及项目专责	本部门秘书	本岗位	计算机和格式化合同和标书	合同基本条款及谈判策略方案定稿文本已完成项目	项目部和法律部主任，大区总经理审核认可	合同基本条款及谈判策略方案定稿三天内	公司驻地
8	向业主方提交合同初稿，并征询修改完善意见	业主方签收单	市场部主任及项目专责	本部门秘书	业主方代表	通讯和交通设备	有合同完整版初稿的项目	业主方代表签收	合同完整版初稿完成的一天内	公司驻地或业主方驻地
9	审阅合同初稿，确定有无重大分歧	业主意见反馈单	业主方代表	市场部项目专责	是：业主方代表 否：市场部主体	通信和交通设备	所谈判项目	业主方代表认可交流方式	合同完整版初稿送达后三天	公司驻地或业主方驻地

续表

10	就合同内容提出修改意见	业主方合同内容修改意见公文	业主方代表	市场部项目专责	市场部主任	通讯和交通设备	所谈判项目	业主方已有正式的意见回复文件	合同完整版初稿送达后一周	公司驻地或业主方驻地
11	就修改意见进行谈判，争取对方认同	修改意见谈判结果登记单	市场部主任	市场部项目专责	是：本岗位及项目专责 否：业主方代表	会议室	所谈判项目	对于修改意见业主方已有新的正式意见	业主修改意见送达两周内	双方认同的地方
12	提交合同评审委员会评审	合同评审表	市场部主任	合同评审委员会成员	是和公司CEO 否：本岗位	会议室、通讯和交通设备	提交合同评审资料的项目	形成最后结论	合同评审资料提交一周内	公司驻地
13	对合同进行终审	合同评审表	公司CEO	市场部主任及项目专责	是、否：市场部主任及项目专责	会议室和通讯	合同评审通过的项目	形成决策意见	合同评审通三天内	公司董事长/总经理行在处
14	筹备合同签署仪式	合同签署仪式准备清单	市场部主任及项目专责	综合办公室总经理	本岗位	资金5000～100000元	正式批准项目	没有漏项	项目合同批准两周内	双方认可的地方
15	组织合同签署仪式，签署合同	正式签署的合同文本文件	市场部主任	市场部项目专责	本岗位	会议室、通信和交通设备	正式批准项目	仪式顺利完成	双方认可的时间	双方认可的地方
16	总结谈判管理经验教训以改进其工作	总结报告	市场部主任	本部门秘书	公司CEO	计算机和办公室	当季谈判项目	对可借鉴的经验和可吸取的教训，有事实基础上的分析	半年开始月上旬	公司驻地
程运行预期效果		抓住了商机，公司业务发展稳定，保障了公司经济效益和品牌价值的增值和积累。								

第七章

流程组织管理实施的方法

流程组织管理实施方法一是系统模块的流程管理职责分配，包括对应系统模块设立12个职能中心，按系统关系分配系统模块流程管理的归口牵头责任，按职能中心分配系统模块的流程管理归口牵头责任；二是系统模块流程工作责任的单位部门分配，包括不同系统模块的流程工作责任在企业总部各职能中心、各分公司、生产厂和基层单位的划分。

一、系统模块的流程管理职责分配

1. 对应系统模块设立12个职能中心

流程组织管理的首要工作是在三级流程这一层次确定归口负责部门，明确职能责任主体。

成规模的企业而言可设置12个职能中心，把四流分析的102个系统模块的流程管理工作的归口牵头职能分配到特定的职能中心，以保证每一个系统模块的事务工作都有人负责。只有这样，才能使保障企业发展四大价值均衡增值和积累目标高效达成的工作都常态化。

这12个职能中心可分别命名如下。

（1）行政管理中心。

（2）人力资源中心。

（3）企划决策中心。

（4）市场营销中心。

(5) 物流服务中心。

(6) 生产作业中心。

(7) 财务管理中心。

(8) 技术开发中心。

(9) 品牌管理中心。

(10) 企业文化中心。

(11) 企业管理中心。

(12) 审计监控中心。

2. 按系统关系分配系统模块流程管理的归口牵头责任

102 个系统模块流程管理的归口牵头责任在 12 如个职能中心的分配，首先可按企业组织运行的系统关系分配，如表 4－5 所示。

表 4－5　系统模块责任的系统关系分配表

序号	系统模块编号	系统模块名称	所在二级子系统名称	所在四流系统名称	归口牵头的职能中心名称
1	1－1－1	内部经营信息收集管理	信息收集管理	信息决策系统	企划决策中心
2	1－1－2	外部市场信息收集管理	信息收集管理	信息决策系统	企划决策中心
3	1－1－3	宏观政策信息收集管理	信息收集管理	信息决策系统	企划决策中心
4	1－1－4	产品技术信息收集管理	信息收集管理	信息决策系统	技术开发中心
5	1－1－5	工艺技术信息收集管理	信息收集管理	信息决策系统	技术开发中心
6	1－1－6	技术引进管理	信息收集管理	信息决策系统	技术开发中心
7	1－2－1	战略规划设计拟订管理	信息运用管理	信息决策系统	企划决策中心
8	1－2－2	年度目标计划拟订管理	信息运用管理	信息决策系统	企划决策中心
9	1－2－3	项目实施方案拟订管理	信息运用管理	信息决策系统	企划决策中心
10	1－2－4	产品技术研究管理	信息运用管理	信息决策系统	技术开发中心
11	1－2－5	工艺技术研究管理	信息运用管理	信息决策系统	技术开发中心
12	1－3－1	经营方针选择确定管理	信息生成管理	信息决策系统	企划决策中心
13	1－3－2	战略措施选择确定管理	信息生成管理	信息决策系统	企划决策中心
14	1－3－3	人事问题决策制定管理	信息生成管理	信息决策系统	企划决策中心
15	1－3－4	技术路线选择确定管理	信息生成管理	信息决策系统	企划决策中心
16	1－4－1	责任分解管理	信息传递管理	信息决策系统	行政管理中心

续表

序号	系统模块编号	系统模块名称	所在二级子系统名称	所在四流系统名称	归口牵头的职能中心名称
17	1-4-2	沟通鼓动管理	信息传递管理	信息决策系统	行政管理中心
18	1-4-3	技术研究成果发布管理	信息传递管理	信息决策系统	技术开发中心
19	1-5-1	跟踪控制管理	信息反馈管理	信息决策系统	行政管理中心
20	1-5-2	监察纠偏管理	信息反馈管理	信息决策系统	审计监控中心
21	1-5-3	技术研究成果运用反馈管理	信息反馈管理	信息决策系统	技术开发中心
22	1-6-1	价值观念归纳整理管理	信息固化管理	信息决策系统	企业文化中心
23	1-6-2	理论体系建设完善管理	信息固化管理	信息决策系统	企业文化中心
24	1-6-3	企业文化实体层构建管理	信息固化管理	信息决策系统	企业文化中心
25	1-6-4	企业文化表象层构建管理	信息固化管理	信息决策系统	企业文化中心
26	2-1-1	招聘任用管理	能力素质管理	人流组织系统	人力资源中心
27	2-1-2	培训开发管理	能力素质管理	人流组织系统	人力资源中心
28	2-1-3	员工发展管理	能力素质管理	人流组织系统	人力资源中心
29	2-2-1	愿景设计管理	意志意愿管理	人流组织系统	人力资源中心
30	2-2-2	授权支持管理	意志意愿管理	人流组织系统	人力资源中心
31	2-2-3	跟踪考核管理	意志意愿管理	人流组织系统	人力资源中心
32	2-2-4	薪酬福利管理	意志意愿管理	人流组织系统	人力资源中心
33	2-2-5	晋级任用管理	意志意愿管理	人流组织系统	人力资源中心
34	2-2-6	决策参与管理	意志意愿管理	人流组织系统	人力资源中心
35	2-3-1	情感融入管理	情感情绪管理	人流组织系统	企业文化中心
36	2-3-2	情绪疏导管理	情感情绪管理	人流组织系统	企业文化中心
37	2-4-1	计划协调管理	行为协调管理	人流组织系统	行政管理中心
38	2-4-2	奖惩控制管理	行为协调管理	人流组织系统	行政管理中心
39	2-5-1	劳资关系融洽管理	关系融和管理	人流组织系统	人力资源中心
40	2-5-2	内部法律关系管理	关系融和管理	人流组织系统	行政管理中心
41	2-5-3	工作质量提升管理	关系融和管理	人流组织系统	人力资源中心
42	2-6-1	人身安全保障管理	保障服务管理	人流组织系统	企业管理中心
43	2-6-2	生活保障服务管理	保障服务管理	人流组织系统	行政管理中心
44	2-6-3	工作保障服务管理	保障服务管理	人流组织系统	行政管理中心

续表

序号	系统模块编号	系统模块名称	所在二级子系统名称	所在四流系统名称	归口牵头的职能中心名称
45	2-6-4	行政事务服务管理	保障服务管理	人流组织系统	行政管理中心
46	3-1-1	产品设计开发管理	市场开发管理	物流营销系统	技术开发中心
47	3-1-2	渠道开发规划管理	市场开发管理	物流营销系统	市场营销中心
48	3-1-3	渠道开发实施管理	市场开发管理	物流营销系统	市场营销中心
49	3-1-4	渠道开发跟踪管理	市场开发管理	物流营销系统	市场营销中心
50	3-1-5	价格拉动开发管理	市场开发管理	物流营销系统	市场营销中心
51	3-1-6	广告推动开发管理	市场开发管理	物流营销系统	市场营销中心
52	3-2-1	品牌整合管理	品牌建设管理	物流营销系统	品牌建设中心
53	3-2-2	产品质量管理	品牌建设管理	物流营销系统	品牌建设中心
54	3-2-3	公共关系管理	品牌建设管理	物流营销系统	品牌建设中心
55	3-2-4	物质环境管理	品牌建设管理	物流营销系统	品牌建设中心
56	3-2-5	社会环境管理	品牌建设管理	物流营销系统	品牌建设中心
57	3-3-1	目标客户定位管理	客户关系管理	物流营销系统	市场营销中心
58	3-3-2	目标客户沟通管理	客户关系管	物流营销系统	市场营销中心
59	3-3-3	客户投诉管理	客户关系管	物流营销系统	市场营销中心
60	3-3-4	危机化解管理	客户关系管	物流营销系统	市场营销中心
61	3-4-1	采购谈判管理	物料购配管理	物流营销系统	物流服务中心
62	3-4-2	采购履约管理	物料购配管理	物流营销系统	物流服务中心
63	3-4-3	仓储运输管理	物料购配管理	物流营销系统	物流服务中心
64	3-4-4	设备配给管理	物料购配管理	物流营销系统	物流服务中心
65	3-4-5	材料配送管理	物料购配管理	物流营销系统	物流服务中心
66	3-4-6	低值易耗品配送管理	物料购配管理	物流营销系统	物流服务中心
67	3-5-1	作业组织管理	现场作业管理	物流营销系统	生产作业中心
68	3-5-2	现场设备管理	现场作业管理	物流营销系统	生产作业中心
69	3-5-3	备料备件管理	现场作业管理	物流营销系统	生产作业中心
70	3-5-4	工艺运行流程管理	现场作业管理	物流营销系统	生产作业中心
71	3-5-5	人机关系管理	现场作业管理	物流营销系统	生产作业中心
72	3-5-6	现场环境管理	现场作业管理	物流营销系统	生产作业中心
73	3-6-1	促销吸单管理	产品销售管理	物流营销系统	市场营销中心
74	3-6-2	订单获取管理	产品销售管理	物流营销系统	市场营销中心
75	3-6-3	订单跟踪管理	产品销售管理	物流营销系统	市场营销中心

续表

序号	系统模块编号	系统模块名称	所在二级子系统名称	所在四流系统名称	归口牵头的职能中心名称
76	3-6-4	产品配送管理	产品销售管理	物流营销系统	物流服务中心
77	3-6-5	销售服务管理	产品销售管理	物流营销系统	市场营销中心
78	3-6-6	销售控制管理	产品销售管理	物流营销系统	市场营销中心
79	4-1-1	盗损防减管理	财产防损管理	资金财务系统	企业管理中心
80	4-1-2	物损防减管理	财产防损管理	资金财务系统	企业管理中心
81	4-1-3	灾损防减管理	财产防损管理	资金财务系统	企业管理中心
82	4-1-4	资产盘存管理	财产防损管理	资金财务系统	企业管理中心
83	4-2-1	记账监控管理	资产监控管理	资金财务系统	财务管理中心
84	4-2-2	预算监控管理	资产监控管理	资金财务系统	财务管理中心
85	4-2-3	核算监控管理	资产监控管理	资金财务系统	财务管理中心
86	4-2-4	税费缴纳管理	资产监控管理	资金财务系统	财务管理中心
87	4-3-1	物料成本控制管理	成本控制管理	资金财务系统	企业管理中心
88	4-3-2	作业成本控制管理	成本控制管理	资金财务系统	企业管理中心
89	4-3-3	销售费用控制管理	成本控制管理	资金财务系统	企业管理中心
90	4-3-4	管理费用控制管理	成本控制管理	资金财务系统	企业管理中心
91	4-3-5	资金费用控制管理	成本控制管理	资金财务系统	企业管理中心
92	4-4-1	筹资管理	财务控制管理	资金财务系统	财务管理中心
93	4-4-2	投资管理	财务控制管理	资金财务系统	财务管理中心
94	4-4-3	收入管理	财务控制管理	资金财务系统	财务管理中心
95	4-4-4	资金流动性管理	财务控制管理	资金财务系统	财务管理中心
96	4-5-1	财务会计审计管理	审计控制管理	资金财务系统	审计监控中心
97	4-5-2	人力资源审计管理	审计控制管理	资金财务系统	审计监控中心
98	4-5-3	无形资产审计管理	审计控制管理	资金财务系统	审计监控中心
99	4-5-4	品牌资产审计管理	审计控制管理	资金财务系统	审计监控中心
100	4-5-5	管理行为审计管理	审计控制管理	资金财务系统	审计监控中心
101	4-5-6	经营决策审计管理	审计控制管理	资金财务系统	审计监控中心
102	4-6-1	外部法律关系管理	权益维护管理	资金财务系统	行政管理中心

3. 按职能中心分配系统模块的流程管理归口牵头责任

为了直观地分析12个职能中心的归口牵头责任，现按12职能中心汇总列表，如图4－15（a）、（b）所示。

通过流程分析梳理和优化，流程具体活动全部落实到最恰当的岗位员工。职能中心主要提供专业化的流程分析服务，并负责流程活动责任的落实监督。这种专业化的职能管理并不是发号施令，他们没有发号施令的权力。而是通过岗位流程工作标准对应每一个系统模块建立健全责任落实制度，把流程活动责任固定给承担流程活动的岗位，或者说承担相应系统模块归口牵头工作的责任人通过不断健全、完善和优化流程标准和问责制度来履行职责。

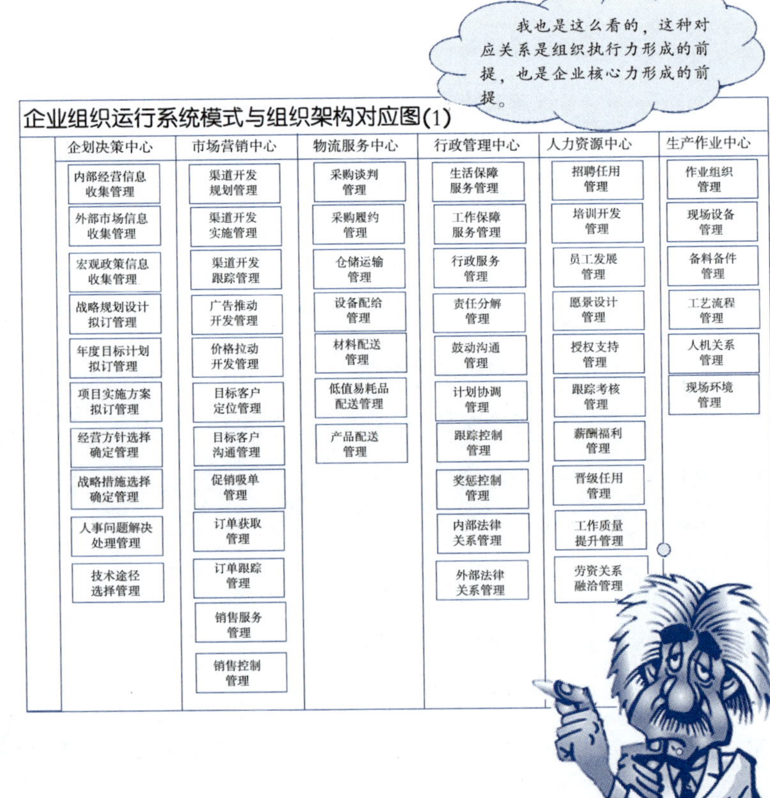

图4－15（a）系统模块流程管理归口牵头职责在职能中心的分配

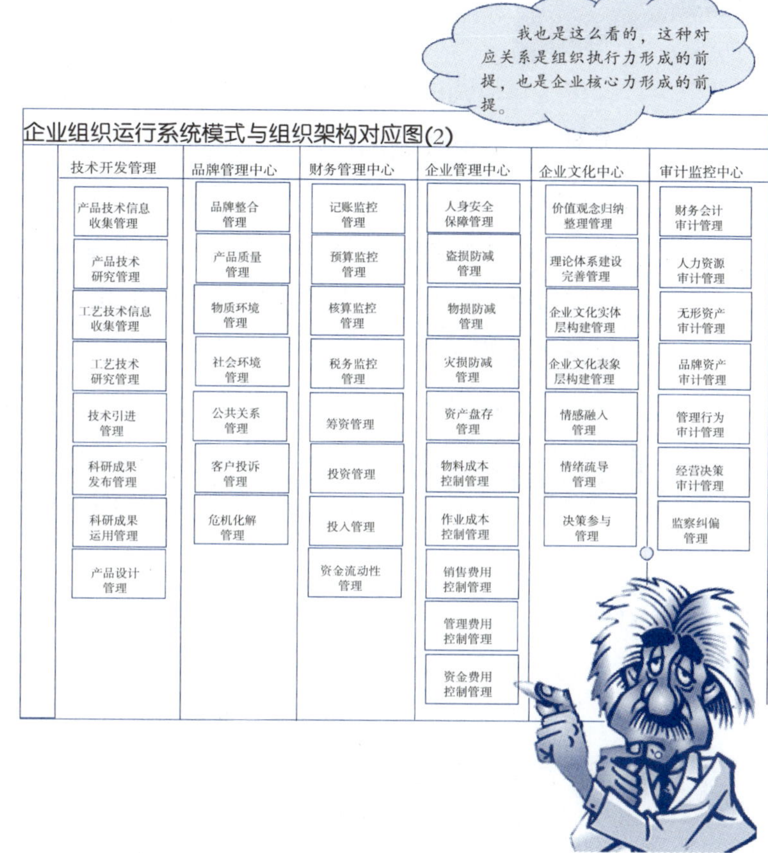

图 4－15（b）系统模块流程管理归口牵头职责在职能中心的分配

设置 12 个职能中心并不是要把每个职能中心设置成为一个规模庞大的管理部门，而是通过设置多个并列的职能中心实现组织扁平化。通过扁平化减少非专业化的瞎指挥，把专业化落到实处。并列职能不保证相对独立，就不免要遭受来自外行的强权侵扰，使专业化无法化下去。

这里还要强调的是必须根据企业规模确定每一个职能中心的岗位设置，小的企业一个岗位就承担了；大的企业必须变成一个由多个岗位构成的职能部门；特大企业甚至还要分解成更多的职能中心。要保证专业化的连续，每个职能中心就不能层层叠叠。人员规模以 10 人为限，超越这一规模必须进一步分解，向更专的专业化发展。

一般而言，员工为 2000 人左右，在每一个职能中心设置一个主任，加上两三个专责带一个综合岗文员就够了。如果企业规模比较大，如员工数为 5000、8000，可根据工作量的大小在职能中心增加专责岗位数，一个专责可承担两至三个系统模块流程管理的归口牵头工作；如果企业规模特别大，如员工上万人，可根据工作量的大小把 12 个职能中心分解为更多的职能中心。在一个职能中心中最多设置五六个专责岗位，加上一两个文员岗位。

在这里强调的一个关键是必须把每一个系统模块流程管理的归口牵头工作都落实到具体的岗位，并且保证他有比较充分的精力和时间全面完成其归口牵头工作。更为重要的一点是这种归口牵头工作是系统汇总，并不是说所牵头系统模块的流程工作都由牵头专责或职能中心全部包揽承担。这种归口牵头是一种专业化的职能管理工作，是专业化推动的职能管理与流程化管理融合。

运用价值目标分解分析法确定的三级流程也可按照这一方法对三级流程的归口牵头管理责任分配给特定职能部门实行专业化管理。

二、系统模块流程工作责任的单位部门分配

由前述分析，我们发现在系统模块的流程工作或者三级流程的活动进程中职能中心仅仅承担归口牵头工作责任，其具体工作如何落实？

这一问题可用实例解答。表4－6所示是一个企业全面实施规范化管理，对各个系统模块的流程管理职责进行专业化分析后的人流组织系统的《系统模块工作责任分配》。

表4－6　公司系统模块工作责任分配

二级子系统	系统模块名称	总部归口部门及其各职能中心的职责	各分公司、各生产厂的职责	各基层单位的职责
能力素质管理	招聘任用管理	人力资源中心：拟定管理制度，并在讨论通过由总经理批准颁布后负责组织实施； 各职能中心：按照制度要求提出计划和用人标准，参与本部门人员的选择面试	按照制度要求提出计划和用人标准，参与本公司人员的选择面试	按照制度要求提出计划和用人标准，参与本单位所管人员的选择面试
	培训开发管理	人力资源中心：拟定管理制度，并在讨论通过由总经理批准颁布后负责组织实施； 各职能中心：按照制度要求负责本部门参训人员的组织协调工作	按照制度要求负责本公司参训人员的组织协调工作	按照制度要求负责本单位参训人员的组织协调工作

续表

二级子系统	系统模块名称	总部归口部门及其各职能中心的职责	各分公司、各生产厂的职责	各基层单位的职责
意志意愿管理	员工发展管理	人力资源中心：拟定管理制度，并在讨论通过由总经理批准颁布后负责监督实施； 各职能中心：按照制度要求负责本部门员工发展管理的具体落实	按照制度要求负责本公司员工发展管理的具体落实	按照制度要求负责本单位员工发展管理的具体落实
	愿景设计管理	人力资源中心：拟定管理制度，并在讨论通过由总经理批准颁布后负责监督实施； 各职能中心部门单位员工个人愿景设计的具体落实	按照制度要求负责本公司员工个人愿景设计的组织实施	按照制度要求负责本单位员工个人愿景设计的组织实施
	授权支持管理	人力资源中心：拟定管理制度，并在讨论通过由总经理批准颁布后负责监督实施； 各职能中心：按照制度要求落实本部门授权支持管理工作	按照制度要求落实本公司授权支持管理工作	按照制度要求监督本单位的落实工作
	跟踪考核管理	人力资源中心：拟定管理制度，并在讨论通过由总经理批准颁布后负责组织实施，并提供表单工作和技术方法指导； 各职能中心：按照制度要求负责本部门绩效考核的具体实施	按照制度要求负责本公司跟踪考核的具体实施	按照制度要求负责本单位跟踪考核的具体实施
	薪酬福利管理	人力资源中心：拟定管理制度，并在讨论通过由总经理批准颁布后负责监督实施； 各职能中心：按照制度要求监督本部门的落实工作	按照制度要求监督本公司的落实工作	按照制度要求监督本单位的落实工作
	晋级任用管理	人力资源中心：拟定管理制度，并在讨论通过由总经理批准颁布后负责监督实施； 各职能中心：按照制度要求推荐人才，并监督本部门的落实工作	按照制度要求推荐人才	按照制度要求监督本单位的落实工作
	决策参与管理	企业文化中心：拟定管理制度，并在讨论通过由总经理批准颁布后负责监督实施； 各职能中心：按照制度要求推荐确定参与者	按照制度要求推荐确定参与者	按照制度要求监督本单位的落实工作
情感情绪管理	情感融入管理	企业文化中心：拟定管理制度，并在讨论通过由总经理批准颁布后负责监督实施； 各职能中心：按照制度要求负责本部门员工情感融入管理的具体实施	按照制度要求负责本公司员工情感融入管理的具体实施	按照制度要求负责本单位员工情感融入管理的具体实施

续表

二级子系统	系统模块名称	总部归口部门及其各职能中心的职责	各分公司、各生产厂的职责	各基层单位的职责
	情绪疏导管理	企业文化中心：拟定管理制度，并在讨论通过由总经理批准颁布后负责监督实施； 各职能中心：按照制度要求负责本部门员工情绪疏导管理的具体实施	按照制度要求负责本公司员工情绪疏导管理的具体实施	按照制度要求负责本单位员工情绪疏导管理的具体实施
行为协调管理	计划协调管理	行政管理中心：拟定管理制度，并在讨论通过由总经理批准颁布后负责监督实施； 各职能中心：按照制度要求接受计划协调	按照制度要求接受计划协调，并负责本公司计划协调管理的具体实施	按照制度要求接受计划协调，并按计划要求实施本单位的工作
	奖惩控制管理	行政管理中心：拟定管理制度，并在讨论通过由总经理批准颁布后负责监督实施； 各职能中心：按照制度要求负责本部门奖惩控制管理的具体实施	按照制度要求负责本公司奖惩控制管理的具体实施	按照制度要求接受奖惩协调并负责本单位奖惩控制管理的具体实施
关系融和管理	劳资关系管理	人力资源中心：拟定管理制度，并在讨论通过由总经理批准颁布后负责组织实施； 各职能中心：按照制度要求在本部门组织实施	按照制度要求负责本公司劳资关系管理的具体实施	按照制度要求负责本单位劳资关系管理的具体实施
	内部法律关系管理	行政管理中心：拟定管理制度，并在讨论通过由总经理批准颁布后，全面负责实施； 各职能中心：按照制度要求监督本部门的落实工作	按照制度要求负责本公司内部法律关系管理的具体落实	按照制度要求监督本单位的落实工作
	工作质量管理	人力资源中心：拟定管理制度，并在讨论通过由总经理批准颁布后负责组织实施； 各职能中心：按照制度要求支持协助工作质量管理在本部门的具体落实	按照制度要求支持协助工作质量管理在本公司的具体落实	按照制度要求支持协助工作质量管理在本单位的具体落实
	人身安全管理	企业管理中心：拟定管理制度，并在讨论通过由总经理批准颁布后负责监督实施； 各职能中心：按照制度要求负责本部门人身安全管理的具体落实	按照制度要求负责本公司人身安全管理的具体落实	按照制度要求负责本单位人身安全管理的具体落实

续表

二级子系统	系统模块名称	总部归口部门及其各职能中心的职责	各分公司、各生产厂的职责	各基层单位的职责
保障服务管理	生活保障管理	行政管理中心：拟定管理制度，并在讨论通过由总经理批准颁布后负责组织实施； 各职能中心：按照制度要求监督本部门的落实工作	按照制度要求协助支持生活保障管理在本公司的落实	按照制度要求监督本单位的落实工作
	工作保障管理	行政管理中心：拟定管理制度，并在讨论通过由总经理批准颁布后负责监督实施； 各职能中心：按照制度要求监督本部门的落实工作	按照制度要求负责本公司工作保障管理的具体落实	按照制度要求监督本单位的落实工作
	行政服务管理	行政管理中心：拟定管理制度，并在讨论通过由总经理批准颁布后负责具体实施； 各职能中心：按照制度要求负责本部门行政服务管理的具体落实	按照制度要求负责本公司行政服务管理的具体落实	无

说明：

总部归口部门及其各职能中心的职责列中所界定的第一项职责是归口牵头部门的职责，其他项则是另外职能部门的配合协作职责。

由上述实例不难看出不同系统模块的流程工作责任在公司总部各职能中心、各个分公司、生产厂和基层单位的划分规律。

第八章

系统模块流程工作的责任跟踪方法

对于流程优化来说，责任与责任承担方式是不可分割的。因为无论流程优化能带来多大的效率提升，流程活动承担人都不会有兴趣进行这种优化。为此必须把流程优化的责任强制性地落实下去，以保证高效的流程活动方式和方法得以贯彻执行；此外，还要了解责任跟踪的内涵，掌握班会展板跟踪方法和定期考核跟踪方法。

一、不可分割的两个概念：责任与责任承担方式

哈默开创的流程研究是划时代的，他把泰罗的科学管理从行为动作效率原理延伸到管理活动中，为消除企业组织运行过程中的低效投入和浪费做出了很大的贡献。以他的这一研究为理论基础的 BPR（流程再造）技术却不十分成功，大半以失败告终。其中的一个重要原因是哈默的研究中存在一个重大的疏忽，即其研究仅仅关注行为活动方式本身，只解答了向何处努力——流程结构管理和如何努力——流程活动管理的问题，而忽略了与这两个问题紧密相伴的另一个问题——如何保证努力即流程责任管理。泰罗科学管理的行为动作研究没有涉及责任的问题，因为其研究仅仅是工人一人完成的，行为动作的调整改变带来的效率提升，该工人可确定不疑地从中分享到一部分。而哈默研究的流程管理超越了一个人的范围，流程活动承担者能不能从流程优化中分享到一部分效率提升的利益很不确定。更多的是不能，或者很少。所以无论流程优化能带来多大的效率提升，流

程活动承担人都不会有兴趣做这种优化。因此必须通过流程活动责任的落实，把流程优化的责任强制性地落实到每个流程活动承担者，这样才能保证流程分析所得到的高效的流程活动方式方法贯彻下去。

如果效益与活动主体没有关系，则活动主体向何处努力的流程结构问题，并且会在其优化上努力呢？如果效率与活动主体没有关系，则活动主体如何关心努力的流程活动问题，并且会在其优化上努力呢？

笔者在概括的管理学第一原理——人性人心定理反复论证过："任何一个人的任何一个行为活动，都只是服务于他自我肯定的目的的。"[①] 如果没有关系，他不关心也是理所当然，无可指责的；笔者在概括的管理学第二原理——意志强度定理中也反复论证过："人在某一行为活动上的努力程度与这一行为活动所能带来的自我肯定的多少成正比，与其对这一自我肯定评价的高低成正比。"如果没有关系，他当然不会一定按照优化过的流程结构要求和流程活动要求行事。

更重要的是这种责任关系是渗透在流程结构和流程活动之中的，没有哪种情况不需要活动主体的责任强化其努力动因。

活动的方式方法是不是合理和高效固然重要，如果没有人在乎是不是合理和高效，再合理、高效的活动方式方法也没有意义。所以在探索确定了活动的合理和高效方式方法之后，必须确定保证活动主体严格按照合理和高效的活动方式方法行事的责任。

如果责任只不过界定了一种因果关系，如山边的草垛着火了，是张云兴的烟头引燃的，张云兴要对山边草垛的着火负责。如果没有界定要他以什么代价承担责任，所谓的责任也就毫无意义，责任也就不成其为责任。

据新华社报道，2008 年 9 月 8 日山西省临汾市襄汾县新塔矿业有限公司尾矿库发生特别重大溃坝事故。共造成 277 人遇难，33 人受伤和 4 人下落不明，直接经济损失达 9619. 21 万元。

发生事故的尾矿库隶属山西省临汾市襄汾县新塔矿业有限公司塔儿山铁矿，位于襄汾县陶寺乡。该尾矿库总库容约 30 万立方米，坝高约 50 米。9 月 8 日 8 时许，该尾矿库发生溃坝事故。尾砂流失量约 20 万立方米，沿途带出大量泥沙，流经长度达 2 公里。最大扇面宽度约 300 米，过泥面积 30. 2 公顷。

① 参见舒化鲁：《企业规范化管理实施的 18 个模板》第 2 章。

发生事故的新塔矿区980平硐尾矿库原属临汾钢铁公司塔儿山铁矿，建于20世纪80年代。1992年停止使用，2005年塔儿山铁矿产权公开拍卖给新塔矿业有限公司。1992年，这个尾矿库被封闭后曾采取碎石填平、黄土覆盖坝顶、植树绿化和库区上方建设排洪明渠等闭库处理措施。新塔矿业公司通过拍卖购得了铁矿产权，本应该履行了合法的手续后重新修建新的尾矿库。但矿方却擅自在旧库上挖库排尾，从而造成尾矿库大面积液化和坝体失稳，并引发了这起特大溃坝事故。

经调查，导致发生事故的主要原因是企业违法违规生产和建库、隐患排查治理走过场、安全整改指令不落实，以及当地政府及有关部门监督管理不力。

据中国广播网2010年1月21日报道，山西省纪检监察部门21日公布事故查处情况，对113名事故责任人进行问责。其中，51人被移送司法机关依法追究刑事责任，62名事故责任人受到党纪和政纪处分。之所以要对众多的行政官员进行惩处，是因为他们对安全隐患排查治理走过场，安全整改指令不落实，没有保证国家相关安全管理法规的落实。而安全管理法规是对活动方式方法的限定，有了安全管理法规，责任人就明确了。所以除了直接责任人矿方要承担责任外，多级政府要负监督管理不力的责任。因为如果监督管理得力，矿方的不法行为可得到事先制止，事故也就可避免。

责任承担方式是回答界定责任事故发生后，责任人应该付出什么代价和多大代价的问题。这里的问题是责任与责任承担方式分割了，违纪者事先都不知道会以这样的代价承担责任。或者是抱有侥幸心理以为不按国家相关安全法规行事，安全事故也不一定会发生。

如果把责任与责任承担方式紧密联系在一块，只要发现没有按照安全法规行事就对应让责任人付出代价，责任人还会心存侥幸心理吗？

在确立流程标准之后之所以仍有人不按流程标准行事，就是因为这些人心存侥幸，甚至还认为按自己习惯的或自我设想的方式方法行事还会效率更高且效益更好。但到结果出来后证明不高不好时，他也就只能以一定的代价承担责任了，可更大的后果却只能让受害人为主承担了。

企业组织运行也是一样，如果责任人不按流程标准行事，导致的市场损失能让责任人全额赔偿吗？如果把责任和责任承担方式联系在一起，不按流程标准行事就要其付出代价，不按流程标准行事的责任事故即可避免。企业组织运行过程中的所有环节和活动都在控，也就可以避免损失的发生了。

二、责任跟踪的内涵

责任跟踪就是发现流程过程与流程标准的差距，并界定明确这种差距。

管理的目的是通过他人做好工作，他人究竟做好工作没有？做的结果与好的标准之间差距有多大？明确回答这两个问题是管理工作的一个关键环节。这一关键环节不能有所突破，也就不可能有管理水平和效益的提升和改善。

但责任跟踪却不能只是简单地发现和界定最终结果和好的标准之间的差距，因为到最终结果出现后已不再有改变的可能。发现并界定了这个差距也只能进行秋后算账式的处罚。这与做好工作的目的是相违背的，所以责任跟踪的重点就在于即时发现他人做工作的过程与过程标准之间的差距。

因此做好工作的好也包含如下两层含义。

（1）最终结果的好，这是管理者谋求的目标。

（2）活动过程的好，这就是在他人做工作的过程中每一个细节都全面服务于最终结果的好。

二者之间的关系很显然，后者是为前者服务的；前者是后者的结果。正是因为前者已经进入不能改变的现实中，所以后者才显得特别重要和关键。

责任跟踪是一个广泛的概念，如果对应做好工作的两层含义做一区分，前者就是考核；后者就是跟踪。其实二者之间是无法截然分开的，过程是结果，结果也是过程，不同的仅仅是参照的时间长短不同。相对于50年的企业发展历史，一年就是过程；相对于一个月，一年又是结果。即使月度也是如此，相对于工作日，它是结果；相对于年度，它又成为过程。这样来说，责任跟踪与绩效考核之间的界限也变得模糊了，不是笔者故意混淆概念，而是世界上的所有事物都是相对的。为了讨论分析的方便，我们把对月度之内短时间的工作效果评价定义为责任跟踪；把一月以上时间的工作效果评价定义为绩效考核。

责任跟踪的方法很多，下面重点讨论建立在岗位工作流程活动台账基础上的班会跟踪和管理小票跟踪。

三、班会展板跟踪方法

1. 班会应该做什么

现在很多企业都很重视班会的作用，并制定有班会制度，有的还坚持得不错。但效果理想者寥寥，其中有如下两个重要原因。

（1）有班会，但没有对岗位员工履职效果进行系统跟踪，只是就当天发生的重大问题作了一个不深不透且不痛不痒的总结。

（2）由区别带来一种歧视，基层作业单位要求每天开班会。而管理部门并没有班会制度，基层员工心理不平，所以往往也总是找理由不开。开也是走过场，走形式。

要保证班会在提升企业管理水平，对达成企业发展四大价值均衡增值和积累目标中能起到重要支持的作用必须满足如下两个条件。

（1）必须有系统的跟踪工具作支持，要求对班会的内容进行控制，保证常态化。海尔的日清表和工作台账就是起这种支持作用的系统跟踪工具，所以其班会取得了很好的效果。这并不是要求所有企业都把海尔的日清表和工作台账照搬过来作为自己企业的系统跟踪工具，而是说各个企业都必须开发自己企业的系统跟踪工具。

（2）必须有严格的班会管理制度，在班会组织上不能随心所欲，必须严格管理。不仅基层作业单位要完善班会管理制度，对于不严肃慎重组织的单位主管要严惩，在单位第一责任主管不在的情况必须指定代理主管按时组织班会。而且职能部门也要完善班会管理制度，直线经理要纳入职能部门的班会中管理，董事长和总经理也要定期循环地参加各个职能部门的班会。

满足了这两个条件才能确定班会的内容，班会的内容也不能随心所欲，必须固定。这就是针对岗位流程工作标准的贯彻落实情况进行总结，找出不达标的差距并总结超标准的经验。由岗位员工对照自己的岗位流程工作标准进行总结，其他员工监督并当场记录。

图 4－16　千里马用缰绳拉着走就不是千里马啦

2. 岗位流程工作跟踪台账

系统跟踪工具是保证班会效果的关键，而且只有系统跟踪工具能紧紧盯住岗位员工的岗位流程工作标准才能真正发挥系统跟踪的作用。所以这个系统工具可命名为“岗位流程工作跟踪台账”，其格式如表 4－7 所示。

表 4－7　岗位流程工作跟踪台账

履职人姓名：

<table>
<tr><td rowspan="3">流程活动事项编号</td><td colspan="3">所属单位部门名称</td><td colspan="3"></td><td colspan="2">岗位名称</td><td colspan="4"></td><td colspan="2">直接上司岗位名称</td><td colspan="4"></td></tr>
<tr><td colspan="15">全月工作日</td><td rowspan="2">加分</td><td rowspan="2">扣分</td><td rowspan="2">挂星</td></tr>
<tr><td>1</td><td>2</td><td>3</td><td>4</td><td>5</td><td>6</td><td>7</td><td>……</td><td>25</td><td>26</td><td>27</td><td>28</td><td>29</td><td>30</td><td>31</td></tr>
<tr><td>1</td><td></td><td></td><td></td><td></td><td></td><td></td><td></td><td></td><td></td><td></td><td></td><td></td><td></td><td></td><td></td><td></td><td></td><td></td></tr>
<tr><td>2</td><td></td><td></td><td></td><td></td><td></td><td></td><td></td><td></td><td></td><td></td><td></td><td></td><td></td><td></td><td></td><td></td><td></td><td></td></tr>
<tr><td>3</td><td></td><td></td><td></td><td></td><td></td><td></td><td></td><td></td><td></td><td></td><td></td><td></td><td></td><td></td><td></td><td></td><td></td><td></td></tr>
<tr><td>4</td><td></td><td></td><td></td><td></td><td></td><td></td><td></td><td></td><td></td><td></td><td></td><td></td><td></td><td></td><td></td><td></td><td></td><td></td></tr>
<tr><td>5</td><td></td><td></td><td></td><td></td><td></td><td></td><td></td><td></td><td></td><td></td><td></td><td></td><td></td><td></td><td></td><td></td><td></td><td></td></tr>
<tr><td>6</td><td></td><td></td><td></td><td></td><td></td><td></td><td></td><td></td><td></td><td></td><td></td><td></td><td></td><td></td><td></td><td></td><td></td><td></td></tr>
<tr><td>7</td><td></td><td></td><td></td><td></td><td></td><td></td><td></td><td></td><td></td><td></td><td></td><td></td><td></td><td></td><td></td><td></td><td></td><td></td></tr>
</table>

续表

8																			
9																			
10																			
15																			
16																			
17																			
18																			
加分																			
扣分																			
挂星																			

说明：

（1）流程活动事项编号是岗位流程工作标准中的流程活动事项编号，说明这个表格与岗位流程工作标准之间是严格对应关系。

（2）加分是对岗位工作流程活动超标准所给予的奖励加分，可另外专门确立一个岗位工作流程活动超标准奖励制度来约定加分计算办法。

（3）扣分就是对应岗位流程工作标准的第 7 列的内容，具体分析办法由各个系统模块的对应管理制度确定。

（4）挂星是对这一天或这一项流程活动的全达标进行的标记，它可起到一定精神鼓励的作用。也只有这一天每项流程活动都达标才能挂星，或者这一项流程活动全月均达标才能挂星。

3. 班会组织程序

要保证班会组织效果，不仅必须保证当班结束后即时召开班会，而且必须通过完整的操作程序进行控制。有效的班会组织程序必须包括以下内容：

（1）当班结束后，全班人员集合到固定的地点排好队后每个岗位员工自报姓名。

（2）单位或部门第一责任主管出列宣布班会开始后入列。

（3）每一个组员按顺序出列，分别面对全面员工结合自己的岗位流程工作标准，逐项大声报告自己当班的流程活动达标情况。对没有达标的项不仅要对应标记，而且要说明原因。

（4）每一个组员报告结束后其他组员给予补充。没有补充意见的，也必须大声告知说："没有补充意见。"

（5）单位或部门第一责任主管要作为普通的一员当按顺序轮到自己时，也要对自己的当班流程活动达标情况进行总结。

（6）全班人员全部总结结束后单位或部门第一责任主管出列对当班工作进行点评，把员工总结的经验和教训复述一遍给予强调。

（7）由单位或部门第一责任主管把倾向性问题提出来，并做一分析。不仅要提醒大家注意避免重复发生，而且要公开讨论解决办法。

（8）全班人员共同商议解决倾向性问题的办法和措施。

（9）大家共同确认倾向性问题的解决办法和措施。

（10）单位或部门第一责任主管询问大家有无其他需要交流的意见。如果有，请需要交流意见的成员出列进行意见交流。

（11）意见交流完毕，单位或部门第一责任主管宣布班会结束，职能部门班会散队；现场作业班则要求列队出场。

4. 班会和台账配套使用的责任跟踪方法

班会和台账配套跟踪是在班会上对应岗位流程工作标准进行总结，并填记台账。

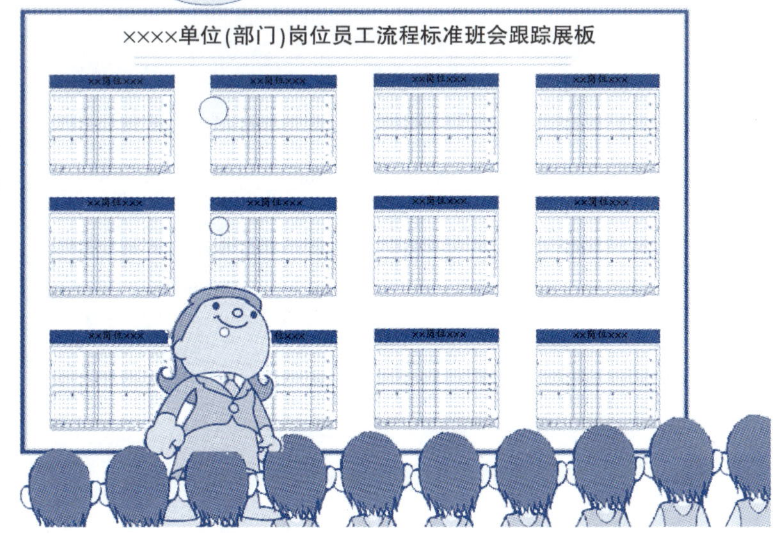

图4－17 流程标准班会跟踪方法

为此要求分单位和部门对应建立岗位员工履职跟踪管理台板在岗位工作现场展示出来，岗位员工履职跟踪管理台板可钉在墙上，也可用一个支架立起来。在岗位员工履职跟踪管理台板上为本单位或部门的每一个员工确定一个板位，把岗位员工的岗位流程工作标准和岗位流程工作跟踪台账都订挂在一起，最底层为岗位流程工作标准；第二层为岗位流程工作跟踪台账。考核表在每月初由本人填写计算好之后，放在最上层挂一定时间。

四、定期考核跟踪方法

1. 建立在流程标准基础上的考核实施的方法

考核是跟踪的延续，跟踪也是考核，只不过它不是全面的考核，而仅仅是对部分内容并且是在较短的时间内对岗位员工流程活动过程进行的考核；考核也是跟踪，只不过是在较长一段时间后全面进行的跟踪。

图4－18 系统思考的六大规定性

建立在流程标准基础上的考核也是与班会和台账配套跟踪的考核，这种考核很简单，只要统计计算台账的一个记录，即可完成。《岗位员工月度绩效考核》如表4－8所示。

表 4－8 岗位员工月度绩效考核

XX－XX－XX－XX－XX

员工姓名						岗位名称									上司岗位名称							
流程过程绩效	编号	1	2	3	4	5	6	7	8	9	10	11	12	13	14	15	16	17	18	19	20	合计
	K_i																					
	J_i																					
	(K_i+J_i)																					
匿名监督意见记录	计算公式：$W=100+\sum(K_i+J_i)$																					
自我考核计算得分						上司审核意见									最后核定得分							

表 4－8 中的计算公式 $W=100+\sum(K_i+J_i)$，各字母所代表的含义如下：

W——员工当月绩效考核得分。

K_i——岗位员工第 i 项流程活动的加分。

J_i——岗位员工第 i 项流程活动的扣分。

2. 区别性质不同的两类岗位的考核。

为了达成考核的“十字标准”要求，岗位员工的考核必须综合流程过程绩效、经营责任目标绩效和组织行为绩效，流程过程绩效是对岗位员工履职过程的评价；经营责任目标绩效是对岗位员工履职结果的评价；组织行为绩效是对岗位员工组织行为表现的评价。但在企业组织中总有部分岗位没有经营责任，所以有必要分为两大类考核。

一是有经营目标达成责任的岗位，他们要对生产、销售和开发等目标的高效达成直接承担责任。对于这类岗位员工，不仅仅要考核其岗位流程工作标准达标情况，从过程上把握他们的工作努力方式方法，也要考核其经营责任目标达成情况，并且达成经营责任目标还是这类岗位的重要职责。对于这类岗位员工的考核必须加大经营目标达成与否在总绩效得分中的比例，为此可选择表 4－9 和表 4－10 实施考核。

表 4－9 有经营责任岗位员工月度绩效考核

XX－XX－XX－XX－XX

员工姓名		岗位名称		上司岗位名称	

	指标名称 \ R_j	1	0.8	0.6	0.4	0	Z_j	R_jZ_j	合计	组织行为绩效	
经营责任目标绩效										任务扣分	
										特别扣分	
										特别加分	
										考勤扣分	
										合计（B）	

流程过程绩效	编号	1	2	3	4	5	6	7	8	9	10	11	12	13	14	15	16	17	18	19	20	合计
	K_i																					
	J_i																					
	(K_i+J_i)																					

匿名监督意见记录	计算公式：$W=\beta\sum R_jZ_j+[100+\gamma\sum(K_i+J_i)]+B$				
自我考核计算得分		上司审核意见		最后核定得分	

表4－9中的计算公式 $W=\beta\sum R_jZ_j+[100+\gamma\sum(K_i+J_i)]+B$，各字母所代表的含义如下。

R_j——为员工经营目标的第 j 项不同达标情况的对应记分系数，达标，为1；不达标，但高于90%，为0.8；不达标，但高于80%，为0.6；不达标，但高于70%，为0.4；不达标，并低于70%，为0。

Z_j——经营目标的第 j 项的权重系数。

β——岗位员工的经营责任目标绩效的权重系数。

γ——岗位员工的流程过程绩效的权重系数。

B——岗位员工的组织行为绩效得分。

表 4－10 有经营责任岗位员工年度绩效考核

××－××－××－××－××

<table>
<tr><td colspan="3">员工姓名</td><td colspan="2"></td><td colspan="3">岗位名称</td><td colspan="2"></td><td colspan="3">上司岗位名称</td><td colspan="2"></td></tr>
<tr><td>N_i</td><td>1</td><td>2</td><td>3</td><td>4</td><td>5</td><td>6</td><td>7</td><td>8</td><td>9</td><td>10</td><td>11</td><td>12</td><td>$\sum W_i$</td><td>1/N</td></tr>
<tr><td>W_i</td><td></td><td></td><td></td><td></td><td></td><td></td><td></td><td></td><td></td><td></td><td></td><td></td><td></td><td></td></tr>
<tr><td colspan="2">目标考核加扣分</td><td colspan="2"></td><td colspan="2">特别扣分</td><td colspan="2"></td><td colspan="2">特别加分</td><td colspan="2"></td><td colspan="2">合计（D）</td><td></td></tr>
<tr><td colspan="2">匿名监督意见记录</td><td colspan="13">计算公式：$M = 1/N\sum W_i + D$</td></tr>
<tr><td colspan="3">自我考核计算得分</td><td colspan="2"></td><td colspan="3">上司审核意见</td><td colspan="2"></td><td colspan="3">最后核定得分</td><td colspan="2"></td></tr>
</table>

二是无经营目标达成责任的岗位，他们对生产、销售和开发目标的高效达成不直接承担责任。对于这类岗位员工，仅仅考核其岗位流程工作标准达标情况即可。如果要强化他们对于团队经营目标达成的关注，可把团队整体所承担的经营目标作方向限定目标纳入进来考核，其考核可用表 4－11 实施。

表 4－11 无经营责任岗位员工月度绩效考核

××－××－××－××－××

<table>
<tr><td colspan="4">员工姓名</td><td colspan="4"></td><td colspan="4">岗位名称</td><td colspan="4"></td><td colspan="4">上司岗位名称</td><td colspan="3"></td></tr>
<tr><td rowspan="6">团队集体目标绩效</td><td colspan="2">指标名称：R_t</td><td colspan="2">1</td><td colspan="2">0.8</td><td colspan="2">0.6</td><td colspan="2">0.4</td><td colspan="2">0</td><td colspan="2">Z_t</td><td colspan="2">R_tZ_t</td><td colspan="3">合计</td><td colspan="3">组织行为绩效 B</td></tr>
<tr><td colspan="2"></td><td colspan="2"></td><td colspan="2"></td><td colspan="2"></td><td colspan="2"></td><td colspan="2"></td><td colspan="2"></td><td colspan="2"></td><td colspan="3" rowspan="5"></td><td colspan="2">任务扣分</td><td></td></tr>
<tr><td colspan="2"></td><td colspan="2"></td><td colspan="2"></td><td colspan="2"></td><td colspan="2"></td><td colspan="2"></td><td colspan="2"></td><td colspan="2"></td><td colspan="2">特别扣分</td><td></td></tr>
<tr><td colspan="2"></td><td colspan="2"></td><td colspan="2"></td><td colspan="2"></td><td colspan="2"></td><td colspan="2"></td><td colspan="2"></td><td colspan="2"></td><td colspan="2">特别加分</td><td></td></tr>
<tr><td colspan="2"></td><td colspan="2"></td><td colspan="2"></td><td colspan="2"></td><td colspan="2"></td><td colspan="2"></td><td colspan="2"></td><td colspan="2"></td><td colspan="2">考勤扣分</td><td></td></tr>
<tr><td colspan="2"></td><td colspan="2"></td><td colspan="2"></td><td colspan="2"></td><td colspan="2"></td><td colspan="2"></td><td colspan="2"></td><td colspan="2"></td><td colspan="2">合计（B）</td><td></td></tr>
<tr><td rowspan="4">流程过程绩效</td><td>编号</td><td>1</td><td>2</td><td>3</td><td>4</td><td>5</td><td>6</td><td>7</td><td>8</td><td>9</td><td>10</td><td>11</td><td>12</td><td>13</td><td>14</td><td>15</td><td>16</td><td>17</td><td>18</td><td>19</td><td>20</td><td>合计</td></tr>
<tr><td>K_i</td><td></td><td></td><td></td><td></td><td></td><td></td><td></td><td></td><td></td><td></td><td></td><td></td><td></td><td></td><td></td><td></td><td></td><td></td><td></td><td></td><td></td></tr>
<tr><td>J_i</td><td></td><td></td><td></td><td></td><td></td><td></td><td></td><td></td><td></td><td></td><td></td><td></td><td></td><td></td><td></td><td></td><td></td><td></td><td></td><td></td><td></td></tr>
<tr><td>$(K_i + J_i)$</td><td></td><td></td><td></td><td></td><td></td><td></td><td></td><td></td><td></td><td></td><td></td><td></td><td></td><td></td><td></td><td></td><td></td><td></td><td></td><td></td><td></td></tr>
<tr><td colspan="2">匿名监督意见记录</td><td colspan="21">计算公式：$W = \beta\sum R_tZ_t + [100 + \gamma\sum (K_i + J_i)] + B$</td></tr>
<tr><td colspan="5">自我考核计算得分</td><td colspan="4"></td><td colspan="4">上司审核意见</td><td colspan="4"></td><td colspan="4">最后核定得分</td><td colspan="2"></td></tr>
</table>

表4－11中各字母所代表的含义如下：

R_t——员工方向限定目标的第f项不同达标情况的对应记分系数，达标，为1；不达标，但高于90%，为0.8；不达标，但高于80%，为0.6；不达标，但高于70%，为0.4；不达标，并低于70%，为0。

Z_t——团队集体目标的第t项的权重系数。

无经营责任岗位员工的年度绩效考核方式方法与无经营责任岗位员工的年度绩效考核方式方法完全相同，其年度考核表也是通用的。

第九章

流程组织管理的激励实施方法

流程组织管理的激励实施除了完整包含流程过程评价的绩效考核成绩运用于晋升作用外，还必须通过与薪资严格挂钩实现。这首先是对应流程工作标准，评价其岗位价值基础上的薪点工资。

一、薪点工资的计算与岗位流程工作标准的对接

在直接从欧美国家的MBA教科书中照搬过来的岗位工作评价技术中，薪点评价计算的依据是调研归纳收集的信息，这往往带有太多的主观随意性。而把薪点评价与岗位流程工作标准对接起来，则强调以岗位流程工作标准为依据进行岗位工作价值分析评价，以使薪点评价的依据变得相对客观准确一些。岗位流程工作标准中基本汇集了薪点评价的全部要素，对照岗位流程工作标准，即使对特定岗位毫无了解的人也可做出公正的评价。

薪点评价一般都要选择岗位责任、心理素质、知识范围、经验技能、体能体貌和工作环境等六个要素，六个要素的信息都汇集在岗位流程工作标准中。做好工作的主观条件栏汇集了心理素质、知识范围、经验技能和体能体貌等要素的信息；做好工作的客观条件和未做好的责任承担方式栏汇集了岗位责任的信息；流程活动事项栏汇集了工作环境的信息。流程活动事项的多少，以及对应不达标的问责程度体现的一是岗位责任的大小；二是严格的正相关关系。

图4－19 只知听话的人是难以创新的

所以直接以岗位流程工作标准为基础比较评价的薪点更能体现该岗位对企业发展的相对价值或者可能的贡献，并且还会使这种评价操作变得更简单。

薪点评价的具体方法在很多书籍中都有介绍，《企业规范化管理系统实施方案·岗位员工管理》第三篇中还专门探索了一种简便的方法，此处不再赘述。

二、员工月度薪资的计算

要保证岗位员工充分关注自己所承担的流程活动，并努力保证达标，仅仅有公正公平客观准确全面的考核评价还不够。在商业社会经济收入的大小体现的是个人价值和成就大小的一个重要指标，所以必须有薪资的体现。

下面通过一个案例——公司单位岗位员工月度工资表（如表4－12所示）介绍把岗位员工的努力和贡献与月度工资挂钩兑现的办法。

表 4-12 案例：公司部门员工月度工资表

序号	岗位员工姓名	张云兴	李铁九	陈东方	陈明明	陈进升	周万贵	周大进
1	薪点工资总额	72860	72860	……	……	……	……	……
2	月发薪资数额	4250	4250	……	……	……	……	……
3	月度考核得分	88	81	……	……	……	……	……
4	奖扣率（月度兑现额除以基准分）	4250 ÷ 85 = 50	4250 ÷ 85 = 50	……	……	……	……	……
5	奖加/扣减额	50 ×（88 - 85）= 150	50 ×（81 - 85）= -200	……	……	……	……	……
6	应发月度工资	4400	4050	……	……	……	……	……
7	餐补	300	273	……	……	……	……	……
8	工龄工资	30 × 5 = 120	30 × 8 = 240	……	……	……	……	……
9	社会保险	998	998	……	……	……	……	……
10	住房公积金	0	246	……	……	……	……	……
11	代扣应由自己交纳部分的保险费	221	221	……	……	……	……	……
12	实际支付薪资	4820	4809	……	……	……	……	……
13	最后实发薪金	4599	4342	……	……	……	……	……

说明：

（1）岗位员工姓名：员工正式用名。

（2）薪点工资总额：员工全年应得的岗位薪点工资数，其中包括基础工资和奖励工资，是直接体现为该岗位工作相对价值的工资。它通过薪点评定后，直接由薪点和薪点薪率计算得来。薪点和薪点薪率的计算可参阅笔者 2003 年 3 月出版的《企业规范化管理实施方案》一书的第四篇中相关内容。张云兴和李铁九都是 72860 元。

（3）月发薪资数额：薪点工资总额中扣除年终兑现部分之后 12 个月的平均数。张云兴和李铁九的年终兑现部分为 30%，其余 70% 除以 12 个月得到的月发薪资数额为 4250 元。

（4）月度考核得分：通过绩效考核计算的得分，假设当月考核，张云兴得了 88 分；李铁九得了 81 分。

（5）奖扣率（岗位月发薪资数除以基准分）：基准分就是按照员工考核平均得分计算，对月发薪资既不加奖，也不惩减的考核得分。员工某月绩效考核得分平均为 84.2 分，为了简便就可选择 85 分为基准分。高于 85 分，会得到奖励，在月发薪资基础上增加一部分奖励工资；如果低于 85 分，则会在月发薪资基础上扣减一部分。这就是在他薪点工资中有部分奖励工资拿不到，或者根本没有奖励工资了。张云兴和李铁九二人的岗位月度薪点工资都为 4250 元，那么奖扣率就等于 4250 元除以 85 等于 50 元，二人的奖扣率就都是每分 50 元。

（6）奖加/扣减额：张云兴绩效得分 88 分，高于基准分 3 分，李铁九绩效得分 81 分，低于基准分 4 分。张云兴的奖加额为 50 乘以 3，等于 150 元；李铁九的扣减额为 50 乘以 4，等于 200 元。

（7）应发月度工资：张云兴为 4250 元加上 150 元，等于 4400 元。李铁九为 4250 元减去 200 元，等于 4050 元。

（8）餐补：属于津贴，按人头发给。在这里是每人每月 300 元。虽然它不与绩效考核得分挂钩，但要与出勤挂钩。按当月 22 个工作日计算，300 元除以 22 等于每天 13.6 元。张云兴出勤 22 天，餐补为 300 元；李铁九出勤 20 天，缺勤扣减数为 13.6 元乘以 2 等于 27 元，餐补为 273 元。

（9）工龄工资：属于津贴，是按进入本企业工作以来的周年数计算平均发给的，在这里是每年每月 30 元。张云兴进入本企业 4 年零 8 个月，工龄工资为 120 元；李铁九进入本企业 8 年零 2 个月，工龄工资为 240 元。

（10）社会保险：这里仅仅是指由企业为员工个人缴纳的部分，张云兴与李铁九薪点工资相对，五项社会保险之和也相等，如都为 966 元。

（11）住房公积金：在这里企业统一规定企业工龄满 5 年，才由企业为员工购买住房公积金。张云兴不到 5 年，没有；李铁九为 346 元。

（12）代扣应由自己交纳部分的保险费：张云兴与李铁九相等，均为 221 元。

（13）实际支付薪资：这是企业为员工个人支付的总薪资。虽然社会保险和住房公积金没有发到员工个人手中，但却由企业向员工支付了，在这里要显示出来让员工心里有数。明白除了工资奖金，企业还为他花了什么钱。在这里，张云兴为4820元；李铁九为4809元。

（14）最后实发薪资：即实际发到员工手中的薪资，张云兴为4599元；李铁九为4342元。

三、员工年度兑现薪资的计算

薪点工资按年度计算，并把其中一定比例留到年终根据全年绩效考核得分情况兑现，更能起到稳定员工队伍和减少中间离职的作用。

下面通过一个案例——公司单位岗位员工年终奖金核算表（见表4－13所示）介绍把岗位员工的努力和贡献与年终奖励兑现挂钩兑现的办法。

表4－13　案例：公司单位员工年终奖金核算表

序号	岗位员工姓名	张云兴	李铁九	陈东方	陈明明	陈进升	周万贵	周大进
1	薪点工资总额	72860	72860	……	……	……	……	……
2	年终兑现薪金	21857	21857	……	……	……	……	……
3	月均考核得分	89	86	……	……	……	……	……
4	年度加扣分	4		……	……	……	……	……
5	年度得分	93	87	……	……	……	……	……
6	奖扣率（年度兑现额除以基准分）	21857÷87＝251	21857÷87＝251	……	……	……	……	……
7	奖扣总额	251×6＝1506	251×（－1）＝－251	……	……	……	……	……
8	实发薪金	21857＋1506＝23363	21857－251＝21606	……	……	……	……	……

留到年兑现的比例可根据岗位薪点工资总额的多少来确定，岗位级别越高。薪资越高中途离职对企业发展的影响就越大，所以薪资越高，越有余地多留一部分到年终兑现。企业支付给员工的工资必须首先保证员工日常生活的需要。在上表中张云兴与李铁九年终兑现部分占30%，计21857元。其余内容一目了然，在此不再说明。

图4－20 企业打造创新竞争力十大原则

四、星级员工评定激励的实施方法

人除了要钱之外，还会看重个人自我价值的实现。自我价值不是空洞抽象的，它体现的是他人对自己的一种承认。所以在流程标准达标情况考核基础上对员工实施星级管理，可给员工带来一种金钱之外的满足。星级管理是根据岗位员工对比岗位流程工作标准达成情况授予星级员工称号，并不需要另外掏钱用做激励，在这里星级员工也就仅仅是一个能让岗位员工感到有一种个人自我价值实现的称号。

星级员工的评定有了岗位流程工作跟踪台账变得非常简单，到一个月度结束时根据岗位流程工作跟踪台账的记录统计之后即可授予，如按照以下标准授予不同星级员工称号。

（1）连续3个月每项流程活动全部达标，即全挂星。授给一星级员工称号，挂星中断后取消星级员工称号。

（2）连续6个月每项流程活动全部达标，即全挂星。授给二星级员工称号，挂星中断后降为一星级员工。

（3）连续12个月每项流程活动全部达标，即全挂星。授给三星级员工称号，挂星中断后降为二星级员工。

（4）连续24个月每项流程活动全部达标，即全挂星。授给四星级员工称号，挂星中断后降为三星级员工。

（5）连续48个月每项流程活动全部达标，即全挂星。授给五星级员工称号，挂星中断后降为四星级员工。

（6）连续72个月每项流程活动全部达标，即全挂星。授给金牌员工称号，挂星中断后降为五星级员工。

通过这种动态方法的授予星级员工称号，没有得到的会受到激励而努力争取；得到星级称号的首先要保住星级，而且还想提升星级。这样就把每一个员工的关注点都锁定在岗位流程工作标准的达成努力上。

在商业社会中人们必定会把薪资放在最重要的位置，所以如果对应星级给予薪资奖励。如每上升一个星级就比原星级的薪资提升40%，从无星级的薪资上升五星级员工薪资会加4.4倍，到最高的金牌员工，薪资会加6.5倍。这是多么诱人的一个馅饼，但这个馅饼并不是虚的，总有人会得到。正是因为这馅饼充分大，所以会让很多人倾力去争取。与买彩票一样，真正能上升到五星级以上的员工不会很多。企业不会因此增加很多劳动投入，却可把员工达成岗位工作流程工件标准的积极性最大限度地激发出来；与买彩票不一样，一切都是自己可把握的，并且每一步之间甚至不需要付出惊人的努力就可得到。所以不是所有人都会被彩票画的饼所诱引，但与星级对应的奖励工资会让企业绝大部分员工受到激励。

参考文献

[1] 舒化鲁．拥抱辉煌的六根魔杖——企业规范化管理实施方案．北京：中国人民大学出版社，2003.

[2] 舒化鲁．企业规范化管理标准体系．北京：中国人民大学出版社，2004.

[3] 舒化鲁．决战十大竞争力．北京：机械工业出版社，2007.

[4] 舒化鲁．中国式管理系统实施方法．北京：经济管理出版社，2006.

[5] 汉娜·阿伦特著，杰罗姆·科恩编．责任与判断．上海：上海人民出版社，2011.

[6] 詹姆斯·G. 马奇，约翰·P. 奥尔森．重新发现制度：政治的组织基础．北京：三联书店，2011.

[7] 余菁．企业再造——重组企业的业务流程．广州：广东经济出版社，2000.

[8] J. 佩帕德，P. 罗兰．业务流程再造．北京：中信出版社，1999.

[9] 杨兴文．流程管理的55个关键细节．北京：中国电力出版社，2010.

[10] 孙启霞，金宁．价值工程——动态不对称法．深圳：海天出版社，2000.

[11] 罗伯特·B. 斯图尔特．价值工程方法基础．北京：机械工业出版社，2007.

[12] 杨建昊，金立顺．广义价值工程．北京：国防工业出版社，2009.

[13] 刘永芳．归因理论及其应用．上海：上海教育出版社，2010.

[14] 魏宏森，曾国屏．系统论——系统科学哲学．北京：清华大学出版社，1995.

[15] 彼得·S. 潘德，罗伯特·P. 纽曼，罗兰·R. 卡瓦纳．6Q管理法——追求卓越的阶梯．北京：机械工业出版社，2001.

[16] 罗伯特·N. 安东尼，维杰伊·戈文达拉扬．管理控制系统．北京：机械工业出版社，1999.

[17] 大卫·哈钦斯．即时制管理．北京：中国标准出版社，2000.

[18] 米歇尔·罗伯特. 超越竞争者——战略思考的力量. 北京：机械工业出版社，2001.

[19] B. 约瑟夫·派恩. 大规模定制——企业竞争的新前沿. 北京：中国人民大学出版社，2000.

[20] 沃特·斯塔普斯. 像赢家那样思考. 海口：南海出版公司，2001.

[21] 今井正明. 现场改善. 北京：机械工业出版社，2000.

[22] (英) 乔恩·休斯，马克·拉尔夫，比尔·米切尔斯. 供应链再造. 大连：东北财经大学出版社，1999.

[23] 门田安弘. 新丰田生产方式. 保定：河北大学出版社，2001.

[24] 片山修. 丰田方式. 北京：华夏出版社，1999.

[25] 迈克尔·波特. 竞争优势. 北京：华夏出版社，1997.

[26] 迈克尔·波特. 竞争战略——分析产业和竞争者的技巧. 北京：华夏出版社，1997.

[27] 约翰·科特. 变革的力量. 北京：华夏出版社，1997.

[28] 大卫·哈钦斯. 即时制管理. 北京：中国标准出版社，科文（香港）出版有限公司，2000.

[29] Thomas Pyzdek. 六西格玛（6δ）手册：绿带、黑带和各级经理指南. 北京：清华大学出版社，2002.

[30] 彼得·S. 潘德，罗伯特·P. 纽曼，罗兰·R. 卡瓦纳. 6δ 管理法：追求卓越的阶梯. 北京：机械工业出版社，2001.

[31] 昆恩·史比哲，隆·艾凡司. 赢家管理思维：成功企业的管理思考模式. 北京：经济管理出版社，2000.

[32] S. 戴维·扬，斯蒂芬·F. 奥伯恩. EAV 与价值管理——实用指南. 北京：社会科学文献出版社，2002.

[33] 詹姆斯·C. 柯林斯，杰里·I. 波勒斯. 基业长青. 北京：中信出版社，2002.

[34] 今井正明. 现场改善：低成本管理方法. 北京：机械工业出版社，2000.

[35] John Kelly, Steven Male. "Value management in design and construction: the economic management of projects": E & FN Spon, 1993.

[36] Del L. Younker. "Value engineering: analysis and methodology": Marcel Dekker, 2003.

[37] J. Jerry Kaufman. "Value Management": Sakura House Publishing, 2009.

[38] Lars Skyttner. "General systems theory: problems, perspectives, practice": World Scientific, 2005.

[39] Fritz Colonius. "Advances in mathematical systems theory: a volume in honor of Diederich Hinrichsen": Birkhauser, 2000.

[40] Richard J. Jagacinski, John Flach. "Control theory for humans: quantitative approaches to modeling performance": Routledge, 2003.

[41] James R. Leigh. "Control theory": IET, 2004.

[42] Pablo A. Iglesias, Brian P. Ingalls. "Control Theory and Systems Biology": The MIT Press, 2009.

[43] Zdzislaw Bubnicki. "Modern control theory": Springer, 2005.

[44] 李国刚，许明华. 联想并购以后. 北京：北京大学出版社，2010.

后　记

《企业规范化管理系统实施方案》系列书是作者积累二十余年研究的一个体系化总结，其中甚至还能看到三十多年前作者在一所农村中学担任负责人时的管理思考痕迹。管理是一门相对独立的科学，无论是企业管理，还是学校管理、医院管理、行政机关管理，乃至协会管理、学生管理，都有其共通性。因为都存在一个如何通过他人做好工作的问题，所不同的仅仅是工作内容。作者的研究和思考，从一开始就没有受源于西方国家 MBA 课程专业理论框框的限制，因为那时源于西方国家的 MBA 课程专业理论还没有输入进来。但如何通过他人做好工作的问题早已存在，甚至在伏羲一画开天画八卦时，就开始面对如何通过他人做好工作的问题。所以，从八卦中就可找到人类早期圣哲们关于这一问题的思考。作者很幸运，超越源于西方国家的 MBA 课程专业理论的企业管理研究刚刚在理论方法上形成体系，就遇上了急需这种理论方法体系的新时代的来临。

这新时代的开端，虽然无法确定具体年月日，但大体可以说就在新的千禧年来临之际。新的千禧年的来临，似乎注定要改换一个时代。因为一是从新的千禧年开始，西方经济发展就陷入停顿，至今无人在原有社会制度框架中找到补救的良方；二是从新的千禧年开始，包括美国在内的众多西方国家中有影响的企业一而再、再而三地暴出经营管控上的丑闻，显示出已有的法人治理和经营管控体系已不再适应新时代的社会经济发展的需要；三是始于 2011 年夏末的占领华尔街运动一浪高过一浪，并且已经蔓延到所有发达国家，说明西方发达国家的社会经济矛盾已经积聚到将要摧毁已有社会经济制度的程度。这一系列事件的发生对于无人怀疑的西方经济学和管理学的理论，不啻是一种暗示，它们存在偏颇，尽管现在还不能说已经敲响了它们的丧钟。

这里无暇讨论源于西方国家的现主流管理学，在理论上缺少严密的概念、定理体系，陷于“头痛医头、脚痛医脚”的肤浅中难以自拔的问题，而仅仅分析讨论 MBA 课程专业理论相互独立、壁垒相隔的缺陷如何弥补的问题。

MBA课程专业理论人为地划出鸿沟把企业组织运行管理分隔为封闭的孤岛，使从事企业管理的人看不到企业。企业管理因此变成了战略管理、营销管理、财务管理、人力资源管理、生产管理、技术管理等诸多因素的堆砌和拼接。不仅企业借以存在和发展的关系协调有效性难以获得，而且只能由关系协调有效性创造的效益也难以产生。因此，从整体全局把控企业组织运行就成了公司CEO一个人思考的事。更糟糕的是，从整体全局把控企业组织运行的知识和技能还得靠CEO从经营管控实践中一点一点地体悟、积累。这就使得能成为杰出CEO的人才，甚至勉强能胜任CEO岗位要求的人才，稀缺得不能再稀缺了。也正是这种稀缺让他们奇货可居，一方面攫取了不应该由他们占有的利益，另一方面他们又凭借这种稀缺的知识和技能，忽悠企业发展的其他利益关联主体。结果就像安然公司前总裁肯尼斯·莱一样，CEO自己春风得意，名利双收，最后却把公司送进了火葬场。

我不明白，研究企业管理的专家学者，为什么不超越于MBA课程专业划出的鸿沟把企业组织作为一个有机体进行分析研究，以全面揭示其发展的内在规律，并在此基础上建立企业管理理论呢?

笔者坚信，《企业规范化管理系统实施方案》系列书所开创的研究，会有越来越多的专家学者加入进来。我期待对此有兴趣的专家学者与我联系，以共同丰富和完善这一研究。

《企业规范化管理系统实施方案》得以出版，北京语言大学管理学院副教授赵涛博士做了大量的工作，在此深表感谢。感谢张杰楠先生仔细而认真的编辑工作，他为提高书稿质量付出了很大努力。同时也要感谢电子工业出版社的大力支持。

舒化鲁

2011年深秋于大运河畔

联系电话：13911126299

电子信箱：harold. s@ 163. com

交流网站：www. hwaaaaa. com

反侵权盗版声明

举报电话：(010)88254396；(010)88258888

传　　真：(010)88254397

E-mail：　dbqq@phei.com.cn

通信地址：北京市万寿路 173 信箱

　　　　　电子工业出版社总编办公室

邮　　编：100036